Oscar Ewald

Die Probleme der Romantik als Grundfragen der Gegenwart

Literaricon

Oscar Ewald

Die Probleme der Romantik als Grundfragen der Gegenwart

ISBN/EAN: 9783959136228

Auflage: 1

Erscheinungsjahr: 2017

Erscheinungsort: Treuchtlingen, Deutschland

Literaricon Verlag UG (haftungsgeschränkt), Uhlbergstr. 18, 91757 Treuchtlingen. Geschäftsführer: Günther Reiter-Werdin, www.literaricon.de. Dieser Titel ist ein Nachdruck eines historischen Buches. Es musste auf alte Vorlagen zurückgegriffen werden; hieraus zwangsläufig resultierende Qualitätsverluste bitten wir zu entschuldigen.

Printed in Germany

Die Probleme der Romantik
als Grundfragen der Gegenwart

von

Oscar Ewald

Berlin
Ernst Hofmann & Co.
1904

Den Manen

Immanuel Kants

zum hundertsten Todesjahre

Inhalt.

II. Das Problem der Kunst.
Christian Dietrich Grabbe.

III. Das Problem der Religion.
Nikolaus Lenau.

Einleitung.

Wenn Bücher zweideutig oder mehrdeutig sind, so ist das sicherlich kein Beweis ihres Unwertes; aber der Verfasser muß dann seinem Publikum wegweisend zur Seite treten.

Das ist der Grund, der mich bestimmte, der vorliegenden Schrift ein Geleitschreiben auf den Weg mitzugeben. Ich wollte damit Irrtümern formaler und inhaltlicher Natur, die nicht eben fern gelegen waren, vorbeugen. Diese Irrtümer lassen sich unschwer überschauen. Zunächst nämlich könnte man glauben, ein literarhistorisches Werk vor sich zu haben, eine Darstellung der Romantik, jener Kulturbewegung also, die etwa anno 1780 ihren Anfang nahm und anno 1830 auf=hörte. Und diese fünf Dezennien wären es dann, in denen man den Gegenstand der folgenden Untersuchungen zu sehen hätte.

Das hieße indessen, sich jedes Verständnis meines Buches von vornherein verschließen. Kein rein antiquarisches In=teresse hat seine Entstehung bedingt, kein historischer Tatsachen=durst, sondern völlig aktuelle Gesichtspunkte. Was ich un=verweilt im Auge behielt, war die Gegenwart, und nichts anderes als die Gegenwart. Und so ist es freilich nicht für den Tag, wohl aber für die Zeit geschrieben.

Der Hauptgedanke, der mich leitete, war der folgende: Unerläßliche Voraussetzung jeder echten, ur=sprünglichen Kultur ist ein starkes Kulturbewußt=sein: die Erkenntnis der Werte, die eben das

Wesen der Kultur erschöpfen. Unserer Zeit ist dieses
Kulturbewußtsein entschwunden. Sie ist unendlich anschmieg=
sam und nichtsdestoweniger unendlich eigensinnig und an=
spruchsvoll. Sie hat alle denkbaren Stilarten rezipiert, aber
keine neue geschaffen. Sie hat sich selber in allen Ver=
gangenheiten gesucht und — verloren. Und immer noch
wähnt sie sich selber eins und ungeteilt zu gehören.

Es gibt Zeiten von überquellender Fruchtbarkeit, in
denen sich mit einem Male die latenten Kräfte von Jahr=
hunderten zu entladen scheinen. Hier drängt sich das mäch=
tigste Wollen und Können der Menschheit gleichsam in einen
kurzen Augenblick zusammen. Und es gibt Zeiten, die an=
scheinend nichts Großes hervorbringen, weil sie das Große
erst vorbereiten. In diesen wird in tiefer Stille die Saat
gelegt, in jenen das Erntefest gefeiert. Es gibt mit einem
Wort eine Kultur des Vorfrühlings und des Hochsommers.

Allein in diesen beiden Typen ist der Inhalt des Kultur=
begriffes noch keineswegs erschöpft. Es gibt auch Zeiten,
die nicht schaffen und die nicht vorbereiten. Und dennoch wäre
es ungerecht, in ihnen gleichsam leere Zwischenräume, müßige
Intervalle zu erblicken. Sie haben weder vom Geiste der
Vergangenheit empfangen, noch den Willen der Zukunft be=
fruchtet. Aber zwischen beiden erwächst ihnen eine neue Auf=
gabe: Sie haben ein Erbe zu verwalten.

Eine solche Zeit ist die unsrige. Das Erbe, das ihr zu=
gefallen ist, um es kurz zu sagen, ist das Erbe der Ro=
mantik. Dafür den Beweis zu erbringen, ist Zweck dieses
Buches.

Ich behaupte zunächst also, daß unsere Zeit von der Ro=
mantik abhängig ist. Daß sie überhaupt in naher Bezie=
hung zu ihr steht, wird niemand leugnen, der sich dem fie=
bernden Wechsel der Tagesmoden gegenüber sein eigenes Ur=
teilsvermögen bewahrt hat. Denn selbst äußerlich, in den
Programmworten, die in den breiten Schichten der mittleren

Bildung kursieren, in den sozialen Umgangsformen, in allen
Nüancen der Stilgebung, wie sie nicht zuletzt in der Phraseo=
logie der Journale Ausdruck erhält, herrscht jene Dupli=
zität von Mystik und Realismus, von Intuition und Analyse
vor, in der man nicht ganz mit Unrecht das Wesen der Ro=
mantik zu erblicken sich gewöhnt hat. Aber wie hat man diese
Beziehung mißdeutet, wie hat man sich bemüht, unsere Unab=
hängigkeit und Originalität zu dokumentieren! Man hält
die Romantik für die Vorbereitung, für ein bescheidenes Vor=
spiel unserer Kultur. Ihre Größen nennen wir unsere Vor=
läufer: das Selbstbewußtsein der Gegenwart fließt gleichsam
auf die Vergangenheit über und gönnt auch dieser einen Teil
ihres Ruhmes. Wir wähnen uns so überreich, daß wir auch
den Altvordern etwas davon abgeben zu können glauben,
um uns wieder in diesem Widerschein unserer Herrlichkeit zu
sonnen. Hat man nicht Goethe den Vorgänger Darwins,
Fichte und Hegel die Karl Marxens genannt? Darin aber
liegt jene völlige Wertverdrehung, die unser Kulturbewußtsein
verdunkelt.

Abhängig sind wir und abhängig sind unsere Probleme:
von denen der Romantik. Als solche Probleme erschienen mir
besonders Evolutionismus, Naturalismus, Symbolismus und
Sozialismus, sowie andere geschichtsphilosophischer sowie in=
dividualistischer Natur. Alle aber ließ ich in dem gemeinsamen
Grundproblem des Individualismus einmünden, da in ihm
Gegenwart und Romantik am innigsten zusammenhängen.
Dieses habe ich nacheinander im Staatsproblem, im Pro=
blem der Kunst, im Religionsproblem und im ero=
tischen Problem zu erfassen gesucht. Sie alle sind die
„Probleme der Romantik", und das sind zugleich die
Probleme der Gegenwart.

Dies war also zum ersten meine, nicht im entferntesten
literarhistorischen Zwecken dienende Aufgabe. Ich wollte die
modernen Probleme, die teils, freilich gründlich verseichtigt,

auch an der oberen Schicht der europäischen Bildung lagern,
teils mehr in der Tiefe gesucht werden mußten, in ihrem
geistigen Zusammenhang, in ihrer höheren Einheit erfassen
und in ihren geschichtlichen Entstehungsbedingungen gleich=
zeitig ihre Realgründe entdecken. Ihre höhere Einheit glaube
ich im Problem des Individualismus erfaßt zu haben,
ihre tiefsten Gründe in der Kultur der Romantik.

Der Individualismus ist ja dasjenige, wonach die mo=
derne Generation am lautesten verlangt, und was, wie ein
Irrlicht, sie in die seltsamsten Extreme verlockt, ohne darum
greifbarer und realer zu werden.

Der moderne Mensch perhorresziert den S t a a t , weil er
durch ihn das Individuum gefährdet wähnt. Aber auch, wo
er für ihn eintritt, will er diese Stellungnahme bezeichnender=
weise damit vor der anders denkenden Majorität rechtfer=
tigen, daß er ihn für vereinbar mit den individualistischen
Prinzipien erklärt. Der moderne Mensch kann auch in der
K u n s t nicht genug Aufhebens machen mit dem Rechte der
schaffenden Persönlichkeit, ihren Stoff nach freiem Belieben
zu formen, überhaupt seine Unabhängigkeit nicht allein von
der Tradition und der öffentlichen Meinung, sondern auch vom
Objekte seiner Darstellung zu wahren, immer über seinem
Stoff erhaben zu bleiben. L'art pour l'art: was ist das an=
deres als jener zügellose Individualismus in eine vielsagende
und eben deshalb vielleicht nichtssagende ästhetische Formel
gekleidet?

Der moderne Mensch gibt sich ebenso in r e l i g i ö s e n
Fragen gerne als Individualist, möchte wenigstens dafür
gelten. Der bisweilen beinahe mit ungeschminkten Parvenü=
allüren zur Schau getragene Atheismus soll im allgemeinen
das Unabhängigkeitsbewußtsein des freien Subjektes doku=
mentieren. Es ist Haß, Mißtrauen gegen ein höheres Ge=
setzesprinzip darin, etwas von den Instinkten des Liber=
tiners, der sich für jahrelange, zwangsweise Unterordnung

revanchieren möchte. In der „Aufklärung" der Meisten liegt
Rankūne. Sie glauben, daß ihnen ihr persönlicher Wert
entzogen oder vorenthalten wurde, solange man über sie
als Bürger der Sinnenwelt noch das Reich Gottes stellte.

Endlich in punkto Erotik: da forciert der moderne
Mensch seinen Individualismus bis ins Unerträgliche. Das ist
freilich eher ein Kapitel für Satyriker als für Psychologen,
die ernst bleiben sollen. Alles was heute in der Pose des
Vollmenschentums schwelgt — wovon zu reden sich noch reich=
lich Gelegenheit zeigen wird — was sich krampfhaft zur
Herrennatur aufbläht, um nicht als quantité négligeable
beiseite geschoben zu werden, all das weiß seinen individualisti=
schen Überschuß erotisch zu verwerten. Erotischer Individua=
lismus ist diesen Gesellen nichts anderes, als der stupide Stolz,
von jeder tieferen Liebe, von allem, was in ihr groß, erhaben,
dämonisch und problematisch ist, unberührt zu bleiben. Ein
hochmoderner Schriftsteller, der freilich, was Flachheit und Un=
reinlichkeit anlangt, sich schon lange die Führerrolle gesichert,
hat dergleichen Banalitäten als „Anatolismus" verherrlicht.
Wer sich das Weib zum „Weibchen" modelt und seiner abgründ=
lichen Verachtung desselben damit Ausdruck gibt, daß er ihm
gegenüber zum Männchen wird, zum Organe der reinen Sexu=
alität, wird hier als Vollmensch gefeiert. Daß dieser Phallus=
kult in demselben Deutschland aufblühen durfte, dem Richard
Wagner wenige Dezennien vorher seinen „Tristan und Isolde"
geschenkt hatte, ist eines von jenen kulturellen Degenerations=
symptomen, deren Diagnose ich im folgenden stellen will.

Trotz des unverkennbaren sozialen Zuges, der heute durch
die Massen geht und sich sogar der führenden Größen im wei=
testen Umfang bemächtigt hat, steht der Individualismus
überall als aktuelles Tagesprogramm, als Losungswort der
Zeit im Vordergrunde. Ich habe freilich angedeutet, daß
es damit vielfach im Argen liegt: daß die Phraseologie da=
von Besitz ergriffen hat und dieses so abgründlich tiefe phi=

losophische Problem für die breite Menge zurechtzumodeln be=
ginnt. Darum suchte ich nach einer Kultur, die sich von solcher
Popularisierung und Korrumpierung ihrer Werte frei ge=
halten hat. Ich finde aber alle Probleme, deren Analyse
ich vorher in Aussicht stellte, das Problem des Staates, der
Kunst, Religion und Erotik und ihre Beziehung zum Ur=
problem des Individualismus in viel reinerer und ursprüng=
licherer Form bei den Vertretern des romantischen Zeitalters;
die Romantik scheint mir somit den Schlüssel zu unserer
Kultur zu enthalten.

Um der Gegenwart willen habe ich also die Geister der
Vergangenheit heraufbeschworen; freilich: aber zweitens auch
gegen die Gegenwart. Ich will nicht leugnen, daß meiner
Schrift eine entschieden polemische Absicht zu Grunde liegt.
Es galt mir ja, mit manchem gründlich aufzuräumen, was
heute zu den Lieblingsvorurteilen des großen Publikums zählt.
Alle jene geistigen Verrenkungen, zu denen ein falscher In=
dividualismus, von der Art, wie ich ihn früher charakteri=
siert habe, Anlaß gab, hatte ich einer schonungslosen Kritik
zu unterwerfen. In diesem Sinn ist meine Untersuchung eine
Streitschrift und will als solche beurteilt sein.

Wogegen sich meine Polemik zunächst richtete, das ist
die Begriffsverwirrung, die zurzeit kultiviert wird. Man
schwelgt in vielsagenden Worten und bloß in den seltensten
Fällen gibt man sich über deren wahre Bedeutung Rechen=
schaft. Dies habe ich der Reihe nach hinsichtlich des Staates
zu zeigen gesucht, hinsichtlich des Sozialismus und ähnlicher
Doktrinen, die heute in der Luft hängen, weiter im Bereich
der Kunst, wo Symbolismus und Naturalismus einander
befehden, ohne über ihre eigenen Tendenzen sich im
klaren zu sein, dann in der Religion und in der Sphäre
der Erotik. Überall hat sich ergeben, daß dem modernen
Menschen eine eigentliche Weltanschauung, im Sinne ein=
deutiger Erkenntnis, völlig abhanden gekommen ist. Er tastet

im Dunklen weiter und nennt das tiefsinnige Mystik und
schöpferische Intuition.

Am ärgsten aber irrt er dort, wo er Individualist zu
sein wähnt. Das eigentliche Wesen dieses folgenschwersten Kul=
turirrtumes kann ich hier nicht vorwegnehmen; es muß sich
aus dem Weiteren von selber ergeben. Bloß in Umrissen
will ich es hier andeuten. Es ist gemeiniglich eine Verwechs=
lung von Freiheit und Willkür, von Macht und Wert, zu der
der dominierende Geist des Zeitalters, Friedrich Nietzsche,
selber nicht das Wenigste beigetragen hat. Der Mensch, der
kein Gesetz, keine Pflicht achtet, wähnt heute Persönlichkeit zu
sein. Der Libertiner brüstet sich frech mit Herrenrechten. Daß
das echte Kennzeichen der großen, der starken Individualität
eben das ist, sich selber zu binden, zu beherrschen, sich sein
eigenes Gesetz, wohlgemerkt als Gesetz, nicht als freies Be=
lieben, aufzustellen, wird verkannt. Man mißt die Bedeutung
der Persönlichkeit an dem Maße, in dem die andern unter ihr
l e i d e n, man identifiziert also Egoismus und Individualis=
mus. Wogegen hier gezeigt werden soll, daß der w a h r e
I n d i v i d u a l i s t auch der vollkommene A l t r u i s t ist.

Was ich in meinem Nietzschebuch ganz allgemein, abstrakt
unternahm, die Bestimmung des Begriffes der P e r s ö n =
l i c h k e i t, in ihrer Bedeutung für die Ethik, das suche ich
auch hier, allein in konkreter Darstellung, mit Bezugnahme
auf die herrschenden Ansichten zu erreichen. Ich suche das In=
dividuum im Staate, in der Kunst, in der Religion und in
der Liebe. Allein ich suche es nicht dort, wo die Mode von
heute es sucht.

Diese Reihenfolge der Probleme enthält zugleich eine
Klimax der Probleme. Ich meine, das Problem des Indi=
vidualismus schält sich aus ihnen immer reiner heraus. Im
Staate ist es noch verhüllt, um Hegelisch zu sprechen, mit
gegensätzlichen Bestimmungen behaftet. In der Kunst kommt
es freier zur Abhebung, noch mehr in der Religion, während

es erst in der Erotik, in der Frage nach der Bedeutung von Zweiheit und Einsamkeit seinen Höhegrad erreicht. Diesen Sinn also hat es zunächst, wenn ich eine Kultur in Problemen darzustellen bestrebt bin.

Das, was ich drittens unverrückt im Auge behielt, war das Methodologische der Schrift. Überzeugt, daß Form und Inhalt nicht dualistisch auseinandergehen, sondern eine innere Einheit bilden, daß aus der Form die Idee nicht weniger als aus dem Inhalt schöpft, habe ich auch formal, also metho- dologisch meinen Gegenstand ins klarste Licht zu setzen ge- sucht. Darum habe ich Staat, Kunst, Religion, Erotik nicht so schlechtweg nebeneinander aufgepflanzt, sondern eines aus dem andern zu entwickeln versucht.

Da könnte Eines Wunder nehmen, daß eben dem In- dividualismus damit schlecht gedient sei, wenn man die In- dividuen den Problemen unterordnet, wie ich es nacheinander hinsichtlich Gentzens, Grabbes, Lenaus und Kleistens ausge- geführt habe. Dieser Einwand ist aus folgenden Gründen ab- zuweisen. Einmal will ich in den vorliegenden Untersuchungen eben den Nachweis erbringen, daß dem Werte der Persön- lichkeit keineswegs Eintrag geschieht, wenn man sie zu Ver- tretern von Problemen macht, daß es sogar die Koinzidenz von Idee und Individuum ist, die ihr eigentliches Wesen aus- macht. Dann aber konnte diese Anschauung hier umso eher Platz greifen, als alle die Männer, von denen ich handle, ihren Problemen nicht gewachsen waren, sozusagen unterhalb derselben standen: umsomehr verschob sich der Schwerpunkt nach der Seite des Problemes.

Außerdem wollte ich ja die Probleme der Gegenwart auf die der Romantik zurückführen, und keinerlei Individual- psychologie treiben. Wenn für diese nichtsdestoweniger manches abfallen konnte, so ist das bloß ein Argument mehr für die Richtigkeit meiner Auffassung vom Wesen der Persönlichkeit.

Erst in vierter Reihe wäre als Zweck meiner Arbeit ein literarhistorischer Nebengesichtspunkt zu nennen. Da wird Eines Befremden erregen: daß die Romantik, die Probleme der Romantik an Männern illustriert wurden, die gar nicht eigentlich Romantiker waren. Solches habe ich ja selber bei Gentz, Grabbe, Lenau, sogar bei Kleist gezeigt. Aber alle diese Männer haben ihre bestimmte Beziehung zur Romantik, und darum können sie zu deren zweckmäßiger Analyse herangezogen werden.

Meinem Buche wünsche ich, daß es erst ehrlich bekämpft, sodann ehrlich verstanden werde. Meinem Publikum aber wünsche ich dasselbe, was ich mir bei Abfassung des Buches gewünscht habe: daß es durch Selbsterkenntnis reifer und besser werde.

I.
Das Problem des Staates.
Friedrich Gentz.

1. Allgemeines.

Vor nicht allzu langer Zeit noch mochte der als reaktionär oder wenigstens unzeitgemäß gelten, dem die Romantik mehr bedeutete als eine literarische und aktuelle Kuriosität, die man glücklich hinter sich hatte. Man war so übermäßig stolz auf seine „Aufklärung", war seines Sieges über die Ge= spenster der mondbeglänzten Zaubernacht so sicher, daß man den Liberalismus Triumphator am liebsten sogleich in Per= manenz erklärt hätte. Aber der totgeglaubte Gegner bewies weit höhere Lebenskraft, als man ihm zutraute. Die Ro= mantik hat alle Stürme der realistischen und naturalistischen Ära überdauert, die sie anfangs verheerend an der Wurzel zu fassen drohten, um allmählich in tiefste Windstille überzugehen. Ich halte es für ein überflüssiges Beginnen, im besonderen darauf hinzuweisen, wie verwandt wir uns heute mit den Denkern jener Tage fühlen, wie sehr wir abermals nach einer Periode des erbittertsten Widerstandes in Abhängig= keit von ihnen geraten sind. Kunst und Wissenschaft, Religion und Philosophie bekunden die gleiche Tendenz: so daß im vollen Sinn des Wortes von einer Renaissance der Romantik gesprochen werden darf.

Indessen, was wir Romantik nennen, ist ein dunkles Etwas, ein unbestimmter Gefühlston eher als ein klar erfaßter und aufgenommener Begriff. Es ist das und jenes, beinahe für

jeden ein anderes, wenn auch freilich die Charakteristik, die
Gefühlsbetonung bei allem Wechsel des Inhalts die gleiche
bleibt. Fragt einen derer, die das Wort, sei es rühmend oder
schmähend am häufigsten im Munde führen, um eine Definition; und ihr könnt dessen sicher sein, daß er höchstens
vage persönliche Eindrücke wiedergeben wird.

Dem vulgären Sprachgebrauch folgend, pflegt man Romantik und Realismus als die unvereinbaren, antipolaren
Gegensätze einander gegenüber zu stellen. Der Romantiker
soll nach dieser Doktrin der Außenwelt ein geringeres Interesse entgegenbringen und die wesentlichen Bestimmungen
seines Weltbildes dem eigenen Ich entnehmen; der Realist
soll den Elementen der sinnlichen Wirklichkeit die ungeteilte
Aufmerksamkeit zuwenden und das Spiel der Einbildungskraft
unter der strengen, andauernden Kontrole des jenen Vor-
gängen zugekehrten wachen Bewußtseins halten. Bei jenem
übernehme die Phantasie, die durch keine lenkende Kraft in
Schranken gehalten werde, bei diesem die Funktion des unmittelbaren Wahrnehmens die führende Rolle. Eine Kritik
dieser in der landläufigen Aesthetik beinahe zu unbestrittener
Geltung gelangten Anschauung würde eine sorgfältige Prü-
fung der von ihr so skrupellos in Verwendung gebrachten
Begriffe zur unentbehrlichen Voraussetzung haben und damit
auf das Gebiet der Psychologie und Erkenntnislehre über-
greifen. Sie liegt daher außerhalb des Rahmens dieser
Studie; ich möchte nur auf einen Irrtum hinweisen, der sich
häufig in die Definition der in Rede stehenden Begriffe ein-
schleicht, eine Art optischer Täuschung, die für die kulturhistorische Betrachtung unter Umständen verhängnisvoll werden
kann. Der Begriff der Romantik nämlich erweist sich, wenn er
ohne nähere Erläuterung zur Charakteristik einer vergangenen
Epoche verwendet wird, als ein überaus mangelhaftes Er-
klärungsprinzip. Er kennzeichnet dann lediglich das Verhältnis zweier Zeitalter zu einander, nicht das Wesen des einen

ober des anderen. Die Generation, die, von völlig verän=
derten Verhältnissen und Anschauungen ausgehend, nicht mehr
die Lebensnormen und Denkgewohnheiten der Vorfahren zu
begreifen imstande ist, bringt dies ihr Unverständnis indirekt
dadurch zum Ausdruck, daß sie jenen einen geringeren Wirk=
lichkeitswert beilegt, sie als „romantisch" dem lebendigen Ge=
halte ihres eigenen Fühlens und Wollens gegenüberstellt.
In Wahrheit hat jedes Zeitalter seine Realität und seine Ro=
mantik, seine Wirklichkeit und seine Utopie. Und was sich än=
dert, ist weniger das Verhältnis beider Faktoren zu einander,
als der Inhalt dessen, was unter dem Einflusse sozialer, öko=
nomischer und politischer Tatsachen, der kulturellen Gesamt=
struktur der Epoche mit einem Worte, in den Rang des
Wirklichen erhoben wird.

Aber auch abgesehen von dieser, man wäre versucht zu
sagen: optischen Täuschung, scheint es mir gründlich verfehlt,
so pedantisch mit Schulausdrücken wie „Realismus" und „Ro=
mantik" zu schematisieren. Es tritt da der alte Irrtum von
neuem zum Vorschein, den auch die moderne Psychologie noch
besonders liebevoll kultiviert: die Menschenseele wird wie ein
Aktenbündel behandelt, dessen einzelne Faszikeln in bestimmten
Schubfächern ihren Platz angewiesen erhalten. Sind die großen
Träumer darum ohne Ahnung von der Wirklichkeit ge=
blieben? Und wäre so die Romantik nichts anderes als ein
traumvolles Hindämmern, ein phantastisches Halluzinieren,
das beim ersten Hahnenschrei der Vernunft in nichts zerging?
Romantik und Realismus: sie könnten einer tiefer schauenden
Betrachtung nicht als extreme Gegensätze, sondern als ver=
borgene Zusammenhänge sich entdecken.

In Wahrheit, die Romantik läßt sich nicht so schlecht=
weg rubrizieren, wie mancher glauben wird. Es gibt keine
Geistesrichtung, weder in alter noch in neuer Zeit, die so sehr
als Ganzes erfaßt und als Ganzes gewertet sein will. Sie
trägt ihre Gegensätze, ihre Negationen und Widersprüche in

sich selber, aber sie ist in ihrer Totalität nicht das e i n e
Glied eines Gegensatzes, einer Negation, eines Widerspruches.

Um ein recht populäres Beispiel zu bieten: Die Romantik war n a t i o n a l, und sie war darum nicht weniger k o s =
m o p o l i t i s ch. Sie nannte die Welt ihr eigen und war
gleichwohl aus deutschem Geiste geboren. Sie war national.
Wer wird dies bezweifeln, der, um von Arndt, Schenkendorf
und anderen ganz zu schweigen, einen Novalis, Fouqué, Tieck,
Schlegel, vor allem aber Goethe selber kennt? Und ihr Kos=
mopolitismus, der nichts war als die Konsequenz eines alle
Grenzen von Raum und Zeit übersteigenden Strebens, das
Universum zu umschließen, entsprang nicht etwa einem Mangel,
sondern einem Ueberschuß an nationalem Geiste. Darin liegt
ein bedeutsamer Fingerzeig für unser zwischen einem bornierten
Nationalismus und einem oft schwindelhaft verwegenen Kos=
mopolitismus umhergeworfenes Zeitalter. Man ist nicht
Weltbürger schon darum, weil man heimatlos ist. Außerhalb
der Völker wohnen, heißt nicht über den Völkern stehen. Die
echte geistige und kulturelle Internationale hat die Nationen
zur Voraussetzung und nicht das charakterlose Ineinander=
fließen ihrer wurzelfesten Eigenarten.

Dies Beispiel hat sich absichtlich mehr an der Oberfläche
gehalten. Tiefer wird die Betrachtung, wenn wir uns im fol=
genden dem zentralen Problem nähern werden, inwieweit
die Behauptung im Rechte sei, die der Romantik das solide
Verhältnis zur gegenständlichen Realität, den wahren Wirk=
lichkeitswert abspricht. Es wäre fehlgegriffen, die Frage
bereits hier auf der Schwelle entscheiden zu wollen.
Bloß soviel mag weiteren Analysen vorweggenommen wer=
den: wenn die Romantik besonders häufig in das Reich des
Unbewußten hinabstieg, so geschah es nicht, um sich der logischen
Verantwortlichkeit zu entziehen, sondern um auch das U n b e =
w u ß t e sich bewußt zu machen, mit anderen Worten, weil
ihr das Bewußtsein selber Problem geworden war. Auch

das mag der „Moderne" vorbildlich werden: der Romantik
war Myftik keine dünkelhafte Mißachtung der Alltagsver=
nunft, keine frivole Stimmungsfucht, fondern Erkenntnis,
bloß eine eigene und neue Art der Erkenntnis. Sie war in=
tellektuell, auch da, wo fie myftifch war.

Unter Romantik verftehe ich freilich etwas nicht bloß dem
Inhalt, fondern auch dem Umfang nach Reichhaltigeres als die
Literaturgefchichte. Was das fei, läßt fich nicht in ein paar
Worte faffen: eine Definition der Romantik habe ich ja prin=
zipiell nicht geben wollen, am allerwenigften am Anfange
meiner Schrift. Aber der vulgären Auffaffung erfcheinen
als Vertreter diefer Kulturbewegung immer wieder die Schle=
gel, Novalis, Tieck, Eichendorff, als ob damit der Kreis ge=
fchloffen wäre und außerhalb der Peripherie eine andere Welt
läge. Uns ift Goethe, wenn nicht Romantiker, fo immerhin
von erfter Bedeutung für die Romantik. Und um auf phi=
lofophifches Gebiet überzugreifen: nicht bloß ein Schelling,
Fichte, Schopenhauer, Schleiermacher, fondern auch Kant und
Hegel find uns Wegweifer für jene Vergangenheit. Denn
das Ding an fich und der kategorifche Imperativ, die Lehre
vom dialektifchen Wefen der Welt und des weltfchöpferifchen
Geiftes haben ficherlich in höherem Maße den Grund zu einer
neuen moralifchen und äfthetifchen Weltauffaffung gelegt, als
Überfetzungskunft und Nuancen des literarifchen Stils, worin
man zuweilen das Wefen der Romantik erfchöpft fieht.

*   *   *
             *

Wie ich die Probleme der Romantik von jenem Problem
ausgehen ließ, dem ficherlich nicht die höchfte Dignität zu=
kommt, dem Staatsproblem, fo habe ich zu feiner Klärung
keinen derer herangezogen, die in der Reihe der Größten oder
auch bloß der Großen genannt werden dürfen. Es ift
Friedrich Gentz: einer von denjenigen, die meift bloß als

Ableger der Romantik gelten. Ich ließ mich bei dieser Wahl
von folgenden Gesichtspunkten leiten:

Die historische Forschung kann zweierlei Tendenzen verfolgen, die im Sinn einer abschließenden Betrachtung einander wechselseitig fördern und ergänzen müssen. Sie greift
entweder aus der Fülle des Gleichartigen das Besondere, Individuelle heraus und sucht, so gründlich als nur möglich, in
seine Eigenart einzudringen; dann huldigt sie der von Herbert
Spencer als „Große Männertheorie" charakterisierten, heute
infolge des Überwucherns ökonomischer und soziologischer Elemente vielfach in Verruf gekommenen Methode, welche alle
Erscheinungen des historischen und gesellschaftlichen Lebens
nur nach dem Werte bemißt, den sie für die hervorragenden
Persönlichkeiten besitzen, alle Ideen nur in der eigentümlichen
Prägung ins Auge faßt, die sie in deren Geiste erhalten;
und sie kann umgekehrt die Mannigfaltigkeit des Geschehens auf bestimmte Grundformen reduzieren, die nach festen
Gesetzen immer wiederkehren und so aus den variablen In-
halten die relativ konstanten Gebilde zu gewinnen suchen.
Beide Methoden fallen, wie erwähnt, nicht völlig auseinander. Um das Besondere in seiner spezifischen Bedeutung
zu erfassen, muß man zuvor beim Allgemeinen verweilt haben;
um das Allgemeine zu verstehen und richtig abzuschätzen, muß
man auch begreifen, wo es seine Grenzen findet und wodurch
es auf jenseitigem Gebiet begrenzt wird. Beschränkt man sich
ausnahmslos bloß auf die eine Auffassungsart, so führt dies
unvermeidlich zu doktrinärer Einseitigkeit. Die eine Methode
wird zu einer Reihe von Biographien führen, die ihre Objekte
aus dem allgemeinen Zusammenhang loslösen und bloß auf
das reflektieren, was über dem Durchschnitt emporragt; sie
werden darum nirgends festen Boden fassen; überall zeigen
sie die Produkte in ihren höheren Entwicklungsstufen, nicht
die erzeugenden Faktoren, und das Kausalbedürfnis, welches
nach den Bedingungen des Wachstums fragt, bleibt unbefrie-

bigt. Der anderen Methode wird es leichter werden, die ur=
ſächlichen Beziehungen an den Tag zu legen, aber weniger
darum, weil ſie mit allen Mitteln hiſtoriſcher und pſycholo=
giſcher Forſchung ihrer Aufgabe gerecht wird, als infolge einer
willkürlichen und von einem unbefangenen Geſichtspunkt aus
nicht zu rechtfertigenden Beſchränkung des Gebietes. Es iſt
eben leichter, das Allgemeine zu erklären, als das Beſondere;
von dieſem aber einfach abſehen, heißt, ſich einem Problem
entziehen, deſſen Behandlung allein die Analyſe der Maſſen=
erſcheinungen vervollſtändigen und berichtigen kann. So
gehen die individualiſierende und die ſoziologiſche Hiſtorik
in ihren extremen Formen gleichermaßen von falſchen Voraus=
ſetzungen aus. Jene überſpannt den Begriff des Zufalls,
dieſe den Begriff der geſetzlichen Notwendigkeit. Eine vernünf=
tige Geſchichtbeſchreibung, die nicht von vornherein nur Spe=
zialgeſchichte ſein und ſich von beiden Einſeitigkeiten frei halten
will, wird auf die Beobachtungen des individuellen Lebens
zu Gunſten jener Phänome, welche ſich über die Menge
gleichmäßig verteilen, nicht verzichten dürfen; aber ſie wird
in der Wahl der zur Betrachtung herangezogenen Individuen
vorſichtig ſein müſſen; ſie darf, wenigſtens für den Anfang,
nicht dort ihren Ausgang nehmen, wo die Bedingungen des
individuellen, geiſtigen Daſeins ſich ſo ſehr komplizieren, daß
ihre klare Analyſe den Blick von den umfaſſenden, hiſtoriſchen
Zuſammenhängen ganz ablenkt und nur der Beobachtung
des einzelnen Menſchen zuwendet. Weit eher eignen ſich ihrem
Zweck ſolche Naturen, die keine ſ c h ö p f e r i ſ c h e Veranla=
gung zeigen, aber deſto aufnahmsfähiger ſind; die intellek=
tuell hoch genug ſtehen, um ſich über die leitenden Ideen des
Zeitalters und ihre Stellung in dieſem, über ihr geiſtiges
Verhältnis zur Mitwelt Rechenſchaft zu geben und ſo die un=
mittelbare Anſchauung der Kulturphänomene und hiſtoriſchen
Vorgänge in die bewußte Form der Reflexion erheben, aber
zu wenig Originalität beſitzen, um ſelber als Reformer oder

Schöpfer aufzutreten. Diese Menschen werfen das Licht, das
sie von der Umgebung eingefangen, gleichsam ungebrochen, aber
in einem stärkeren Klarheitsgrade zurück, und gerade in Zeiten,
wo die gestaltenden Kräfte der kulturellen Entwicklung ver-
borgen liegen, klären sie uns oft weit besser über deren
wahres Wesen auf, als die Masse, die zwar durchaus unter
dem Einflusse dieser Kräfte steht, sie aber nicht verstehen kann,
und die wenigen Führer, die deren Bedeutung zwar umso
gründlicher kennen, da sie sie aktiv und richtunggebend bestimmen, dafür aber selber, wenigstens teilweise, ihrer Wir-
kungssphäre entrückt sind.

Diese Erwägungen methodologischer und allgemein er-
kenntnistheoretischer Natur rechtfertigen es bereits, wenn man
einer Persönlichkeit wie Friedrich Gentz näherzukommen sucht.
Gentz war sicherlich keiner von denen, die die menschliche Gesellschaft um neue intellektuelle und moralische Wahrheiten
bereichern. Er selber hat dies mit rühmenswerter Offen-
heit bekannt und sich damit jeden Anspruches auf geistige
Originalität in höherem Sinn begeben. Desto feiner und
reicher war sein Verständnis für die komplizierten Verhältnisse seiner Zeit, und in der Erkenntnis und Beurteilung
der wahren Faktoren des öffentlichen Lebens drang sein
Scharfblick ungleich tiefer als das Auge der Mittelmäßigkeit. Während er einerseits durchaus im Dienste
des praktischen Lebens stand und darum niemals Gelegenheit fand, die Theorie in sich ausreifen zu lassen, suchte er
andererseits dennoch nach einem Regulativ für sein politisches
und staatsmännisches Verhalten, das nicht eben den Bedürfnissen des Tages angepaßt war. So erklärt sich die seltsame
Erscheinung, daß der hochveranlagte Publizist, der sein schrift-
stellerisches Schaffen den Wünschen und dem Interesse der
Regierung akkomodierte und sich dabei häufig nicht von kleinlichen und uneblen Zügen rein zu halten wußte, sich gleichwohl
genötigt fühlte, auch vom Standpunkte des abstrakten Den-

tens seine Tendenzen zu rechtfertigen und sich gelegentlich
sogar mit einem Kant darüber auseinander zu setzen. Ge=
rade in einer geistig und sozial so tief bewegten Zeit, in der
die alten und neuen Elemente einander wechselseitig durch=
bringen, vermögen Männer wie Gentz, die sich nicht über die
Widersprüche erheben können, die ihnen von außen her auf=
genötigt werden, über die wirkenden Kräfte am besten Auf=
schluß zu geben, da sie ihnen nicht den Widerstand einer starken
Individualität entgegensetzen.

Daher kann man in Gentz die romantische Kultur wie
in einem Spiegel studieren, wo die Strahlen ungebrochen in
einem Punkte sich einigen. Er nahm ihre Einflüsse in sich auf,
ohne aus Eigenem etwas dazu zu geben. Darum eben kom=
pliziert er sie nicht; er greift nicht als neue Teilursache in den
Zusammenhang des Ganzen ein. Er ist ein Zuschauer und kein
schöpferischer Geist. In dem Verhalten zu sich selber, in den
Bekenntnissen, wie sie uns in den Tagebüchern und Briefen
des Mannes vorliegen, zeigt sich dieses seltsame Gemisch von
Tiefe und Oberfläche: es ist ohne Zweifel Tiefe in ihm, aber
sie wird wieder zur Oberfläche. Er zeigt sich ebenso in seiner
Erotik und seinen Freundschaften; er ist affektvoll und lei=
denschaftlich; aber seine Leidenschaften sind ihm nicht so sehr
eine Quelle des Leidens, worin ja allein ihr wahrer Wert
sich zu bekunden vermöchte. Er weiß sie sich zu unterwerfen,
mit ihnen zu spielen: er genießt sie. Er überwindet
sie nicht, ist ihnen nicht überlegen, sondern er findet sich bloß
mit ihnen ab.

2. Perſönliches.

Einen Kultur=Epikureer könnte man Gentz nennen; zweifellos einen Kulturmenſchen, aber keinen ſolchen, dem die Kultur jenes Zweifache bedeutete, das ſie dem tieferen In= dividuum unter allen Umſtänden ſein muß: ein Problem und eine Aufgabe. Vielleicht wundert man ſich, daß er gleichwohl hier auch als Perſon gewürdigt wird, wo es ſich ja nicht um biographiſche Details handelt, ſondern um eine Kulturpſychologie der Romantik, um den großen Hinter= grund, der nirgends durch literariſche Kleinkrämerei ver= dunkelt werden darf. Trotzdem iſt Gentz auch als Menſch intereſſant, in unſerem Sinne, das heißt, ſoweit das Intereſſe im letzten Grunde die Romantik angeht. An einem Manne, der nicht in ſeiner Schöpfungskraft groß war, ſondern in ſeiner Empfänglichkeit, läßt ſich der Reichtum jener Zeit am beſten ermeſſen. Das Genie nämlich iſt ja immer ranggleich, weſensgleich, ebenſo der Mann der ſimplen Mediocrität. Das Talent aber iſt eben darum vielleicht der beſte Gradmeſſer für den Wert einer Kultur, weil es unendlichen Abſtufungen zugänglich iſt.

Gentz bietet, zumal auf den erſten Anblick, nicht den Aſpekt eines großen und genialen Mannes. Im Gegenteil, er hat viel vom Alltagsmenſchen an ſich. Ein beinahe ver= dachterweckendes Intereſſe an der Politik des Tages, ein Auf= gehen in kleinlichen Händeln und Kontroverſen, wo es den Schutz der Reaktion galt, nirgends eigentlicher Tiefſinn, nir= gends ein hochfliegender Gedanke. Gentz iſt trotz ſeiner reichen Produktivität ein ſo völlig unorigineller Denker, daß der Inhalt deſſen, was er prinzipiell neues brachte, ſich kaum

in einen Aphorismus verarbeiten ließe. Und gleichwohl soviel
bedeutende Züge: alle aber zugleich Züge seines Zeitalters!
Die Romantik hat diesem Mann unendlich viel geschenkt.

Was zuerst den Kulturmenschen Gentz auszeichnet,
ist seine enorme Vielseitigkeit. Politik, Historik, Natur=
wissenschaft, spekulative Philosophie, Kunst sind ihm gleich
bedeutsam. Zu Kant und Goethe ist er in persönliche Be=
ziehungen getreten. Chateaubriand und Adam Müller, die
Varnhagen, Schlegel und Görres, die Humboldt nannte er
seine Freunde. Er hat ihre Anregungen nicht bloß passiv
aufgenommen, sondern auch verarbeitet. Er hat Betrach=
tungen über die mittelalterliche Kultur angestellt, er hat sich
mit größtem Eifer dem Studium der Botanik gewidmet, er
hat gegen Kant, aber mit dem logischen Rüstzeug des Kantia=
nismus polemisiert, er hat über Goethes Iphigenie Tränen
der Begeisterung geweint. Und das war nicht bloß ein klug
gewähltes Mittel, die Mußestunden auszufüllen: vielmehr
nahmen jene Beschäftigungen seine ganze Persönlichkeit in
Anspruch.

Seine Vielseitigkeit hat Nietzsche Vielsaitigkeit genannt:
also Polyphonie. Das ist mehr als ein Wortspiel, es be=
deutet eine wichtige Erkenntnis. Vielseitig sein heißt nicht
anschmiegsam und assimilationsfähig sein, ist nicht mit in=
tellektueller Charakterlosigkeit zu verwechseln. Sondern es
heißt, von Natur aus auf die verschiedensten Tonarten ge=
stimmt zu sein, auf sie aktiv zu reagieren.

Unserer Zeit ist die Einseitigkeit beinahe Prinzip gewor=
den. Etwas, das die einzelnen Teile zu einem höheren Ganzen
zusammenschlösse, sucht man vergebens. Die Fachwissenschaft,
aber auch die Fachsimpelei ist zu enormer Höhe herange=
wachsen: sie annektiert alle geistigen Besitztümer. Was die
Menschen von heute über ihre rechtschaffene Handwerkerei noch
auf einen freieren Standpunkt erheben will, wovon sie sich
eine wahrhaft kulturelle Wirkung versprechen, ist die Presse.

Gegen die bornierte Pedanterie bietet die Zeitung das Gegengewicht: tagsüber schnürt man sich in seine persönlichen, seine
persönlichsten Interessen ein, des Abends wird man Vollmensch, Weltbürger, indem man an den Ereignissen in
Ostasien und im Kongostaat Anteil nimmt. Das ist die
geistige Universalität, mit der sich die moderne Menschheit zufrieden gibt.

Man schiebt diesen Mangel auf die ungeheure Differenzierung in sämtlichen theoretischen und praktischen Sphären
und die zum Teile sie bedingende, zum Teile durch sie be-
dingte Arbeitsteilung: Das Einzelne absorbiere so vollkommen die Kräfte, die überhaupt disponibel seien, so daß
für das Ganze, für die Aufgabe der Synthese, nichts mehr
übrig bleibe. Ja, man verdächtigt sogar das Streben nach
Vielseitigkeit, indem man dahinter ein unwissenschaftliches,
dem Geist solider Forschung feindselig gegenüber stehendes Element wittert. Man schreibt ihm eine verflachende Wirkung
zu, weil es sich naturgemäß über einen größeren Raum verbreitet.

Vielseitigkeit wird nämlich und besonders häufig in unseren Tagen, mit zweien von ihr grundverschiedenen Dingen
verwechselt. Einmal mit Dilettantismus, dann mit Polyhistorie, in Wahrheit ist sie das eine so wenig wie das andere.
Was zunächst den Dilettantismus anlangt, so ist dieser, in
seiner üblen Bedeutung genommen, recht eigentlich das Gegenteil, die Negation der Vielseitigkeit. Denn er schließt ja aus,
was in ihr Gesetz ist: Die innere, psychische Anteilnahme an
anderen Dingen, als an denjenigen, die der Beruf mit sich
bringt. Der Dilettant bleibt ja Banause, Berufsmensch, auch
wenn er seinen Liebhabereien nachgeht; er hängt sich bloß
ein neues Kleid um. Er ist Dilettant, eben weil er von Grund
aus einseitig ist.

Noch weniger vielleicht als der Dilettantismus hat die
Polyhistorie, die Vielwisserei, mit der wahren Vielseitigkeit

gemeinfam. Die Verwechslung beider ist ein ganz spezi=
fisches Symptom für den im Innersten unphilosophischen
Geist eines Zeitalters. Der Polyhistor entwickelt einen enor=
men Sammlerfleiß; er verliert sich freilich nicht an das Ein=
zelne: allein er bringt es gleichwohl nicht über ein unge=
heures Sammelsurium von Daten, von trockenem Material
hinaus. Er ist ein nüchterner Tatsachenmensch, der sich von
einem flachen Empirismus beherrschen läßt. Eben darum ist
er der Antipode des Philosophen, des vielseitigen Kopfes,
dem es nicht auf Masse sondern auf Gliederung, nicht
auf Tatsachen, sondern auf Deutungen ankommt. Ein
Zeitalter, das, wie das unsrige, ein Übermaß von Histo=
rismus kultiviert, das sich gar nicht genug tun kann im Auf=
stöbern alter Urkunden, im Entziffern von Hieroglyphen und
Inschriften, ein Zeitalter, für das es also keine Vergangen=
heit sondern bloß Vergangenheiten gibt, ein solches
hypertrophisch historisch entwickeltes oder, besser gesagt, histo=
risch=verbildetes Zeitalter, gegen das ja schon Nietzsche
den gleichen Vorwurf erheben durfte, neigt ebendeshalb einer
zügellosen Vielwisserei zu.

Es ist aber auch, und zum Teile allerdings aus Gründen,
die erst in weiterer Folge geltend gemacht werden können,
ein spezifisch unphilosophisches Zeitalter. Man braucht
gar nicht einmal in die Tiefe zu bringen, sondern hat sich bloß
an das zu halten, was die Denker von Beruf für ihre eigent=
liche Aufgabe ausgeben; und da wird man bald gewahr, daß
das Mißverhältnis zwischen Dogma und Weltanschauung,
das für das Mittelalter so charakteristisch war, sich heute auf
anderer Basis und in zeitgemäßerer Modifikation wiederholt.
War dort die Philosophie die Magd der Theologie, so muß
sie jetzt der Wissenschaft Handlangerdienste leisten. Der bor=
nierte Glaubenszwang jener in schweren, aber immerhin er=
habenen Irrtümern befangenen Periode schlägt in den stupiden
Vernunftstolz eines Zeitalters um, das das Welträtsel mit

Meßapparaten und statistischen Tafeln zu lösen sich unter-
fängt. Einer der namhaftesten Vertreter der neueren Spekulation, Wilhelm Wundt, hat die Philosophie in diesem
Sinne zu definieren und auszugestalten unternommen. Die
Philosophie ist nach ihm Universalwissenschaft, Wissenschafts-
lehre. Vortrefflich. Ähnliches haben Leibniz, Kant und Fichte
gewollt. Aber sie ist nicht mehr, wie es den ebengenannten
Männern gefiel, vor den Einzelwissenschaften sondern nach
den Einzelwissenschaften da. Sie sammelt ihre Resultate, um
deren Gegensätze und Unebenheiten abzuschleifen und sie zu
einem widerspruchslosen Ganzen zu vereinigen. Sie geht
ihnen nicht voraus als logisches Regulativ, nicht voraus als
Apriorismus, sondern folgt errötend ihren Spuren. Der
Wissenschaft als solcher, ihre absolute Unabhängigkeits-
erklärung. Dem Philosophen bleibt keine edlere Mission bestimmt, als zwischen den diversen Forschungszweigen ver-
gleichend einherzugehen, hier eine Lücke zu verstopfen, dort
ein Endchen zu beschneiden. Abends, nach Torschluß, wenn die
Scheunen längst voll sind, darf er sich auf die Felder wagen, um
die tauben Ähren aufzulesen, die dort für ihn abgefallen sind.
Spricht sich in dieser Anschauung, die einen fruchtbaren Betrieb
der Wissenschaften ohne dominierende Gesichtspunkte, mit
sklavischer Anlehnung an das Massenmaterial für möglich hält
und von einer nachträglichen Einigung träumt, wo der Zusammenhalt vom ersten Augenblick an in Stücke gehen mußte, nicht
deutlich genug jener Zug zur Vielwisserei aus, dessen erste und
letzte Wirkung unheilbare geistige Sterilität ist? Polyhistorie
aber ist nicht einmal ein schwächliches Surrogat, sie ist regelmäßig das Ende der Philosophie.

Damit stimmt es denn auch vollkommen überein, daß
der Dilettantismus in der übelsten Bedeutung des Wortes,
niemals so hoch in Blüte stand wie heute. Nicht bloß, daß
alle Grenzen der Ehrfurcht zwischen dem Durchschnittsmenschen
und dem Individuum, das, sei es in Kunst, Wissenschaft oder

Philosophie, ernstlich in dem Dienst der Kultur steht, ge=
sunken sind, daß der Parvenü niemals sich so sehr in den
Vordergrund zu drängen wußte, als gegenwärtig, auch inner=
halb jener Gebiete selber ist ein Sansculottismus eingerissen,
der für die Korruption des modernen Geschmackes ein sprechen=
des Zeugnis ablegt. Maßvolle Selbstbeschränkung, das Be=
wußtsein seiner Standeszugehörigkeit — das Wort Stand
natürlich in rein geistigem Sinn genommen — ist eine der
ersten Bedingungen höherer Kultur. Wie steht es zurzeit da=
mit? Heute wähnt jedermann, alles sein zu können. Nirgends
tritt das so deutlich zutage als in einem Gebiete, das ja natur=
gemäß den Berührungen der Unberufenen in höherem Grade
ausgesetzt ist, dem Gebiete der Kunst. Der Dilettantismus im
wörtlichsten Sinne des Wortes ist an der Tagesordnung. Ich
glaube, es ist kein Abfall ins Triviale, wenn ich hier an
Symptome rühre, die nicht sonderlich tief liegen. Aber zu
keiner Zeit ist so viel auf literarischem Gebiet gepfuscht wor=
den wie heute; zu keiner Zeit ein solches Übermaß an Drucker=
schwärze nutzlos vergeudet worden; zu keiner Zeit ist das Publi=
kum durch eine im Grunde so sterile Überproduktion in Anspruch
genommen worden. Die Lyrik, um ein recht markantes Bei=
spiel anzuführen, ist beinahe ausschließlich Monopol jener Skri=
benten geworden, die nach einem fertig vorliegenden Rezept
Stimmungen konstruieren, welche niemals ihre eigenen waren.
Wenn die jüngstdeutsche Schule damit begann, dem traditio=
nellen Schema in bündigster Form abzusagen, so hat sie selber
nicht lange gezögert, diesem eine noch kläglichere Schablone zu
substituieren. Freilich, einer, der noch „Sonne" auf „Wonne"
reimt, wird sich schwerlich finden: allein das Prunken mit
scheinbar subtilen, aber höchstens perversen Neigungen, das
anbetungsvolle In=den=Staub=Sinken vor jeder Prosti=
tuierten, deren Leibesprofil der gewellten Schlangenlinie
der modernen Sehnsucht entspricht, ist zum mindesten ebenso
verächtlich, ebenso unecht und ebenso schablonenhaft, als die

Pegasusritte unserer Altvordern ins gelobte Land des Klassi=
zismus.

Was für die Kunst gilt, das zeigt sich auch im Gebiet
der Wissenschaft, wo es sich allerdings nicht so peinlich fühl=
bar macht. Und ist es zuletzt nicht auch bloß als ein Vorstoß
des Dilettantismus anzusehen, was uns früher als Folge der
Polyhistorie erschien: wenn man der Philosophie ihre unab=
hängige Stellung nehmen will und sie zum Instrumente der
Einzelforschung degradiert? Überhaupt sind Vielwisserei und
Dilettantismus nicht allein Phänomene, die einander zumeist
begleiten und ergänzen, sondern verwandter, vielleicht sogar
identischer Natur. Beide nämlich wagen sich an Dinge heran,
zu denen sie innerlich kein Verhältnis besitzen. Und
darum sind sie kulturschädlich und kulturzerstörend; denn Kul=
tur bestimmt sich in letzter Linie bloß nach dem Maße psy=
chischer Anteilnahme an all demjenigen, zu dem der Mensch
überhaupt in Beziehung tritt: ob es nun dem Alltage ange=
hört oder dem Reiche des Geistes.

Wäre es unserer Zeit wirklich ernst um die Ideale der
Romantik, die sie wieder zu erwecken vorgibt, dann hätte
sie hier vor allem reichlich gut zu machen. Damals war eine
Periode grandioser und echtester Vielseitigkeit, dort gehört
der Mensch ganz und ungeteilt seiner Welt an. Der Künstler
war Philosoph und der Philosoph, oft allzu sehr, Künstler.
Von jener Zünftlerei, von jenem bornierten Kleinbürgerstolz
des wissenschaftlichen Betriebes, der heute so hoch in Blüte
steht, wußten die Männer nichts, die die Voraussetzungen
unserer eben nichts weniger als voraussetzungslosen Wissen=
schaft schufen. Da maßen sich die Vertreter der Naturforschung
und Geistesforschung nicht mit feindseligen Blicken. Kant, der
Begründer der reinen, transzendentalen Naturlehre, hat zu=
gleich die leider so bald vernachlässigte transzendentale Psycho=
logie ins Leben gerufen. Schelling, der den Zusammenhang
und das Getriebe der mechanischen und organischen Welt

sicherlich tiefer erfaßt hat als Ostwald oder Darwin, schrieb eine Geschichte und Philosophie der Religionen. Hegel, der Logiker und Methodologe, war nicht weniger groß als Historiker. Heutzutage würde ein Fachphilosoph Gefahr laufen, sich vor seinen gelehrten Kollegen rettungslos zu kompromittieren, wenn er ästhetische Neigungen verriete oder gar selber produzierte, während es ihm umso höher angerechnet wird, wenn er im Laboratorium über einer psychophysischen Messung brütet und im Schweiße seines Angesichts eine neue Unterschiedsempfindlichkeit zutage fördert. Und trotzdem ist in den Aphorismen eines Novalis sicherlich mehr von echter Philosophie enthalten als in dem sinnesphysiologischen Massenmaterial, aus dem sich die moderne Weltanschauung zusammensetzt. Künstler, Denker und Mensch in einem zu sein: sich nicht gegen seine Vernunft zu wehren, wenn man die Welt zum Kunstwerk umschafft, sich nicht seiner Phantasie zu schämen, wenn man das Universum in die Tiefe denkt und dabei sich seiner einzelnen, konkreten Individualität immer bewußt zu bleiben, sich weder hier noch dort zu verleugnen, das war die tiefe, unergründliche Lebensweisheit der Romantik, die der modernen Menschheit so ganz abhanden gekommen ist, wo der Künstler stets aus fremden Motiven schöpft, die bald präraffaelitisch, bald japanisch, bald romantisch, nie aber seine eigenen sind und wo der Philosoph sich hermetisch gegen jene Sphären absperrt, in denen es keine durch Maß und Zahl zu bestimmenden Größen gibt.

Hier von Dilettantismus zu sprechen, sich hinter dieses Wort zu flüchten, um dem Vorwurf der Pedanterie, der wissenschaftlichen Verbildung zu entgehen, wäre eine Perversion der Logik. Oder wenn man just dabei beharren will, wenn man in dem Einheitsgedanken, der Kunst, Weltweisheit und Einzelforschung mit einem Riesengriff umspannt, einen Gegner solider Wissenschaftlichkeit, einen Vorstoß des Dilettantismus wittert, und all dem, was, wie ich gezeigt, in unseren

Tagen weit eher auf jenes diffamierende Prädikat Anspruch
erheben kann, liebevoll Nachsicht angedeihen läßt, nun gut:
Dann werden wir uns nicht schämen, uns zu einem Dilettan=
tismus zu bekennen, der die Grundlage unserer Kultur ge=
schaffen. Mit gutem Rechte hat Chamberlain ähnlichen
Angriffen gegenüber analoge Gegengründe geltend gemacht.
Es ist kleinliche Handwerkerei, von einem universellen Geiste,
der aus dem Vollen schöpft, und von da aus das Einzelne
ergreift, einen Befähigungsnachweis für die Ausübung seines
Metiers zu verlangen.

Bin ich nicht vom Thema abgekommen? Keineswegs.
Wenn ursprünglich auch von Gentz die Rede war, so handelte
es sich nicht um biographische Daten, sondern um Symptome
einer Kultur. An sich ist ja Gentz vielleicht wirklich nicht
mehr als ein hochveranlagter Dilettant gewesen. Allein gerade
bei einem solchen Manne, der ganz und gar nicht als einer
der Größten gelten kann, verrät sich, in der Fülle von Be=
ziehungen, die er zu den verschiedensten Gebieten gewann, ein
so starkes und ursprüngliches Kulturbewußtsein, daß es
unverzeihlich wäre, an einem solch erhebenden Phänomen acht=
los vorbeizugehen.

Im Grunde ist diese Vielseitigkeit bloß Selbstach=
tung. Man weiß und man will, daß seine Ansicht, vor
allem, daß man selbst etwas bedeutet. Darum sucht man,
jener die möglichste Weite, die möglichste Intensität zu ver=
leihen. Einem Politiker von heute genügt es wohl, daß er
seines Wahlbezirkes sich versichert; bestenfalls wird er Sta=
tistik und Sozialpolitik für den Hausgebrauch treiben. Gentz,
nichts weniger als Fachgelehrter, nichts weniger als dazu
zu berufen, der Tagespolitik ein philosophisches Mäntelchen
umzuwerfen, stieg bis zu Kant hinauf, um seine Theorien
vor sich selber zu rechtfertigen. Und wie immer der Versuch,
sie systematisch zu fundieren, ausgefallen sein mag, der Wille
an sich ist hier maßgebend.

Die damit gewonnene Einsicht, daß Vielseitigkeit, wie ich
sie definieren durfte, kein flüchtiges Herumtasten an der Ober=
fläche der Dinge bedeutet, sondern im Gegenteil intellektuelle
Gründlichkeit, intellektuelle Innerlichkeit, gleichsam nach außen
projiziert, ergänzt sich speziell in unserem Fall sehr glück=
lich von einer andern Seite: Gentz war in hohem Maß
Selbstbeobachter. Was wir von ihm wissen, im Guten
und im Schlechten, verdanken wir ja seinen Tagebüchern.
Nun kann man freilich ein Tagebuch führen und Memoiren
schreiben, ohne je ernstlich über sich nachgedacht, ohne je son=
derlich tief in sich geschaut zu haben. Allein für Gentz kann
das nicht gelten. Er gehörte zu denen, die ein Eigentumsrecht
an ihrer Vergangenheit beanspruchen und die sich über ihr
Sein und Werden Rechenschaft geben. Freilich mischen sich in
seinen Tagebüchern seltsam materialistische und idealistische
Gesichtspunkte. Manchmal ein Höhenflug der Seele, der
den Leser unwillkürlich mitreißt, dann wieder ein schroffer
Abfall zu vulgärem Hedonismus. Charakteristisch ist die
außerordentliche Fürsorge für sein physisches Wohlergehen. Da
findet jede geringfügige Abnormität Berücksichtigung, jede
Nüance gilt ihm als bemerkenswertes Phänomen. Gelegent=
lich liest man: „Mittelmäßig geschlafen. Böser Traum um
4 Uhr." Hält man daneben die folgende Behauptung, die
sich in einem seiner Briefe an Varnhagen von Ense findet:
„Sie wissen längst, daß die Vergangenheit mir bloß in ihrem
historischen Ertrage etwas ist, als persönliche Rückerinnerung
mich gar nicht reizt, sondern nach Umständen wohl gar zum
Schrecken und Greuel wird", so möchte man an der Richtig=
keit der früheren Darlegung irre werden. Das scheint dem,
was ich über das Verhältnis Gentzens zu seiner Vergangen=
heit gesagt habe, direkt zu widersprechen. Ich gebe auch gerne
zu, daß jeder ausschweifenden Verherrlichung seines Verant=
wortlichkeitsbewußtseins, wie es sich in jener täglichen Selbst=
kontrole offenbaren soll, eine strenge Beschränkung auferlegt

2*

ist. Gentz war eben in diesem so entscheidenden Punkte eine
durchaus problematische Natur. Wenn ich anderswo den Ver=
such unternahm, im Interesse der Charakterologie die Menschen
in zwei Hauptgruppen einzuteilen, in die h i s t o r i s c h e n,
denen die Vergangenheit als solche, als inneres, psychisches Be=
sitztum etwas bedeutet, und in e l e m e n t a r e, die sie zwar auch
in lebendiger Erinnerung aufbewahren, aber fortwährend für
die Gegenwart aufbrauchen, sie bloß mit Beziehung auf den
Augenblick verwerten, und wenn ich nun die Anwendung dieses
Schemas an Gentz erproben wollte, so wäre ich in Ver=
legenheit, eine Entscheidung abzugeben. Was Gentz in den
oben zitierten Zeilen von sich bekennt, ist recht eigentlich die
kürzeste Analyse, das Programm des elementaren Charakters.
Allein der Einblick in seine Tagebücher verbietet mir, ihm
selber hier so viel Gehör zu schenken, als er damals bean=
sprucht haben mochte: Da finden sich zu viele Fäden zwischen
Vergangenheit und Gegenwart, ein fortwährendes Eingreifen
des Einst in das Jetzt, zu viel K o n t i n u i t ä t, E i n h e i t s =
b e w u ß t s e i n, was ja das vornehmste Kennzeichen des histo=
rischen Menschen ist. Freilich kollidiert das wieder mit an=
derem, das einen Schluß auf das Gegenteil ziehen läßt. Es
war eben beides in ihm; und was endgültig die Oberhand
behielt, läßt sich schwer entscheiden. So ein Gemisch von Tiefe
und Oberflächlichkeit zeigt sich auch in der E r o t i k Gentzens.
Das Wort Tiefe ist vielleicht etwas zu superlativistisch. Aber
was immerhin so bezeichnet werden könnte, ist der Umstand,
daß er, wie aus seinen Tagebüchern hervorgeht, sich in einer
Beziehung diesen Leidenschaften gegenüber rein zu erhalten
wußte: er maß auch den Wert der Erotik weniger an
der Intensität des Empfindens, als an dem, was sie für seine
Individualität bedeutete. Freilich war das mehr ein eudä=
monistisches als sittliches Interesse. Er war immer verliebt
und hat nie eigentlich geliebt. Von jenem kosmischen Zuge, der
der romantischen Erotik vor allem eigen ist und von ihr auf

den letzten und größten der Romantiker, auf Richard Wagner, übergeflossen ist, findet sich bei ihm keine Spur. Man würde ihm gleichwohl Unrecht tun, wenn man diese erotische Beweg= lichkeit, die wohl affektvoll war, aber nirgends in die Tiefe ging, mit der Caféhaus=Erotik von heute verwechselte, deren Propheten Bierbaum und Schnitzler heißen. Gentz hat die Frauen in Bezug auf sich und sich in Bezug auf die Frauen immer ernst genommen. Jenes abstoßende Balanzieren zwischen Frechheit und Sentimentalität, das einer absoluten moralischen und psychischen Gleichgewichtslosigkeit und keinem Erhabensein über den Leidenschaften entspringt, ist ihm fremd gewesen.

Weit mehr in die Tiefe geht Gentz dort, wo er mir am anziehendsten erscheint, und wo ihn die meisten im Gegenteil am verächtlichsten gefunden haben. Ich meine seine Neigung zur Furcht, die oft Feigheit genannt wurde, was aber psycho= logisch und historisch unhaltbar ist. Daß Gentz kein Feigling war, erhellt ja am besten aus seiner politischen und diplomati= schen Laufbahn. Obwohl seine Position nach Austerlitz und Jena gefährdet war — Napoleon hatte an Palm bewiesen, wessen er fähig sei — verharrte er mutvoll auf dem be= drohten Posten und gab sich nicht wie sein Freund Johannes von Müller französischen Einflüsterungen gefangen. Wenn er es vorzog, dem Feinde die Stirn zu bieten, auch solange kein Gegenlohn in Aussicht stand, so zeigt dies, daß er einem besseren Zwecke zulieb handelte, dem er die näher liegende Rücksicht auf sein eigenes Wohl hintansetzte. Dennoch ist die Furcht vor dem Tode eine der Grundstimmungen in Gentzens Leben. Aber gerade sie gibt uns den Schlüssel zum Verständ= nis der besten Seiten seines Innern und nicht etwa das Recht, vornehm über den „Feigling" abzusprechen. Sie zeigt uns, daß Gentz trotz jenes an Varnhagen gerichteten Ausspruches keine von den Augenblicksnaturen war, deren geistige Phy= siognomie ich früher in wenigen Strichen festzuhalten suchte.

Ihm war, wie allen Romantikern, überhaupt wie allen Men=
schen, die an das Schicksal Fragen stellen und nicht nur platte
Indifferenz seinem dunklen Walten entgegensetzen, der Tod das
tiefste Problem des Lebens, das furchtbare Attentat auf den
moralischen Wert der Persönlichkeit, das beispiellos Uner=
gründliche, das dennoch ergründet sein will, wenn auch ein
flacher Positivismus in der billigen Pose eines bühnenmäßigen
Heroismus tragiert und mit seichten Trostworten sich über
das Mysterium, vor dem er sich doch in Wahrheit scheu be=
kreuzigt, hinwegzusetzen vorgibt. Den Tod überwinden zu
können, nicht durch abergläubische Vorspiegelungen oder durch
nichtssagende Ausflüchte, sondern durch die seelische Läuterung,
gleichsam von innen heraus, gestaltet sich ihm zur wahren
Aufgabe des Lebens. Und er weiß seinem Freunde Adam
Müller vor allem dafür Dank, daß er ihn hier den rechten
Pfad gewiesen hat. So erklärt sich auch der Ausruf ungläu=
bigen Entsetzens, mit dem er kurz vor seinem Ableben die
Nachricht von dem Tode Goethes entgegennahm. Wie konnte
so viel Lebensfülle, ein so reiches geistiges Können mit einem
Male vom Erdball verschwinden, ohne daß dadurch der Me=
chanismus im Triebwerk der Natur mit bleiernem Still=
stande bedroht wurde? Unserer moralischen Weltanschauung
widerstrebt diese kalte Gleichgültigkeit in der ewigen Periodi=
zität des Werdens und Vergehens, und aller Hinweis auf
die Erhaltung der Gattung vermag nicht für dasjenige zu ent=
schädigen, in dem die Gattung Realität erlangt, für den Ver=
lust des Individuums. Das gleiche Problem war es, an
dem sich der größte Genius der abendländischen Menschheit,
Immanuel Kant, zur Höhe seiner ethischen Lebensanschauung
emporrang, da er die Deduktion der sittlichen Norm in die
erhabene Forderung einer unbegrenzten, nicht im irdischen
Dasein vollendeten Läuterungsfähigkeit der Menschenseele
münden ließ. Daß auch Gentz dieser Auffassung nahe stand,
dafür zeugt die ruhige Resignation, mit der er dem Tode ent=

gegenſah; was er fürchtete, war bloß die Möglichkeit des
Todes, der Tod als unausgeſetzte Drohung auf den Lippen
des Lebens ſelber, nicht ſeine gleichſam ruhende Realität, in
der alles irdiſche Daſein beſchloſſen liegt.

Dieſe Furcht, hier bloß eine pſychiſche Ausdrucksform des
Unſterblichkeitsbedürfniſſes, ſpricht alſo am allerwenigſten gegen
Gentz. Sie umfaßt im Gegenteile das Beſte und Edelſte,
was in ihm wohnte. Und wie ich ſchon flüchtig andeuten
konnte, ſie ſoll uns mehr ſein, als eine biographiſche Notiz, weit
mehr: nämlich wiederum ein Zeichen der Zeit, ein Kultur=
ſymptom der Romantik. Eine Generation, die dem Unſterb=
lichkeitsgedanken einen kühlen Indifferentismus entgegenſetzt,
begibt ſich eben damit des Anſpruches auf wahre Kultur.
Denn ſie mißt ſich ſelber keinen bleibenden Wert bei, ſie hat
nicht einmal das Bedürfnis danach. Der Hinweis auf den
Fortbeſtand und die Erhaltung in der Gattung iſt ein elen=
des Surrogat, weit ſchädlicher als das offene Bekenntnis des
abſoluten Immortalitätsglaubens, in ſo agreſſiver Form
dieſes auch immer abgegeben werden möchte. Und dies vor
allem bezeichnet den unendlichen Abſtand unſerer mit Natura=
lismus bis zum Überdruß beladenen Zeit von der Romantik.
Damals galt das Individuum und wollte ſich auch über
Vergänglichkeit erhaben glauben. Uns bedeutet bloß die
Maſſe, die undifferenzierte Gattung, das graue Menſchenchaos
etwas, wo die Unterſchiede ſich verwiſchen und mit der gleich=
mäßigen Ausdehnung auf alle die erhabenſten Poſtulate zu
belächelnswerter Kleinheit zuſammenſchrumpfen, wo Ewigkeit
ſchließlich nichts mehr iſt als die Erhaltung des normalen
Zeugungsvermögens.

Die Furcht, in dieſem höheren Sinne das Widerſpiel
aber auch regelmäßig das Korrelat des Glaubens, iſt alſo
eben dasjenige, was bei Gentz am meiſten in die Tiefe drang
und ihm eine Beziehung zu den höchſten Fragen des Daſeins
gab. Sie iſt ein Zeugnis dafür, daß ihm ein ſtarkes Ele=

ment Persönlichkeit innewohnte. Er war freilich kein schöpfe=
rischer Geist, kein wirkliches Genie, dazu fehlt ihm die Selbst=
entäußerung, die opferfreudige Hingabe an eine Aufgabe, die
seine eigene engumgrenzte Subjektivität überschattet hätte.
Einen Kultur=Epikureer darf man ihn nennen, der von allen
Früchten genießt, aber im Grunde nur des Genusses halber.

Alle seine Vorzüge sind darum mit einem verhängnis=
vollen Doppelsinn behaftet. Die Selbstbeobachtung, einer=
seits zweifelsohne Selbstkontrole, entpuppt sich auf der andern
Seite vielfach als ein liebevoller Kult der eigenen Schwächen,
als ein behagliches Goutieren der Zuschauergenüsse. Der Ero=
tiker Gentz, nichts weniger als ein Tristan, ohne jeden religiösen
Zug in seinem Verhältnis zum Weib, gibt dem Psychologen
ohnedies wenig Probleme. Daß sich gleichwohl, wenn man
das Fazit zieht, immer noch ein Überschlag zu seinen Gunsten
ergibt, folgt erst unmittelbar aus dem Standpunkte, den
er dort einnahm, wo er über Tod und Leben, über Vergäng=
lichkeit und Ewigkeit reflektierte.

Durfte er uns deswegen nicht so sehr als Träger eigenen
Wertes bedeutungsvoll erscheinen denn als Symptom ,so gilt
das besonders auf dem Gebiet, zu dem ich nunmehr übergehen
will, auf dem Gebiet, auf dem er sich Herr fühlte.

3. Romantik und Staat.

Es wäre zweifelsohne ein Mißgriff, an ihm das Problem
der Erotik oder etwa das Religionsproblem in seiner Bezie=
hung zur Romantik ergründen zu wollen. Denn diese beiden
verlangen vor allem Tiefe und die volle Hingabe der Per=
sönlichkeit. An dem einen fehlte es Gentzen wie an dem an=
deren. Dagegen vermag er ein anderes Problem zu er=
hellen: das Staatsproblem. Hier setzt er sein ganzes Können
ein, und hier bedarf es weniger der Tiefe als der Klarheit.

Denn der Staat ist doch mehr oder weniger die Entäuße=
rung vom Individuum: und eben wegen dieser Entäußerung
in geringerem oder höherem Grade äußerlich.

Wenn man aber das Gebiet der staatsrechtlichen und po=
litischen Fragen betritt, so darf man sowohl für das Verständ=
nis der Romantik, das er wenigstens mittelbar fördern soll,
als auch seiner eigenen Persönlichkeit, als endlich all der auf
gleichem Boden erwachsenden Probleme des sozialen Lebens,
die in unserem Zeitalter wieder besonders aktuell geworden
sind, mancherlei Aufschluß erwarten.

Die Romantik vermag uns auch hierin mehr zu bieten,
als mancher Doktrinär des Liberalismus zu glauben geneigt
sein wird. Wenn auch nicht an Antworten, so an Fragen,
an tiefen, umfassenden Fragen, die ihre eigene Er=
gründung vorbereiten, wenn sie gründlich genug gestellt
worden sind. Darin aber sehe ich die erhabene Auf=
gabe jeder wahren Kultur: Probleme zu stellen und zu
vertiefen und nicht als vulgärer Beantwortungsmechanis=
mus zu fungieren.

Die Romantik hat dem sozialen Problem wie dem Er=
kenntnisproblem und dem Moralproblem die weiteste Fassung
gegeben. Wenn diese nicht von Widersprüchen frei blieb,
so lag der Widerspruch wohl im Wesen der Frage selber. Nur
bornierte Pedanterie mochte sich da des Vorzugs strenger
Systematik rühmen. Hier leistet uns Gentz die besten Dienste
als Wegweiser.

Es ist aber besonders eine Seite des Staatsproblemes,
die in den Vordergrund der Betrachtung rücken wird, sein
Verhältnis zum Individuum, zum Problem des Indivi=
dualismus. Eben wegen der auffallenden Unklarheit, die auf
diesem Gebiet, zumal mit Rücksicht auf die Romantik, zurzeit
noch herrscht, ist es notwendig, sich darüber mit mehr Aus=
führlichkeit zu verbreiten.

Genß war vom Rationalismus ausgegangen und
konnte sich seinem Einfluß nicht völlig entziehen. Auch als Ge-
sinnungsgenosse Burkes und de Maistres ist er ein Verächter
des Mittelalters und ein Freund der Aufklärung. Sonst ent-
fernte er sich freilich weit von seinen ehemaligen Tendenzen. Aber obwohl er als Parteigänger der Reaktion
dem Katholizismus zuneigte, der Reformation keine sonder-
lichen Sympathien entgegenbrachte und den Jansenismus bei
Gelegenheit einen abgeschmackten Formularstreit nannte, dachte
er nie ernstlich an den Übertritt zur römischen Kirche,
und die schroffe Absage an Adam Müller, der ihn dazu bewegen möchte, enthüllt unverkennbar, daß der religiöse Drang
nicht die ganzen Tiefen seines Wesens aufwühlte, sondern
einem lediglich ästhetisierenden Formenkult entsprach.

Genß war konservativ, er hat den Konservatismus
praktisch verewigen wollen und sich theoretisch dennoch für den
Fortschritt begeistert. Rationalismus und Mystizismus stehen
einander also in demselben Individuum gegenüber, nicht so,
daß sie periodisch wechselten und zeitlich überhaupt auseinander fielen, sie verteilen sich vielmehr gleichmäßig über die
ganze Persönlichkeit und das ganze Leben. Sein philoso-
phisch=politisches Bekenntnis hat er am klarsten in einem
Schreiben an Johannes von Müller niedergelegt, dessen Ausführungen in den folgenden Behauptungen gipfeln: „Zwei
Prinzipien konstituieren die moralische und intelligible Welt.
Das eine ist das des immerwährenden Fortschrittes, das
andere das der notwendigen Beschränkung dieses Fortschrittes.

Regierte jenes allein, so wäre nichts mehr fest und bleibend auf Erden und die ganze gesellschaftliche Existenz ein
Spiel der Winde und Wellen. Regierte dieses allein, oder
gewänne es auch nur ein entschiedenes Übergewicht, so würde
alles versteinern und verfaulen. Die besten Zeiten der Welt
sind immer die, wo diese beiden entgegengesetzten Prinzipien
im glücklichsten Gleichgewicht stehen. In solchen Zeiten muß

dann auch jeder gebildete Mensch beide gemeinschaftlich in sein Inneres und seine Tätigkeit aufnehmen, und mit einer Hand entwickeln, was er kann, und mit der anderen aufhalten, was er soll. In wilden und stürmischen Zeiten aber, wo jenes Gleichgewicht gegen das Erhaltungsprinzip, sowie in finsteren, wo es wider das Fortschrittsprinzip gestört ist, muß, wie mich dünkt, auch der einzelne Mensch eine Partei ergreifen und gewissermaßen einseitig werden, um nur der Unord= nung, die außer ihm ist, eine Art Gegengewicht zu halten. Wenn Wahrheitsscheu, Verfolgung, Stupidität einen mensch= lichen Geist unterdrücken, so müssen die Besten der Zeit für die Kultur bis zum Märtyrertum arbeiten. Wenn hingegen wie in unserem Jahrhundert, Zerstörung alles Alten die herrschende, die überwiegende Tendenz wird, so müssen die ausgezeichneten Menschen bis zur Halsstarrigkeit altgläubig werden. So verstand ich es. Auch jetzt, auch in diesen Zeiten der Auflösung müssen sehr viele, das versteht sich von selbst, an der Kultur des Menschengeschlechtes arbeiten; aber einige müssen sich schlechterdings ganz dem schwereren, dem undank= bareren, dem gefahrvollen Geschäfte widmen: das Über= maß dieser Kultur zu bekämpfen."

Kaum irgendwo hat Gentz seinen Standpunkt deut= licher präzisiert, und die Motive klarer beleuchtet, die ihn zum Festhalten an den Traditionen der Vergangenheit, zur Opposition gegen alle Neuerungen, selbst gegen die Versuche gemäßigter Reformparteien veranlaßten. Er sah, wie durch die Umwälzungen in Frankreich das Gleichgewicht Europas erschüttert worden war; wie die Staaten nach innen den festen Zusammenhalt zu verlieren drohten, und wie nach außen der europäische Staatenbund ins Wanken kam. So wollte er sich des Stabilitätssystems als eines wirksamen Gegenmittels bedienen; nur insofern sprach er der reaktionären Tendenz Existenzberechtigung zu. Sie war ihm eine harte, durch die Zeitumstände gebotene Notwendigkeit, eine unumgängliche

Präventivmaßregel, kein sittliches oder ästhetisches Ideal, das
romantischen Neigungen entgegenkam. So schülerhaft schema=
tisierend also auch die obigen Ausführungen Gentzens mit
ihrer Gegenüberstellung von Erhaltung und Fortschritt als
zweier antagonistischer Kräfte sind, so ist es dennoch von vorn=
herein ungerechtfertigt, ihn als kulturfeindlichen Obskuranten
zu behandeln. Was er unternahm, sollte nicht gegen die
Kultur, sondern in ihrem Interesse vollführt sein. Ein Über=
maß von Beweglichkeit sollte durch ein Übermaß von Träg=
heit gebrochen werden. Ob die von ihm in Anwendung ge=
brachten Mittel diesem Zwecke adäquat waren, ist freilich eine
andere Frage. Deutlicher tritt diese seine Absicht, nur der Re=
volution, nicht der Evolution entgegenzuwirken, auch in einem
Aufsatz „Über den Einfluß der Entdeckung von Amerika auf
die Wohlfahrt und die Kultur des menschlichen Geschlechtes"
hervor. Diese Schrift ist von einer durchaus freiheitlichen
Gesinnung getragen und könnte ebenso gut aus der Feder
eines Freimaurers oder Illuminaten stammen. Die Hebung
und Verbreitung der Aufklärung, die durch das Vorwalten der
Geldwirtschaft ins Leben gerufene Präponderanz des städti=
schen Elementes sind die Erfolge, auf die er das meiste Ge=
wicht legt. Besonders charakteristisch auch ist an dieser Stelle
die geringschätzige Beurteilung der mittelalterlichen Kultur.

Ich habe schon oben erwähnt, daß die geistige und litera=
rische Entwicklung Gentzens sich deutlich in drei Stadien son=
dern läßt. Daß der Weg nicht ohne Krümmungen verläuft, ist
einleuchtend. Aber eben dadurch ist es auch möglich, den
Kern der Widersprüche bloßzulegen, die in den Zeitverhält=
nissen selber gegeben waren. Ein Einwand liegt freilich auf
der Hand. Entsprang dieser Gesinnungswechsel seiner Über=
zeugung oder bloß praktischen Erwägungen, denen gehorchend
er den reaktionären Machthabern Sykophantendienste leistete?
Müßte man diese Frage, deren Berechtigung ich übrigens
schon im früheren flüchtig untersucht habe, bejahen, dann

wäre es illuforisch, ihn für kulturhistorische Untersuchungen
in unserem Sinn verwerten zu wollen.

Es läßt sich nun sicherlich nicht schlechtweg leugnen, daß
Gentz nicht in allen Lebenslagen eine ungeschminkte Wahr=
heitsliebe und Überzeugungstreue an den Tag legte. Wenn
er sich dazu hergab, dem Hause Rothschild ein begeistertes Lob=
schreiben zu widmen und es als nachahmenswertes Vorbild
zu empfehlen und in einem Briefe an Adam Müller in bezug
auf dieselben Personen das Urteil abgibt: „Es sind gemeine,
unwissende Juden von gutem, äußeren Anstand, in ihrem
Handwerke bloße Naturalisten, ohne irgend eine Ahnung eines
höheren Zusammenhanges der Dinge, aber mit einem bewun=
dernswerten Instinkt begabt, welchen die Menge Glück zu nennen
pflegt", so spricht dies sicherlich deutlich genug. Dennoch ist
es sicher voreilig und ungerecht, daraufhin auch seine politische
Stellungnahme zu verdächtigen. Die Abneigung gegen die
französische Revolution trotz der anfänglich sympathischen Par=
teinahme für dieselbe ist leicht erklärlich. Man weiß, daß
sich derselbe Umschwung der Stimmung bei Männern wie
Klopstock, Wieland und Schiller vollzogen hat. Freilich war
es nicht die Entrüstung des ethischen Bewußtseins, sondern
ein nüchternes Raisonnement, das aus Gentzen sprach, wenn
er den jakobinischen Ausschreitungen gegenüber das konser=
vative Prinzip geltend machte. Wie man sich nun immer
zu seiner Argumentation verhalten mag, es ist sicher, daß sie
ehrlich gemeint war, und nicht etwa durch die Aussicht auf
praktische Vorteile inspiriert wurde. Der Grund des Mei=
nungswechsels, der ihn aus dem Lager der liberalen Demo=
kraten der reaktionären Partei zuführte, muß daher in seinem
Naturell sowie in den allgemeinen Kulturverhältnissen zu
suchen sein. Besonders charakteristisch ist es aber, daß er
trotzdem an gewissen und in sozialphilosophischer Hinsicht ge=
rade den wichtigsten Prinzipien zeitlebens unverrückbar fest=
hielt. Dahin gehört im großen und ganzen seine Anschauung

über die Grundlagen und Aufgaben des Staates, die das
eigentliche Objekt der vorliegenden Untersuchung bilden.

Seine Ausführungen zum Staatsproblem sind vor=
nehmlich durch zwei Umstände bedingt. Einmal durch den
allgemeinen Charakter des Aufklärungszeitalters, dessen
Einflüssen er sich namentlich in seiner Jugendzeit hingab, dann
durch den Ausbruch der französischen Revolution, die
seinen ehemaligen Tendenzen eine neue Richtung gab. Schon
eine oberflächliche Betrachtung zeigt die Wirksamkeit beider
Faktoren. Gentz hält überall an der Lehre vom Gesell=
schaftsvertrage, in der der Rationalismus seinen typischen
Ausdruck gefunden hatte, fest. Auf der anderen Seite bestreitet
er aber energisch, daß dieses Vertragsverhältnis in rein ju=
ristischem Sinne aufgefaßt und also nach dem Belieben der
Kontrahenten beseitigt werden könne, wenn seine Wirkungen
ihren Wünschen nicht mehr entsprechen. Demgegenüber hält er
fest an der historischen und ethischen Sanktion. So schreibt
er: „Souveränität des Volkes ist die wildeste, heilloseste,
halsbrechendste aller Chimären; den Monarchen als Eigen=
tümer des Staats zu betrachten, ist eine unhaltbare und un=
würdige Vorstellung. Der Staat ist allerdings ein dem
Monarchen anvertrautes Gut; aber nur zum Besten des
Volkes soll er es verwalten; aber die Übertragung geschieht
nicht durch einen gemeinen, armseligen Kontrakt, den der eine
oder der andere Teil etwa gelegentlich aufkündigen könnte.
Den Staat wie ein Pachtstück zu behandeln, ist ein Fehlgriff
von so unverantwortlicher Größe, daß im Vergleich zu dem=
selben die Ansicht einiger älterer Politiker, die ein göttliches
Recht, in der strengeren Bedeutung des Wortes, nämlich eine
von Gott selbst gleichsam dem Monarchen eingepflanzte Ge=
walt annehmen, nicht nur erträglich, sondern reizend erscheint.
Der Staat ist weder das Eigentum eines Menschen, noch
ein Gegenstand der Willkür des Volkes, er ist eine ewige
Gesellschaft, bestimmt, Gegenwart, Vergangenheit und Zu=

kunft durch ein unlösbares Band an einander zu knüpfen; und in diesem Sinne ist er von Gott. Nicht zu seiner eigenen Lust und Befriedigung, um des Ganzen, um des Volkes willen, um aller seiner früheren und späteren Geschlechter willen, muß der König als Eigentümer der Krone, die er anderen weit mehr trägt, denn sich selbst, betrachtet werden; und die daran Anstoß nehmen, haben noch nicht die ersten Elemente einer Verfassung begriffen."

Das ist eigentlich, in wenigen Worten, die radikalste Absage an die Vertragstheorie, die der freien Übereinkunft das Recht zu binden und zu lösen zugesteht. Dennoch beherrschte diese Lehre die Epoche noch damals in einem solchen Maße, daß sich selbst Gentz der logischen Kraft ihrer Argumente nicht entziehen konnte, und sie wenigstens formell auch dort hinübernahm, wo er ihren Inhalt als irreführend verwarf. Derselben so charakteristischen Erscheinung begegnet man auch anderwärts. Auch die konservativen zum Teile sogar reaktionär gesinnten politischen Schriftsteller wie Burke und Möser reden von dem Gesellschaftsvertrag als der ersten historischen Voraussetzung jedes Gemeinwesens. So färbte die rationalistische Grundanschauung auch unwillkürlich die Argumentation jener Männer, die aus ihrem Bann loszukommen suchten.

Aber noch in anderer Hinsicht stößt man bei Gentz auf einen Widerspruch, der nicht, wie der eben angeführte, bloß formaler Natur ist, sondern in den Grundlagen des Systems selber wurzelt und sich daher überall hervordrängt, wo sein Totalzusammenhang und die oberste Tendenz, in die es mündet, in Frage kommt. Aus dem eben angeführten Zitate geht klar hervor, warum Gentz der Restaurationspolitik so eifrig in die Hände arbeitete. Was er der französischen Revolution am heftigsten vorwarf, war ihr angeblich so radikaler Bruch mit allen Traditionen der Vergangenheit, das unhistorische Prinzip, das nicht nach dem Anschluß an das Be-

ſtehende ſucht, ſondern einer abſtrakten Theorie gemäß auch
die praktiſchen Verhältniſſe zu regeln und zu ordnen ſtrebte.
Ein unvermittelter Uebergang erſcheint ihm widerſinnig.

Über den einzelnen Gliedern der Geſellſchaft als Kontra=
henten erhebt ſich gleichſam die objektive Macht des Staates,
die die beharrende Baſis im Wechſel darſtellt, und in dem
gleichen Maß die Traditionen ſchützt, als der unaufhaltſam
ſich vollziehende Fortſchritt über ſie hinweggehen möchte. In
ähnlicher Weiſe hatte Edmund Burke in ſeinen berühmten
Betrachtungen über die franzöſiſche Revolution, die Gentz
ins Deutſche übertrug, gegen die Umſtürzler gekämpft. Es
iſt ganz in des letzteren Sinne geſprochen, wenn Burke, nach=
dem er die ſozialethiſche Bedeutung des mittelalterlichen Feu=
dalweſens hervorgehoben und die Religion als ſtaatserhal=
tendes Prinzip gegen den Atheismus verteidigt, ſeine An=
ſichten über das Weſen der bürgerlichen Geſellſchaftsordnung
in die Worte zuſammenfaßt: „Ein Staat iſt eine Verbindung
von ganz anderer Art und von ganz anderer Wichtigkeit. Er
iſt nicht bloß eine Gemeinſchaft in Dingen, deren die grobe,
tieriſche Exiſtenz bedarf; er iſt eine Gemeinſchaft in allem,
was ſchön, was ſchätzbar und gut und göttlich im Menſchen
iſt. Da die Zwecke einer ſolchen Verbindung nicht in Genera=
tionen zu erreichen ſind, ſo wird daraus eine Gemeinſchaft
zwiſchen denen, welche leben und denen, welche gelebt haben
und denen, welche noch leben ſollen. Jener Grundvertrag einer
abgeſonderten Staatsgeſellſchaft iſt nur eine Klauſel in dem
großen Urkontrakte, der von Ewigkeit her alle Weltweſen
zuſammenhält, die niedrigeren Naturen mit den höheren ver=
bindet und die ſichtbare Welt an die unſichtbare knüpft, alles
unter der Sanktion eines unverletzlichen und unwandelbaren
Geſetzes, vor dem nichts im phyſiſchen, nichts im moraliſchen
Weltall ſeine angewieſene Stelle verlaſſen darf.“ Hier wird
dem Staate eine Bedeutung gegeben, die nicht mit der will=
kürlicher Privatverträge ſich deckt. Er ſoll ſeiner moraliſchen

Bestimmung gemäß persönlich eingreifen in das Schicksal der Nationen, ein realer Faktor sein, nicht ein bloß äußerliches Verbindungsmittel, das ein loses Band der Einigung um die einzelnen Glieder schlingt. Die Romantik hat Burkes Auffassung, wie wir noch sehen werden, zum Teile akzeptiert: wenigstens insofern als der öde Mechanismus der Vertragstheorie abstoßend und unhaltbar erscheinen mußte und ihr der Staat in seiner konkreten Gegenständlichkeit sowohl als auch in seiner abstrakten Verfassung zum Problem wurde. Vergleicht man diese von Gentz so freudig akklamierte Anschauung mit den in einer seiner wichtigsten Schriften „Über politische Gleichheit" vertretenen Tendenzen, so sieht man sich vor einen merkwürdigen Widerspruch gestellt. Hier unterscheidet Gentz zwischen der objektiven, materiellen Gleichheit, der extensiven Größe der Befugnisse und der subjektiven, formellen Gleichheit, der intensiven Größe der Befugnisse. Jene betrifft also den Inhalt eines Rechtes, diese nur den Rechtsschutz. Die französische Revolution habe beide Begriffe von Anfang an nicht gegen einander abgegrenzt und sie schließlich absichtlich vermengt. So wäre es gekommen, daß die berechtigte Forderung nach der Gleichheit vor dem Rechte in das verderbliche Verlangen nach der Gleichheit der Rechte übergegangen sei. „Der Staat ist nicht da", sagt Gentz bei dieser Gelegenheit, „um nach irgend einem selbstgewählten Maßstab, und wäre es auch der der erhabensten Philanthropie, die gesellschaftlichen Unebenheiten auszugleichen, das Mehr oder Weniger im Recht ist seine Sache nicht: die einzige Ungleichheit, die er verhüten soll, ist die, welche in der Rechtsverletzung entsteht." Man darf wohl billig danach fragen, wer der Träger des sozialen Fortschrittes sein soll, wenn Gentz dem Staate diese Mission nicht zuerkennt. Es ist hier eine zweifache Auffassung möglich. Entweder soll an dem Rechtsinhalt, das heißt an den staatlichen und gesellschaftlichen Institutionen überhaupt nichts ge-

ändert und bloß die strikte Aufrechterhaltung des einem jeden
rechtlich Zuerkannten in seinem alten Zustande gewährleistet
werden. Aber das hieße, jeder Entwicklungsmöglichkeit die
Basis entziehen. Gentz, der selber die Wirksamkeit der beiden
Prinzipien, der Erhaltung und des Fortschrittes anerkannte,
und bloß keines zur Alleinherrschaft gelangen lassen wollte,
konnte sich zu einem so extremen Konservatismus konsequenter=
maßen nicht bekennen. So bleibt allein die andere Auslegung
übrig. Der Staat als solcher ist nur mit der Funktion des
Rechtsschutzes betraut. Er hat dem, was besteht, was geschicht=
lich geworden ist, die juristische Sanktion zu erteilen. Seine
Wirksamkeit ist daher lediglich auf die Exekutive beschränkt.
Die Entwicklung zu fördern, den veränderten Verhältnissen
in der Durchführung neuer, ihnen angepaßter Maßregeln Rech=
nung zu tragen, diese Aufgabe fällt nicht mehr in seine Macht=
sphäre. Sie kann daher nur den im Staate vereinigten
Individuen zufallen, wenn überhaupt kein absoluter Ruhe=
stand eintreten soll, was ja, wie gezeigt, nicht im Sinne
Gentzens gelegen war. Gerade diese einzig mögliche Inter=
pretation widerspricht auf das entschiedenste jenem Stand=
punkte, den Gentz im Anschlusse an Burkes Ansicht der fran=
zösischen Revolution gegenüber geltend machte. Wenn dem
Staate nicht bloß die polizeiliche Aufsicht zuerteilt wer=
den, wenn er ein ethisches Institut sein soll, so muß
er natürlich in erster Reihe an allen moralisch be=
deutsamen Bestrebungen seiner Insassen aktiven Anteil
haben. Und dann ist es widersinnig, nur die Wah=
rung der formellen Rechtsgleichheit von ihm zu verlangen,
ohne ihm auch in Hinsicht des Rechtsinhaltes die Ini=
tiative zu belassen. Es zeigt sich auch hier besonders klar und
offenkundig, in welche Sackgasse Gentz geriet, als er seine
reaktionären Tendenzen mit der historisch=ethischen Auffassung
des Staates verbinden wollte.

Um den dargelegten Widerspruch besser zu beleuchten,

wird es am Platze ſein, nicht nur eine logiſche Analyſe,
ſondern auch in kurzen Zügen die geſchichtliche Entwicklung
der in Rede ſtehenden Begriffe, wie ſie ſich insbeſondere der
Romantik darſtellten, zu ſkizzieren. Während des Mittel=
alters war die Staatsidee infolge des überwiegenden Ein=
fluſſes hierarchiſcher Elemente, vor allem der weltbeherrſchen=
den Macht des römiſchen Papſttumes noch wenig zum Durch=
bruche gelangt. Der Untergang der Hohenſtaufen und der
wenn auch mit ſchwerer Mühe erkaufte Sieg der Kurie drängte
ſie ganz in den Hintergrund. Aber während in Deutſchland
der zunehmende Partikularismus ihr keinen günſtigen Boden
bot, trat ſie deſto mächtiger in Frankreich hervor, wo das
erſtarkte Königtum auch der theoretiſchen Verteidigung ſeiner
Anſprüche bedurfte. Die antike Auffaſſung der Staatsidee,
wie ſie in der Renaiſſance durch das vertiefte Studium des
Altertums abermals zur Geltung kam, wirkte fördernd in der=
ſelben Richtung. Und es iſt charakteriſtiſch, daß zwei ſo diametral
einander entgegengeſetzte Denker wie Bodin und Macchia=
velli, jener der radikalſte Vertreter des monarchiſchen Prin=
zipes, dieſer ein glühender Republikaner, dennoch darin überein=
kommen, daß ſie die Souveränität, die Konzentration der
politiſchen Macht, mit aller Entſchiedenheit poſtulieren. So
lange das Königtum rein im Intereſſe des Bürgerſtandes
wirkte, um ſo den ariſtokratiſchen feudalen Partikularismus
niederzuhalten, blieb dieſes Verhältnis unverändert. Die An=
griffe gegen die Monarchie gingen damals faſt ausſchließlich
von ſeiten des Klerus aus. So kommt es, daß ſeine Ver=
treter vielfach den Standpunkt antizipierten, den nachmals
gerade die eifrigſten Vorkämpfer des Liberalismus ein=
zunehmen berufen waren. Religiöſe Toleranz und politiſcher
Freiſinn gehen nicht zuſammen, ſondern ſchließen einander viel=
fach aus. In konfeſſionellen Fragen indifferente Männer wie
Bodin, Macchiavelli, Spinoza, Bolingbroke, Montaigne,
Hobbes und Hume ſind die überzeugteſten Fürſprecher des

Abſolutismus. Umgekehrt iſt die liberale Tendenz zuerſt ge=
rade vom Klerus vertreten worden. Schon die Scholaſtiker
leiteten die Macht der Könige unmittelbar vom Willen des
Volkes ab, zu dem erſt ergänzend die göttliche Sanktion da=
zutrete. Thomas von Aquino ſpricht dem Volke ſogar das
Abſetzungsrecht zu, und die Jeſuiten entwickelten wenigſtens
in einigen Anſätzen die Lehre vom Geſellſchaftsvertrage.
In einer Schrift „Über den König und das Königtum" ver=
teidigte der Jeſuit Mariana den Tyrannenmord, eine
Auffaſſung, die von mehreren ſeiner bedeutendſten Standes=
genoſſen geteilt wurde.

Erſt ſpät wurden dieſe Männer von den Sachwaltern
des politiſchen und religiöſen Liberalismus abge=
löſt. In Frankreich traten derartige Beſtrebungen beſonders
infolge der Solidarität zwiſchen dem Königtume und der
gallikaniſchen Kirche ganz zurück, der Anglikanismus vollends
war in ſeinen vornehmſten Vertretern durchaus deſpotiſch ge=
ſinnt, und die berühmteſten Staatsrechtslehrer traten für den
leidenden Gehorſam ein. Der politiſche Demokratismus wurde
bloß durch den Puritanismus gefördert und kam zu radi=
kalſter Ausbildung zunächſt in Schottland. Nach Knox war
es vor allem der Schotte Buchanan, der in ſeinem Buche
„De jure regni apud Scotos" 1579 die bald mit einem
reicheren Aufwand theoretiſcher Hilfsmittel verſehene Lehre
des Geſellſchaftsvertrages entwickelte. In England kam der
Liberalismus erſt ſpät ans Ruder. Noch Filmer und na=
mentlich Hobbes traten für den Deſpotismus in die Schran=
ken, Sidney und Locke aber ſchlugen den entgegengeſetzten
Weg ein und ſind als die eigentlichen Stammväter des poli=
tiſchen Liberalismus anzuſehen.

Sowie das religiöſe Moment in den Hintergrund trat,
begann das Intereſſe an den politiſchen und religiöſen An=
gelegenheiten zu überwiegen. Und mag man auch der Be=
hauptung des hiſtoriſchen Materialismus, alle belangreichen

geschichtlichen Vorgänge seien ökonomischer Natur, wenn sie
auch nicht als solche erscheinen, mehr als skeptisch gegenüber=
stehen, es ist sicherlich unleugbar, daß der wirtschaftliche Auf=
schwung das Verlangen des dritten Standes, sich ungehindert
auszubreiten und dem Gebiet des Privatrechtes zu vindizieren,
was der Staat, in die industrielle Entwicklung auf mannig=
fachem Wege eingreifend, für sich in Anspruch nahm, außer=
ordentlich steigerte. Diese Richtung, die den Merkantilis=
mus aus allen Positionen zu verdrängen suchte, gipfelte in
dem merkantilistischen Systeme von Adam Smith, das man
als den klassischen Ausdruck aller der auf den Gesellschafts=
vertrag aufgebauten Theorien über die Wirksamkeit des
Staates und ihre Grenzen auffassen kann. Die letzteren werden
hier sehr enge gezogen. Vermöge einer gleichsam prästabi=
lierten Harmonie sollen die Interessen der einzelnen Indi=
viduen von selber mit einander kongruieren und zu einem
stabilen Gleichgewichtszustande führen. Es bedarf wohl kaum
der Erwähnung, daß diese Theorie für die Anschauungen des
modernen Liberalismus vorbildlich wurde.

In Frankreich wagte sich die Opposition gegen die
Regierung erst spät und ziemlich schüchtern hervor. Die ersten
Opponenten wie Vauban und Boisguillebert waren
auch noch entschieden monarchistisch gesinnt. Nach Ludwig XIV.
Tode wurde die Bewegung lebhafter. Besonders Buckle
hat in seinem Buche „Die Geschichte der Zivilisation in
England“ darauf hingewiesen, wie groß hier die Beein=
flussung von seiten des britischen Inselreiches war. Früher
hatten die Franzosen mit ausgesprochener Verachtung auf
ihre Nachbarn herabgeblickt. Jetzt strömten sie in Scharen
über den Kanal, um sich Belehrung in den schwierigsten po=
litischen und philosophischen Fragen zu holen. Wie der Geist
Newtons die französische Naturphilosophie beherrschte, so
triumphierte Lockes Liberalismus über den Obskurantismus
weltlicher und kirchlicher Machthaber. Der Angriff richtete sich

zunächst gegen den Klerus, in der zweiten Hälfte des acht=
zehnten Jahrhunderts erhielt er eine politische Färbung: Nach
Voltaire traten Montesquieu und Rousseau auf den Schau=
platz. Der französische Geist ließ die schwebenden Probleme
nicht zu ruhiger Entfaltung kommen; mit beinahe krampf=
hafter Hast vollzogen sich die Übergänge von einem ins ent=
gegengesetzte Stadium.

Für den Charakter der französischen Revolution ist es
nun maßgebend, daß in ihr alle Prinzipien zur Geltung kamen,
die während des Jahrhunderts von den bahnbrechenden
Männern vertreten worden waren, und zwar derartig, daß
die einander ablösenden Gruppen immer entschiedener nach
dem Radikalismus tendierten. Der Geist Voltaires und Mon=
tesquieus bestimmte nicht allzu lange den Gang der Ereig=
nisse; schließlich verdrängte der Einfluß der Rousseauschen
Schriften alle übrigen. Damit erreichte und überschritt die
Revolution ihren Höhepunkt. Die beispiellose Schnelligkeit,
in der diese so bedeutsamen Veränderungen vor sich gingen,
war es insbesondere, was den Widerspruch von Männern wie
Burke und Gentz herausforderte. Es spielen dabei die na=
tionalen Momente mit, die für den Gallikanismus charak=
teristisch sind. Die englische und die französische Revolution
weichen von einander nicht nur darin ab, daß das äußerlich
Pragmatische der historischen Vorgänge hier und dort einen
anderen Charakter darbietet: Cromwell und Napoleon sind
Typen, Repräsentanten höchster Gattung. Jakobinertum,
Sansculottismus sind keine Zufallserscheinungen, sondern Ge=
bilde des natürlichen Wachstums, lange Zeiten in der Eigen=
art der Nation präformiert.

In Deutschland hatte man sich theoretisch ausneh=
mend für die Revolution erwärmt, fand aber bei der dama=
ligen politischen und sozialen Lage praktisch nur wenig An=
knüpfungspunkte. Namentlich der gebildete Mittelstand war
für Revolution und Aufklärung eingenommen, allein es über=

wog das theoretische Interesse, das sich fast durchwegs in den Schranken des Gesetzes hielt. Im Jahre 1794 schrieb Georg Forster von Paris, in Deutschland fehle, was in Frankreich der Revolution in allen ihren Greueln ihren auszeichnenden Charakter gebe, eine als Agens dienende öffentliche Meinung. Eine solche könne es nicht geben, wenn nicht das Volk zugleich losgelassen werde. Daß aber dies in Deutschland geschehe, könne jetzt nur der Feind der Menschheit wünschen. So ist es erklärlich, daß die bald darauf beginnende Reaktion in Preußen und Oesterreich freien Spielraum hatte und nirgends auf bedrohlichen Widerstand stieß. Es ist auch charakteristisch, daß gerade die Besten der Nation konservativ gesinnt waren. War die Abneigung von Männern wie Schiller, Klopstock, Herder, Wieland und Stolberg gegen die Ausschreitungen des Jakobinismus wohl durch Gefühlsgründe veranlaßt, so mangelte es auch nicht an Denkern, die wie Burke in England historischen Erwägungen gehorchend, dem Umsturz abhold waren, so vor allem Justus Möser, Schlözer und anfangs hauptsächlich in ihre Fußtapfen tretend, Friedrich Gentz.

Dieser Exkurs war nötig, um zu zeigen, welche Rolle der Staatsgedanke in der Neuzeit spielte, wie sich die verschiedenen maßgebenden Parteien zu ihm verhielten. In seinen Anfängen trug er ein entschieden antiklerikales Gepräge. Religiöse Duldung und politisches Souveränitätsprinzip wurden häufig von denselben Männern verfochten. Erst später, als der dritte Stand emporkam, wurde der Kampf gegen den Staat zugunsten der individuellen Freiheit nicht mehr von ultramontaner, sondern von liberaler Seite geleitet. Und eben deshalb vertrugen sich jetzt Königtum und Kirche weit besser, als ehedem. Durch die gemeinsame Anfeindung von außen war eine gemeinsame Basis der Interessen geschaffen. Gegen Thron und Altar richtete sich die volle Wucht der Angriffe, die vom Gebiete der polemischen

Literatur aus auch allmählich in das politiſche Leben der
Völker hinüberſpielten. Burke und Gentz glaubten nun in
der franzöſiſchen Revolution den entſchiedenſten Ausdruck jener
individualiſtiſchen, antikirchlichen Tendenzen zu ſehen. Obwohl
ſie in wirtſchaftlicher Beziehung dem Smithianismus nahe=
ſtanden, verwarfen ſie deſto rückſichtsloſer eine Durchführung
gleicher Prinzipien auf politiſchem Gebiet. Hier ſollten ganz
andere Faktoren ins Leben treten und die oberſte Sanktion
nicht im praktiſchen Vorteile des Augenblickes, ſondern in
der Tradition liegen.

Es fragt ſich aber, ob dieſe Auffaſſung der franzöſiſchen
Revolution als einer von individualiſtiſchen Motiven geleiteten
Bewegung der Wirklichkeit entſpricht, ſobald man nicht unter
der Wucht momentaner Eindrücke ſtehend, weitere Zuſammen=
hänge ins Auge faßt. Dann zeigt es ſich wohl, daß der
Übergang von der Tyrannei der Wenigen zur Tyrannei der
Vielen ſich nicht ſo unvermittelt vollzog, als man damals, wo
Individuen und Parteien über Nacht gewechſelt haben,
glauben mochte. Die franzöſiſche Verfaſſung mit ihrer ener=
giſchen Zentraliſation war dem Individualismus wenig gün=
ſtig; dieſe Zentraliſation aber war es eben, durch die die
Jakobiner infolge ihrer erſtaunlichen organiſatoriſchen Befä=
higung über die haltloſen Ideologien der Mittelparteien ſieg=
ten, ſodaß das ſtaatliche Prinzip der Revolution eher geſtärkt
als geſchwächt wurde, nur von anderen Kreiſen getragen und
anderen Zwecken dienſtbar. Indem nun Gentz auf der einen
Seite die volle Wucht ſeines Angriffes gegen den vermeint=
lichen Individualismus der franzöſiſchen Revolution, auf der
anderen Seite gegen den überhaſteten Fortſchritt, dem er
mehr zerſtörende als aufbauende Wirkung zuſchrieb, richtete,
mußte ſich ihm der Begriff des Staates notwendigerweiſe
mit dem der Erhaltung verbinden. So wurde ſeine Lehre mit
einem prinzipiellen Widerſpruch behaftet. Ging die Anre=
gung zu fortſchrittlichen Inſtitutionen nicht vom Staate aus,

so liegt es nahe, daß sie sich, wie es auch wirklich in den kom=
menden Revolutionen geschehen sollte, gegen den Staat rich=
tete. Der praktische Konservatismus vertrug sich nicht länger
mit dem theoretischen Freisinn. Entweder man vertraute sich
den fortschrittlichen Elementen an, oder man mußte auf ihre
erbitterte Feindschaft gefaßt sein. Eine dritte Möglichkeit
gab es nicht. Gentz hatte mit der Revolution auch die Evo=
lution in Acht und Bann erklärt. Hinter verschlossenen Pforten
sollten er und seine Parteigänger den Machtspruch der Zeit
vernehmen. Ihm war es gelungen, den Staat der Gegen=
wart seinen und den Anschauungen Burkes gemäß an den
Staat der Vergangenheit zu knüpfen, aber die Lenkung der
Zukunft, die sich dem festgesetzten Schema nicht blindlings
unterordnen will, entglitt seinen Händen.

Die zweideutige Stellung Gentzens, des Rationalisten
und Romantikers, des Evolutionisten und Reaktionärs, ent=
hüllt sich in voller Klarheit, wenn man unter den großen
Vertretern dieser Weltanschauungen Umschau hält und die
Zwecke, denen sie zustrebten, ins Auge faßt. Die Auffassung
des Staates als Trägers aller Fortschritte auf materiellem
und ideellem Gebiet, die in den Stürmen der französischen Re=
volution und unter dem Drucke des bald nachher mächtig er=
starkten Napoleonischen Imperialismus ausgereift war, fand
ihre theoretische Ausgestaltung besonders in den Schulen des
deutschen Idealismus. Aber wie anders sieht es hier aus,
als in den Kongressen der um das Banner der hei=
ligen Allianz sich scharenden Erhaltungsligen, die vom
Orient bis zum Okzident den immer lebendiger pulsierenden
Blutstrom der Entwicklung mit reaktionären Maßregeln zu
unterbinden strebten. Schon Kant hatte die Bewegungen
jenseits des Rheines mit regem Interesse verfolgt und trotz
seiner entschiedenen Abneigung gegen jede Art revolutionärer
Volkserhebung den Fortschritt freudig begrüßt, der sich in
der Beseitigung der alten, unhaltbaren Zustände kundgab.

Viel entschiedener noch stellte Fichte seine historische Welt=
auffassung unter das Zeichen der neuen Zeit. Gleich am
Anfang seiner Laufbahn suchte er in dem deutschen Volk Ver=
ständnis und Sympathie für die sozialen Kämpfe der gallischen
Nachbarn zu erwecken und lud damit den Groll der hei=
mischen Machthaber auf sein Haupt. Auch später, als Red=
ner gegen Frankreich, setzte er seine Bestrebungen fort. Der
moderne Sozialismus verehrt nicht mit Unrecht in ihm den
geistigen Ahnherrn. Freilich spricht Fichte noch nicht von
der Omnipotenz der Gesellschaft, sondern von der Omni=
potenz des Staates, was immer noch eine prinzipielle Ab=
weichung vom sozialistischen Programme bedingt; aber auch
er weiß dem Staate keine würdigere Aufgabe als für das
kulturelle Wachstum seiner Angehörigen Sorge zu tragen.
Er ist ihm gleichsam nichts anderes als die Formel, als das
Gesetz dieses Wachstums, als die vornehmste Garantie dafür,
daß es ohne Hindernisse und Störung vor sich gehe. Von
einer einseitigen Bevorzugung der Vergangenheit auf Kosten
der Zukunft kann bei ihm nicht die Rede sein. Der Staat
ist durch das, was er wird, nicht durch das, was er war.

Die gleiche Auffassung bildete überhaupt das Erbteil
jener Linie des deutschen Idealismus, die von Fichte über
Hegel zu Feuerbach hinüberführte. Hegel sah, hierin noch
weit über Fichte hinausgehend, in dem Staate die voll=
kommenste Manifestation des vernünftigen Geistes, die reale
Seinsform des Begriffes. Wie ihm aber der Begriff nichts
weniger ist als stabil und konstant, sondern mit der Kraft
der Selbstbewegung begabt, indem er durch fortwährende Nega=
tionen zu immer höheren Setzungsformen emporsteigt, so ist
auch der Staat kein unbewegliches Gebilde, sondern in immer=
während Entfaltung begriffen, die allem Logischen eigen
ist. Hier enthüllt sich die spezifische Eigenart jener philoso=
phischen Lehren: sie haben den Sinn für das Historische
geweckt, unter dessen Übermaß wir heute noch kranken, wie

Nietzsches analytischer Tiefblick richtig erkannt hat. Die Me=
thode der Dialektik, gegenwärtig als ein müßiges Spiel der
Phantasie belächelt und verspottet, antizipiert, ja, noch mehr,
bringt theoretisch all das bereits zur Vollendung, was sich
zurzeit so anspruchsvoll als Evolutionismus in den Vor=
dergrund schiebt. Denn sie spricht, wenn auch in metaphy=
sischer Form, klar und deutlich das Prinzip der Entwick=
lung aus. Auch in der Naturforschung, zumal in der Bio=
logie — der Darwinismus ist im Grunde nichts anderes als
angewandter Historismus — ist die idealistische Schule
wegweisend vorangegangen. Sie hat dem neunzehnten Jahr=
hundert seinen geistigen Charakter verliehen, und was auch
unternommen wurde, um die vorgebliche Originalität aller
Heilslehren naturalistischer und darwinistischer Provenienz zu
retten, ist als illusorisch und unkritisch zu verwerfen.

Und so begreift man auch, daß von der weitverzweigten
Anhängerschaft des Philosophen die Partei der Linkshege=
lianer sich ablöste, die nach so weitgehenden Reformen im so=
zialen und politischen Leben drängte. So begreift man, wie
Lassalle, Marx und Engels auf jene nachkantischen
Denker zurückgehen konnten und das Rüstzeug ihrer Dialektik
für neue Zwecke verwendeten. Wenn bei ihnen auch der
Staatsgedanke mehr und mehr in den Hintergrund trat,
so war es nicht, um etwa einem theoretischen Anarchismus
Platz zu machen. Es sollte bloß das Odium jeder Klassen=
herrschaft beseitigt werden, die Zentralisation aber und die
einheitliche Leitung des Ganzen, mit einem Worte, die So=
zialität auch der geistigen Entwicklung, ist die leitende Ten=
denz geblieben. Es ist demnach nicht so ganz aus der Luft
gegriffen, wenn der Sozialismus in jenen philosophischen Sy=
stemen zu wurzeln vorgibt, die das metaphysische Prinzip
mit dem historischen eine höchst merkwürdige und wichtige
Verbindung haben eingehen lassen. Der Idealismus machte
freilich der wenig sublimen, aber umso geräuschvolleren

Utilitätsdoktrin Platz. Allein der äußere Schematismus und eben jenes antiindividualistische, zentralistische Moment sind beiden gemeinsam. Der äußere Schematismus: Proudhon, Lassalle und Marx, ebenso deren Epigonen und der lange Nachzüglertroß sind Dialektiker, die die Methode der idealistischen Logik beibehalten haben, wenn sie auch der „Idee" ein anderes, materialistischeres Prinzip substituierten. Das Grundbuch der deutschen Sozialdemokratie, das Marxsche „Kapital" nimmt sich aus wie ein Stück Hegelscher Philosophie ins Ökonomische übersetzt. Das zentralistische Moment: nirgends wendet sich der Sozialismus, mit Ausnahme der englischen Schule, die auf Ruskin und Carlyle fußt, an das Individuum, sondern ausnahmslos an die Gesellschaft, an die Gesamtheit, der der Einzelne in seinen Zielen und Zwecken konform werden muß.

Auf der andern Seite sieht man, daß reaktionäre und konservative Denker auch jetzt ähnlich wie die Scholastiker den Staat mit der gleichen Machtfülle auszustatten bestrebt sein konnten, da sie seine Funktionen einseitig auf die Erhaltung des Gegebenen beschränkten. Am weitesten geht darin Ludwig von Haller, der alle Konsequenzen jener Anschauung, unbekümmert um den schroffen Kontrast mit den Bedürfnissen und Bestrebungen der Gegenwart, zieht. Er löst den Staat in eine Summe von Privatverträgen auf, die freilich ihrem Inhalt nach in das Mittelalter zurückweisen, aber der Form nach beinahe ganz dem politischen und wirtschaftlichen Individualismus entsprechen.

Es darf nicht geleugnet werden, daß diese antistaatliche Auffassung, die mit der Möglichkeit des Fortschrittes auch die Möglichkeit der sozialen Einheit aufgab, nur aus den Prämissen hervorgeht, die auch Gentz aufgestellt hatte. Beschränkt man den Staat bloß auf die Erhaltung der gegebenen Zustände, so schwächt man seine Macht, anstatt sie zu stärken. Vollzieht sich gleichwohl ein Fortschritt, so ist der

Staat nicht nur müßiger Zuschauer geworden, sondern in seiner
nackten Existenz bedroht.

So nahe berühren einander die Extreme. Deshalb ist es
ebenso schwierig als es notwendig ist, den Grund der Wider=
sprüche aufzuzeigen, denen diejenigen anheimfielen, die eine be=
stimmte Parteirichtung verfolgten, oder wohl auch andere
Tendenzen anerkannten, aber ihnen keinerlei praktische An=
wendung geben wollten. Von diesem Vorwurf ist Gentz
sicher nicht freizusprechen. Außerordentlich vielseitig in seinem
Denken und Fühlen, war er ebenso einseitig in seinem Wollen.
Er war Rationalist und Romantiker. Er liebte die Auf=
klärung und begeisterte sich für den Katholizismus. Er er=
klärte sich theoretisch für den Fortschritt und vertrat praktisch
den rücksichtslosesten Konservatismus. Er war aus der
Smithschen Schule hervorgegangen, lehnte aber energisch den
politischen Individualismus ab. Der Staat war ihm der
Träger aller Werte und Ideale, und trotzdem sollte er bloß
aus der Vergangenheit seine Kräfte ziehen. So verleugnete
Gentz den Idealismus um kleinlicher Augenblicksrücksichten
willen, die höchstens dem Tage förderlich waren, nicht aber die
weittragende Bedeutung wirklicher Kulturzwecke besaßen. Der
geheime Grund seiner Handlungsweise war eben eher die
Furcht vor großen Elementarereignissen als die Einsicht in
soziale und kulturelle Notwendigkeiten, und die Argumen=
tation, die er gab, ist trotz einzelner glänzender Ideen ein
recht fadenscheiniges Gewebe, eigentlich bloß die Fiktion einer
konsequenten Theorie, die einem bornierten Parteistandpunkte
vorgeschützt wurde.

4. Staat, Kirche, Fortschritt und Individualismus.

Läge es im Wesen dieser Schrift, biographische Einzel=
schilderungen zu geben, so wäre der Artikel »Gentz« als ab=
geschlossen anzusehen. Eine sorgfältige Analyse seiner sozialen

und allgemein kulturellen Bestrebungen hat den latenten Widerspruch zutage fördern helfen, der in seiner Auffassung vom
Staate, dessen Aufgaben und Zwecken lag und andererseits
gezeigt, daß der publizistisch und diplomatisch so hochveranlagte Mann einem solchen Widerspruch umso eher anheimfallen
konnte, als er nicht den vollen Ernst einer großen Individualität für die Realisierung desjenigen einsetzte, was ihm als
politisches Ideal erschien. Gentz hielt sich eben bloß an der
Peripherie des Kulturproblemes, er besaß wohl jenen Instinkt, der des Menschen besten Teil ausmacht, den Instinkt für das Rätselvolle, Problematische, das die höchsten
Fragen des Daseins umgibt, aber er blieb dabei zwischen
These und Antithese hängen, ohne sich zu Eindeutigkeit und
Einheit emporzuläutern. Er war kein tragischer Mensch:
sondern ein Epikureer, dem die Kultur ein Genußobjekt war,
ein Epikureer, der sich auch in die höchsten Regionen des
Geistes erhob, nicht aber um sich innerlich umzuschaffen, nicht
um zur Persönlichkeit auszureifen, sondern um zum Genuß seiner Leidenschaften, seiner Gefühle und Stimmungen
zu kommen.

Dabei sind uns aus jener Analyse wertvolle Erkenntnisse historischer aber auch rein philosophischer Natur er-
wachsen. Sie beziehen sich auf die Begriffe Staat, Kirche,
Revolution, Individualismus und Fortschritt. Auf diesem Gebiet herrscht gegenwärtig eine so grenzenlose Verwirrung noch,
daß es schwer ist, den Ariadnefaden zu gewinnen, der aus dem
Labyrinth terminologischer Willkür und logischer Fahrigkeit
führt. Heute, wo jeder Bourgeois auf seinen Zeitungslibe-
ralismus eingeschworen ist und mit den Allerweltsphrasen, die
ihm von diesen Bildungsquellen zuströmen, seinen geistigen
Haushalt bestreitet, erscheint es schon als verkappter Reaktionarismus, wenn man den inneren Zusammenhang der
kirchlichen Tendenzen mit der politischen Lehre der Volks-
souveränität hervorhebt. Im allgemeinen glaubt man, Staat

und Kirche seien immer in friedlicher Einheit zusammenge=
gangen, wenn es die Unterdrückung und Knechtung des In=
dividuums, wenn es die Hemmung des Fortschrittes galt.
Es gab aber eine Zeit, wo von diesem Bündnis keine Spur
bestand, wo die Kirche den Schwerpunkt im Volke suchte und
das Staatsprinzip zu degradieren, zu diskreditieren strebte.
Dieses Phänomen darf allerdings nicht mißdeutet werden.
Es war eben ein Kampf einer Art von Gemeinschaft
gegen die andere, keine von beiden aber trat aus Eigenem
für das freie Individuum ein.

Der moderne Liberalismus, der auch seinem hartnäckig
verleugneten Stiefkinde, dem Sozialismus, die charak=
teristischsten Züge vererbt hat, wirft sich zum Vertreter der in=
dividualistischen Weltanschauung auf. Er will das Recht
des einzelnen Menschen wahren und allem in den Weg treten,
was dieses bedrohen möchte, heiße es Staat, Kirche, heiße es
Revolution oder Reaktionarismus.

Es ist wahr: der Staat ist antiindividualistisch. Und es
ist wahr: die Kirche ist antiindividualistisch. Es ist schließlich
wahr: daß auch die Revolution antiindividualistisch sein kann,
wie dies wenigstens hinsichtlich der französischen gezeigt wor=
den. Aber es fragt sich zuguterletzt, ob das Prinzip des Fort=
schrittes, der Evolution, mit allem Nimbus kulturphiloso=
phischer Omnipotenz umkleidet, dem echten, wahren Indi=
vidualismus förderlich, mit ihm überhaupt bloß verträglich
ist. Das ist die Grundfrage, die an die Anwälte des Liberalismus herantritt und der Beantwortung harrt. Und wahrlich, es lohnt sich, über sie zur Klarheit zu gelangen, da das
Schicksal unserer Kultur nicht zum wenigsten von dieser ent=
scheidenden Überprüfung ihrer theoretischen Grundlage ab=
hängt.

Da ist vor allem der Staat. Einmal als heiligste Kul=
turmacht gefeiert, dann wieder zum Büttel degradiert, an
dem jeder manchesterliche Fortschrittsmann seinen Hohn aus=

läßt. Für Plato und Hegel war er die ethische Grundauf=
gabe, für Schopenhauer eine Art Polizeiinstitut, ein leidiges
Muß, an dem man sich nicht mehr vorbeidrücken kann. Um
dem Problem auf den Grund zu kommen, ist es freilich ge=
boten, den Wahrheitsgehalt des Begriffs der Entwicklung
und des Fortschrittes kritisch zu erörtern. Denn wenn man
dem Staate eine ideale Aufgabe stellt, so ist es zumeist die,
das geistige und soziale Wachstum der Menschheit zu regeln
und zu fördern. Aber sogar wenn man an die Möglichkeit
und den Wert der Entwicklung glaubt und den optimistischen
Überschwang der evolutionistischen Phantasmen, von denen
gegenwärtig die Welt voll ist, mit gläubigem Gemüt hin=
nimmt, hat man die Frage nicht beantwortet, ob es mit
Notwendigkeit der Staat sein muß, der dann als Regu=
lator auftritt. Darüber gehen die Auffassungen großer
Denker diametral auseinander. Hegel, der Entwicklungsphi=
losoph $\varkappa\alpha\tau'$ $\dot{\varepsilon}\xi o\chi\eta\nu$, war der energischste Vertreter der Staats=
idee, ähnlich wie Plato, wenn auch, wie später zu zeigen,
in so ganz anderem Sinne als Plato. Und daneben braucht
man bloß Nietzsche zu nennen, um sich die ganze Gegensätzlich=
keit vor Augen zu führen. Zweifelsohne war Nietzsche kein
Evolutionist, der kümmerlich in Darwins Spuren die Lösung
der Welträtsel suchte. Allein er hat das Problem der Ent=
wicklung im tiefsten Sinne des Wortes aufgerollt: was ist
der Übermensch, was ist die Liebe zum Fernsten dem Postulat
der Nächstenliebe an die Seite gestellt, anderes als die
Formulierung dieses Problemes und seine stärkste Konden=
sation? Da ist freilich wenig physiologischer Zierrat, wenig
Aufwand an zünftiger Gelehrsamkeit. Aber eben deswegen ein
Imperativ aus dem Vollen heraus, die mächtigste Steigerung,
deren der Entwicklungsgedanke überhaupt fähig ist. Nietzsche
ist gleichwohl ein erbitterter Feind des Staates, ein Leugner
seines Wertes von Anbeginn. Deutschlands Machtentfaltung
hat er mit skeptischem Blicke, unbeirrt durch den Trubel der

Patrioten, beurteilt. Im „Zarathustra", seinem reifsten
Werk, hat er das Verdikt gesprochen. Der neuen Götzen
schlimmster ist der Staat. „Irgendwo gibt es noch Völker
und Herden, doch nicht bei uns, meine Brüder: da gibt es
Staaten. Staat? Was ist das? Wohlan! Jetzt tut mir
die Ohren auf, denn jetzt sage ich euch mein Wort vom Tode
der Völker. Staat heißt das kälteste aller kalten Ungeheuer.
Kalt lügt es auch; und diese Lüge kriecht aus seinem Munde:
„Ich, der Staat, bin das Volk." Lüge ist's! Schaffende
waren es, die schufen die Völker und hängten einen Glauben
und eine Liebe über sie hin: so dienten sie dem Leben. Ver-
nichter sind es, die stellen Fallen auf für viele und heißen
sie Staat: sie hängen ein Schwert und hundert Begierden
über sie hin. Wo es noch Volk gibt, da versteht es den Staat
nicht und haßt ihn als bösen Blick und Sünde an Sitten
und Rechten. Dieses Zeichen gebe ich euch: jedes Volk spricht
seine Zunge des Guten und Bösen: die versteht der Nachbar
nicht. Seine Sprache erfand es sich in Sitten und Rechten.
Aber der Staat lügt in allen Zungen des Guten und Bösen;
und was er auch redet, er lügt — und was er auch hat,
gestohlen hat er's. Falsch ist alles an ihm; mit gestohlenen
Zähnen beißt er, der Bissige. Falsch sind selbst seine Einge-
weide. Sprachverwirrung des Guten und Bösen: dieses
Zeichen gebe ich euch als Zeichen des Staates. Wahrlich, den
Willen zum Tode deutet dieses Zeichen! Wahrlich, es winkt
den Predigern des Todes! Viel zu viele werden geboren:
für die Überflüssigen ward der Staat erfunden! Seht mir
doch, wie er sie an sich lockt, die Viel-zu-Vielen! Wie er sie
schlingt und kaut und wiederkäut! Auf der Erde ist nichts
Größeres als ich: der ordnende Finger bin ich Gottes —
also brüllt das Untier. Und nicht nur Langgeohrte und Kurz-
geäugte sinken auf die Knie! Ach, auch in euch, ihr großen
Seelen, raunt er seine düsteren Lügen! Ach, er errät die
reichen Herzen, die gerne sich verschwenden! Ja, euch errät

er, ihr Besieger des alten Gottes! Müde wurdet ihr im
Kampfe, und nun dient eure Müdigkeit noch dem neuen
Götzen! Helden und Ehrenhafte möchte er um sich aufstellen,
der neue Götze! Gerne sonnt er sich im Sonnenschein guter
Gewissen, — das kalte Untier! Alles will er e u c h geben,
wenn i h r ihn anbetet, der neue Götze: also kauft er sich
den Glanz eurer Tugend und den Blick eurer stolzen Augen."
Und weiter: „Frei steht großen Seelen auch jetzt noch die Erde.
Leer sind noch viele Sitze für Einsame und Zweisame, um
die der Geruch stiller Meere weht. Frei steht noch großen
Seelen ein freies Leben. Wahrlich, wer wenig besitzt, wird
umso weniger besessen: gelobt sei die kleine Armut! Dort,
wo der Staat aufhört, da beginnt erst der Mensch, der nicht
überflüssig ist: da beginnt das Lied des Notwendigen, die
einmalige und unersetzliche Weise. Dort, wo der Staat auf=
hört, — so seht mir doch hin, meine Brüder! Seht ihr ihn
nicht, den Regenbogen und die Brücke des Übermenschen? —
— Also sprach Zarathustra."

Es hätte übrigens kaum eines Hinweises auf ein so mar=
kantes Beispiel bedurft. Auch die zünftigen Vertreter des
Evolutionismus sind zum großen Teile, wie insbesondere
H e r b e r t S p e n c e r mit seiner Schule, Gegner des Staates
und seiner Ansprüche. Ein Denker wie R o u s s e a u freilich,
bei dem die Ablehnung des Glaubens an den Wert des
Fortschrittes mit der Ablehnung der Staatsidee so nahe Hand
in Hand ging, könnte den Anschein erwecken, als sei das
eine durch das andere bedingt. Wenn man bisweilen Nietzsche
mit ihm verglichen, so mochte dieser Parallelismus der po=
litischen Anschauung — sit venia verbo — entschieden mit=
gespielt haben: wogegen der Kontrast augenscheinlich wird,
wenn man ihr Verhalten zum Kulturproblem, als Problem
des Fortschrittes, ins Auge faßt.

Die Begriffe: Staat und Fortschritt sind also keineswegs
einander eindeutig zugeordnet. Nicht, als ob sie überhaupt

in keiner logischen Beziehung zu einander stünden. Aber die
Beziehung ist erst zu entdecken, da sie sich nicht analytisch
herausschälen läßt. Das Staatsproblem soll dem Problem
des Evolutionismus nicht künstlich aufgepfropft werden.

In einem viel unmittelbareren Verhältnis steht es da=
gegen zu einem andern Begriff. Das ist der Begriff des
Individualismus.

Was den vornehmen Menschen von allen Staatsidealen,
sie mögen noch so verführerisch eingekleidet sein, in heroischer
Form als ethische Postulate oder mit hedonistischen Künsten,
wie jene zahlreichen Utopien von Campanella bis Bellamy,
unwillkürlich abstößt, ist die zwingende Einsicht, daß hinter
dem Staate das Individuum zurücktritt, verschwindet, daß
es eben vermöge seiner Originalität, seiner Differenz vom
schlichten Durchschnitt, notwendig entwertet, man könnte direkt
sagen, entselbstet werden muß. Die Uniformität verlangt, daß
jeder einzelne auf sich selber, um sich dem Ganzen gefügig
unterzuordnen, Verzicht leiste. Der Staat ist in diesem Sinn
zweifelsohne antiindividualistisch. Das ist der erste,
und vielleicht deshalb auch bleibende Eindruck, den der Mensch
von ihm empfängt, der sich nicht als Ziffer, als wertlosen
Posten fühlt. Aber es kann nicht zugleich das einzige sein,
was das Wesen des Staates im Verhältnis zu anderen
möglichen Formen der Mehrsamkeit, der Gemeinschaft aus=
macht. Wenn Nietzsche in realistischen Anwandlungen an
einen merkwürdigen auf der Basis der Umwertung aller
Werte zu errichtenden contrat social, an eine Gesellschaft
von Übermenschen dachte, wenn Stirner das Heil der
Menschheit von einem Verein der Einzigen, der Egoisten er=
wartete, so ist das freilich nichts, was von Rechts wegen ein
Staat, nicht einmal ein utopischer Staat genannt werden darf.
Denn das einigende Band ist da ein solches, das sich, wenn
auch unsichtbar, von Augenblick zu Augenblick erneuert, aus
der freien Willkür der Kontrahenten hervorgewachsen. Auch

4*

die alte rationaliſtiſche Vertragstheorie hat den Staatsbegriff
an der Wurzel zerſtört. Daher iſt die Kritik konſervativ ge=
ſinnter Denker wie Gentzens wenigſtens ſoweit im Rechte, als
ſie die abſolute Unvereinbarkeit der beiden hervorhebt. Das
eigentlich Charakteriſtiſche für den Staat iſt eben dies, daß
er dem Individuum als fertige Tatſache entgegentritt, als
höchſte ſoziale Inſtanz, über die hinaus es keinen Appell an
eine andere mehr gibt. Ohne weiteres ſei eingeräumt, daß
damit noch keinerlei Definition des Staates formuliert iſt.
Aber nicht nur logiſch, ſondern gefühlsmäßig erfaßt jeder=
mann dies Verhältnis. Der Staat iſt ein unbedingtes Soll,
das ſich nicht hypothetiſch einſchränken laſſen will, wie ein
kategoriſcher Imperativ, der ſich ſelber ſetzt und ſich ſelber
begründet. Er iſt unperſönlich, und erhebt ſich über alles,
was Perſon, Einzelmenſch iſt.

Aber das antiindividualiſtiſche Moment kann nicht das
einzige ſein, das den Staat als ſolchen charakteriſiert, ſo daß
er damit gegen alle anderen ſozialen Bildungen begrifflich
abgegrenzt wäre. Wodurch vermöchte er ſich ſonſt beiſpiels=
halber von einer wohlorganiſierten Diebshorde zu unterſcheiden,
die unter dem einheitlichen Kommando eines Diebsgeneral
en chef ſteht? Oder, um gar nicht ſo weit zu greifen, er ließe
ſich durchwegs mit dem modernen Militarismus identifizieren,
wenn einfach die unnachgiebigſte Disziplin, die Berückſichtigung
des Individuums bloß als Summanden Kern und Schale
wären. Es mag wahr ſein, daß der Militarismus eine Seite,
wohlgemerkt, e i n e Seite wenigſtens des modernen Staates
ausmacht, aber niemand wird ſo voreilig ſein, das Gleich=
heitszeichen zwiſchen dieſem und jenem anzuſetzen. Der Mili=
tarismus ſteht ferner im Dienſte des Staates: er ſteht und
fällt mit ihm; er hat ſeinen Zweck außer ſich. Wäre der
Staat, um deſſentwillen alſo jene Maſſenzucht geübt wird,
ſelber antiindividualiſtiſch und gar nichts anderes als anti=
individualiſtiſch, ſo beſtünde keine weſentliche Differenz mehr

zwischen ihm und einer organisierten Zwangsanstalt. Das
Mehr, das Andere ist aber in Wirklichkeit dasjenige, worin der
Zweck, die Aufgabe des Staates zu suchen ist. Bloß in der
resoluten Nichtbeachtung des Einzelinteresses konnte sie nicht
bestehen: denn das wäre ein ewiges Neinsagen ohne Sinn und
Inhalt, eine Negation in Permanenz. Sie weist auf Positives
hin, durch das sie erst gerechtfertigt wird.

Der Staat ist daher nicht Selbstzweck: so weit wenigstens
nicht Selbstzweck, als in ihm der Antiindividualismus zum
Prinzip erhoben wird. Er dient höheren Interessen, er nimmt
diese in sich auf, um sie in der Form bindender Pflichten und
Rechte der Masse mitzuteilen. Welcher Art weiter jene In=
teressen sind und welcher Sphäre sie entstammen, läßt sich mit
einem Worte nicht erledigen. Sie machen in ihrer Totalität
dasjenige aus, was Kultur heißt. Dahin gehören also
Religion, Kunst, Wissenschaft und Technik. Es ist
eine ganz verkehrte Auffassung, daß diese für den Staat
da seien: vielmehr dient ihnen der Staat, er ist gleichsam
ihr Funktionär und kann bloß, um als solcher seine Mission
zu erfüllen, ausnahmsweise sich einen Eingriff in ihr Gebiet
erlauben. So selbstverständlich, sogar trivial das erscheinen
mag, so ist es sicherlich nicht überflüssig, es wieder einmal aus=
zusprechen. Schiller hat den spartanischen und den athenischen
Staat einander gegenübergestellt und jenen verworfen, weil
er in sich selber seinen Schwerpunkt suchte und sich damit
zu einer kulturellen Stagnation verurteilte. Er hat in seiner
interessanten, im Anschluß an Kant konstruierten Theorie vom
dynamischen, ästhetischen und ethischen Staat jene Klimax der
Zwecke darzustellen gesucht, durch die sich jener von der nackten,
physischen Erhaltungstendenz zum Anwalt hoher moralischer
Tendenzen erhebt. All das besagt, daß der Staat um der
Kultur willen existiert, und nicht umgekehrt die Kultur um
des Staates willen.

Allein auch das antiindividualistische Moment klärt sich

damit von felber auf. Es ift eben aus der Beziehung des
Staates zur Kultur, die die foziologifche Fundamentaltat=
fache überhaupt ift, hervorgewachfen und hat bloß im Sinn
jener Beziehung feinen wahren Wert. Der Zwang, den der
Staat auf den einzelnen ausübt, kann nur dann Rechtfertigung
bekommen, wenn er fich in Wahrheit als eine condicio sine
qua non der Kultur nachweifen läßt. Überall, wo diefer
Nachweis nicht erbracht werden kann, liegt ein Übergriff, ein
Willkürakt, im weiteren Sinne eine pathologifche Entartung
des Staates vor.

Diefe Theorie ift nicht als eine Verherrlichung noch als
eine Herabwürdigung des Staatsgedankens anzufehen: fie
enthält überhaupt noch gar keine Wertfrage, fondern bloß eine
ftreng fachliche Analyfe realer Verhältniffe. Der Staat braucht
auch in diefer ihm zugewiefenen Rolle nicht unentbehrlich zu
fein. Vielmehr dürfte fich das Ergebnis unferer Ausführungen
eigentlich fo formulieren: Wenn der Staat eine Exi=
ftenzberechtigung befitzt, fo befitzt er fie bloß als Kul=
turwart. Der theoretifche A n a r c h i s m u s: denn er allein
und nicht etwa der Sozialismus ift konfequent in feiner Be=
kämpfung des Staates, wird diefer Analyfe nichts anhaben
wollen, fondern ihr Refultat höchftens infofern für gegen=
ftanblos erklären, als ihm die M ö g l i c h k e i t e i n e r K u l =
t u r o h n e S t a a t auch für die modernen Verhältniffe feft=
zuftehen fcheint.

Hier erhebt fich indeffen ein feltfamer Widerfpruch. Der
Staat, der für die Kultur arbeiten foll, ift antiindividualiftifch.
Aber die Kultur felber hat den reinften Individualismus zur
Vorausfetzung, das Walten der überragenden Perfönlichkeit
und die perfönliche Anteilnahme der Vielen an ihr, die in=
dividuelle Empfänglichkeit, die die einzige Gewähr dafür find,
daß die Kultur vom Genie auf die Maffen überftrömt.
Für die Religion kann das nicht zweifelhaft fein: es gibt nichts,
das dem Individuum fo eigen wäre, als fein Verhältnis zum

Universum und zur unsichtbaren Welt religiöser und sittlicher
Werte. Darum ist hier Intoleranz und Verfolgung vielleicht
die schauerlichste Verirrung des Menschengeistes, die Paradoxie
an sich, die nicht überboten werden kann. Ebenso individua=
listisch ist die Kunst, im Sinne der Schöpfer und Schenken=
den sowohl als der Empfänger. Es gibt freilich so etwas
wie eine Massenkunst, wofür die Riesenwerke der altägyp=
tischen Baukunst Zeugnis geben. Aber das ist bloß v o r
dem Heraufkommen des Genies, des bedeutenden Indivi=
duums, denkbar, nicht neben diesem; es ist die Vorform, gleich=
sam eine Ahnung der wahren individuellen Kunst. Ein Volks=
lied, überhaupt eine Volksdichtung kann es nicht geben, denn
die künstlerische Genialität ist kein Aktienkapital mit Teil=
habern und Nutznießern. Schon der Umstand, daß eine Kunst
mit Vorliebe zur Menge hinabsteigt, und nicht mehr an das
Individuum glaubt, oder an dasselbe nicht mehr zu glauben
vorgibt, ist eines der sichersten Symptome ihres Verfalles.
Es besteht eben die innigste Wahlverwandtschaft zwischen dem
Künstler und den Objekten seiner Darstellung. Heute, wo das
Proletarierdrama an der Tagesordnung steht, ist die Prole=
tarisierung der Kunst in vollem Gang: in dem Maße, in dem
die Schaffenden sich der Masse verwandt, derselben gleich=
wertig fühlen, kehren sie in ihren Konzeptionen und Entwürfen
zu ihr zurück und sind bestrebt, jede bessere individualistische
Kunst als bare Phantasterei zu diskreditieren.

Weniger scheint all das für Wissenschaft und Technik zu
gelten. In beiden gibt es für den Forscher und Erfinder von
vornherein eine allgemeine logische Direktive, und sie schöpfen
nicht so sehr aus eigenen Tiefen, wie der religiöse Mensch
und der Künstler. Nichtsdestoweniger sind auch jene
Zweige auf das Individuum angewiesen, denn d e r W i l l e
z u r W a h r h e i t erreicht allein im Genie eine so mächtige
Spannkraft, daß er sich in Erkenntnisse, die hier und dort revo=
lutionierend wirken, umsetzen kann. Durch Volksbildungs=

vereine wird nicht die Wissenschaft Gemeingut, als System und geistiges Ganzes, sondern einige dürftige Formeln, die gerade noch für den Hausgebrauch auslangen. Der Individualismus ist also die erste Bedingung jeder wahren Kultur. Denn es gibt keine Kultur ohne Genie, ohne große Persönlichkeit. Und wiederum ist die kulturelle Wirkung, die der schaffende Geist auf die Menge ausübt oder ausüben soll, keine solche, die an ihre Herdeninstinkte appelliert, kein blinder Masseneffekt, dem des Rhetor und Demagogen vergleichbar, sondern ein gleichsam unterirdischer Kontakt mit den geheimnisvollen Tiefen des Individuallebens. Das Genie gibt auch dem Mann der Menge den Mut zu sich selber und das Recht auf sich selber. Es bindet ihn nicht durch künstliche Mittel einer virtuosen Technik[1]) an seine eigene Person, sondern es läßt ihn f r e i, es läßt ihn eben damit s i t t l i ch werden. Niemals wendet es sich an die Mehrzahl, immer ist es einer und ein einziger, zu dem es spricht.

Zwischen Kultur und Staat, zwischen Zweck und Mittel erhebt sich somit ein bedeutsamer Konflikt, der Konflikt zwischen Individualismus und Antiindividualismus. Der Staat ist der Kultur wegen da. Die Kultur ist individualistisch; und der Staat ist antiindividualistisch. Scheint das nicht eine Erhebung des Mittels gegen den Zweck, ja geradezu eine Zerstörung des letzteren zu bedeuten?

Man muß zur Beantwortung dieser Frage vor allem folgendes ins Auge fassen. Unsere Analyse des Verhältnisses von Genie und Menge war schematisch, idealisierend, keine getreuliche Kopie der Wirklichkeit. Sie schien die Fiktion zu enthalten, als ob der geniale Mensch nichts, gar nichts anders wäre,

---

[1]) Ebendeshalb ist der Virtuose nicht bloß keine Kulturerscheinung, sondern, da seine hauptsächliche Wirksamkeit darauf hinausgeht, der Menge Beifall und Zustimmung zu s u g g e r i r e n, im tiefsten Grunde antikulturell. Die Herrschaft des Virtuosen auf allen Gebieten, nicht allein dem der Kunst, bezeichnet regelmäßig am deutlichsten den Niedergang einer Kultur.

als das Organ des Göttlichen, ohne jene drückende Schwere
des menschlich Allzumenschlichen, die ihn, wie oft, nach dem
Mittelpunkt des gemeinen Daseins gravitieren läßt. In ihm
sind aber in Wirklichkeit neben den größten oft auch die klein=
lichsten, die verderblichsten, bösesten Möglichkeiten. Mochte es
auch der unergründlichen Seichtheit unserer zwischen natu=
ralistischem Götzendienst und Journalismus umherpendelnden
Generation vorbehalten sein, Genie, Verbrechertum und Irr=
sinn zu identifizieren und so dem simplen Durchschnitt der für
„normal" Befundenen eine lächerliche Huldigung darzubringen,
so wird es der tiefe Psychologe am wenigsten zu leugnen ver=
suchen, daß gerade das geniale Individuum mit einer weit
größeren Menge pathologischer Züge und Neigungen be=
haftet ist, als der mittelmäßige Mensch, der rein und restlos
in den Verrichtungen des Tages aufgeht. Es ist dies der
furchtbare Tribut, den es an die Natur entrichtet. Freilich
zugleich ein neuer Sporn und Stachel zu großartigen Kon=
zeptionen: denn nur im Kampfe mit sich selber wird das Genie
zu dem, was es ist.

Diese verhängnisvollen Möglichkeiten, gegen die
das geniale Individuum ankämpfen muß, sind aber nicht
bloß Verbrechertum und Wahnsinn und nicht einmal in
erster Linie Verbrechertum und Wahnsinn, obschon ein Teil
von beidem in ihm regelmäßig latent liegt: sondern, so pa=
radox sich das auch ausnimmt, nichts anderes als das Phi=
listerium, das „erbärmliche Behagen", an dem sich die Menge
übersättigt. Wie in der Masse ein Funke Genialität schlum=
mert, der erst im entscheidenden Augenblick geweckt werden
muß, so ist auf der anderen Seite im Genie ein Stück Masse,
Schwere des Alltags, auf dem der Atmosphärendruck der
Mittelmäßigkeit lastet. Und eben darum, weil es die stärkste
Reaktion dagegen verkörpert, ist der Philister seine verderb=
lichste Möglichkeit.

Das ist das eine. Das andere noch viel Entscheidendere,

liegt darin, daß der Mann der Menge den Eingebungen des
Genies nur selten folgt, viel häufiger aber ihnen den zähesten
und hartnäckigsten Widerstand entgegensetzt. Freilich liegt,
zugleich als einzige Bedingung einer Wirkung des Genies auf
die Masse, wohl in jedem Menschen ein Atom Genialität,
das eben in großen Momenten eine enorme Steigerung er=
fahren kann. Aber es wäre fast frivoler Optimismus, diese
ursprüngliche Anlage zum Besseren und Besten zu über=
schätzen und darüber das unendlich Kleine zu übersehen, das
den Durchschnittsnaturen anhaftet und ihr Verhalten in weit=
aus den meisten Fällen eindeutig bestimmt. Wie falsch jene
moderne Geschichtsdarstellung ist, die den Instinkten der Masse
schmeichelnd, ihr die Initiative erteilen möchte und im Heros
den fügsamen Karrengaul sieht, der bloß schiebt, wo er ge=
schoben wird, ergibt sich daraus, daß der mittelmäßige Mensch
nicht allein aus eigenem niemals eine große Idee zu kon=
zipieren imstande ist, sondern auch allem, was ihn von seinen
ihm beinahe automatisch gewordenen Bedürfnissen und Nei=
gungen entwöhnen möchte, erbittert entgegentritt. Alles was
im Sinne des großen Individuums geschieht, das geschieht
nicht durch, nicht mittels, sondern gegen die Menge. Bloß
jenes äußerste Minimum von Erhabenheit, das auch in ihr
wohnt, ermöglicht den endgiltigen Sieg des Genius.

Es ist also aller Kampf um den Fortschritt, für den
Idealismus auf eine Zweiheit der Prinzipien gegründet. Nicht
auf jenes Wechselspiel von Stabilität und Bewegung, das
Gentz schulmäßig schematisierend, in dem Gang der Geschichte
überall zu finden glaubte, sondern in weit höherer ethischer
Bedeutung auf den Antagonismus des Wertwillens
und des kleinlichen Erhaltungsinstinktes im Men=
schen. Fichte hat diesen die Trägheit genannt und dieselbe
mit dem Urbösen identifiziert. Man kann es am vielsagendsten
vielleicht als das Erlöschen des Glaubens an die Möglich=
keiten in der Menschheit bezeichnen. „Im Menschen", schreibt

Nietzsche, „ist Geschöpf und Schöpfer vereint: im Menschen ist Stoff, Bruchstück, Überfluß, Lehm, Koth, Unsinn, Chaos; aber im Menschen ist auch Schöpfer, Bildner, Hammer=Härte, Zuschauer=Göttlichkeit und siebenter Tag — versteht ihr diesen Gegensatz?" Dieser Gegensatz ist, wie ich nachwies, kein solcher, der die Grenzen zwischen Durchschnittsmenschen und Genie markiert, sondern eine dauernde Spannung in jedem, auch dem genialsten Individuum.

Immerhin ist die Art, in der dieser Konflikt vor sich geht, beim genialen Menschen eine ganz andere als beim alltäglichen: der letztere kämpft überhaupt wenig und hat kaum das Bedürfnis nach entscheidenden Siegen, jener hin= gegen sucht unermüdlich seinen Gegner in sich selber und kommt nicht zur Ruhe, ehe er ihn wenigstens erkannt, von Angesicht zu Angesicht geschaut hat. Es gibt aber eine Form, in der das Genie die Wucht, die Schwere, den Ernst, die Tragik dieses großen und erhabenen Kampfes der Masse über= trägt. Dies ist die Form des Gesetzes, wohlgemerkt, des äußeren, staatlichen Gesetzes, das für den Durchschnittsmenschen die Stellvertretung der moralischen Norm übernimmt, das ihm nicht von innen her offenbar wird, sondern als stringente Notwendigkeit, als unabweisbares Regulativ, das ihn äußer= lich bindet, aber nicht innerlich befreit. Das Gesetz ist, nicht seinem Inhalt, sondern seiner Form nach, der nach außen hin getretene Kampf des besseren Geistes gegen die roh selbstischen Instinkte. Und der Staat ist also, von dieser Seite gesehen, eigentlich für die Masse, um der Masse willen da. Denn das Genie hat alle Kultur in sich selber und bedarf nicht des Zwanges und der Nötigung.

Diese Einwirkung des Genies auf die Masse ist aber nicht so zu denken, als ob jenes an die letztere gleichsam re= formierend herantreten würde und das Staatsprinzip auf= stellte, um sich des wirksamsten Hilfsmittels für ihre Erziehung zu versichern. Schon die Lehre vom Ge=

sellschaftsvertrag gab sich dem seltsamen Irrtum hin, die Individuen hätten sich auf Grund reiflicher Erwägungen, in ruhiger Reflexion für eine bestimmte Form der Gemeinschaft entschieden. — Der Staat ist in Wirklichkeit für die Masse ebenso ein unmittelbar Gegebenes wie für das Genie; und bloß die nachträgliche Analyse hat uns dazu geführt, ihn als die condicio sine qua non für die Wertübertragung von diesem auf die erstere anzusehen, so aber, daß der Mechanismus des ganzen Vorganges den historischen Größen von Anfang triebhaft ist und ihnen nie klar zum Bewußtsein kommt.

Somit ist der Staat freilich ein sittliches Prinzip; allein er hat auch reichlich vom Gegenteil. Sittlich ist das individualistische Moment, der in ihm zum Ausdruck gelangende Wille der Auserkorenen, den Samen ihres Geistes in die Menge zu streuen. Unsittlich ist das antiindividualistische Moment des Zwanges, der Popanz, der in Szene gesetzt wird, um den Gesetzen der Ethik, in summa, allen höheren Kulturen beim gemeinen Mann Eingang zu schaffen. Es liegt eine merkwürdige, beinahe tragische Wertverkehrung in diesem Erziehungssysteme, in dieser Ausbeutung des Sklavensinnes, der Unmündigkeit für Kulturzwecke. Der Staat ist so betrachtet ein ewiges Fragezeichen der Moral und nicht deren erhabenste Verkörperung.

Es könnte hier einer die Frage stellen: „warum will das Genie überhaupt zur Menge, wenn es in ihrem Bann notwendig zum Lügner werden muß?" Die Frage mag im Zeitalter der sozialen Ethik, die die Lösung der Welträtsel in Massenquartieren sucht, einigermaßen paradox klingen. Daß das Individuum nicht erst als Glied einer Körperschaft Bedeutung gewinne, daß es zunächst ein Recht auf sich selber habe, wird übersehen oder schlechtweg bestritten. Die natürliche Einsamkeit des Genies wird höchstens als Entartungsphänomen gewürdigt: wer nicht vom Tagesmarkt seine mora-

lischen Werte bezieht, gilt als asozialer Kulturschädling. Es
gibt aber in Wahrheit keinen kategorischen Imperativ, der so
spräche und dem Pöbelurteil recht gäbe. Alles Große ist in der
Einsamkeit entstanden. Um der Masse zugänglich zu werden,
muß es viel, wo nicht das meiste, von seinem Werte lassen.

Nichtsdestoweniger war jene Frage unrichtig gestellt. Wir
haben bereits gesehen, warum: der Staat ist wohl für das
Genie in abstracto, nicht aber für den einzelnen genialen Men=
schen ein Objekt seiner freien Wahl, sondern eine bindende Not=
wendigkeit wie für den Durchschnittsmenschen. Auch er hat den
Staat nicht geschaffen, sondern ihn vorgefunden als ein von
ihm Unabhängiges, dem er erst logischen Sinn und sittliche
Bedeutung gibt. Allein es kann kaum zweifelhaft sein, der
höhere Mensch würde den Staat eben um jener Entwertung
der Werte zu Dogmen willen, die für die Menge berechnet
sind, negieren, und der absoluten Einsamkeit oder einer freien
Gemeinschaft der Individuen sich zuwenden, wenn nicht auf
Seite des Staates auch für ihn ein zwingendes Muß stünde,
das ihm verbietet, dem Imperativ der Vernunft zu gehorchen.
Und da offenbart sich ein neues Moment von konstitutiver
Wichtigkeit für den Staat, noch antiindividualistischer als alles
was die bisherige Analyse ergab, weil er die Unterschiede zwischen
den Einzelsubjekten völlig weggewischt und sie insgesamt einem
nivellierenden Zwecke unterwirft: eben darum die mächtigste
Schranke für den sittlichen Wert des Staates. Kultur zu
spenden, zu bewahren, ist nicht seine alleinige Aufgabe: die
Individuen sind in ihm nämlich zunächst zum Zwecke der
Erhaltung verbunden. Die tierische Existenz macht hier
ihre Rechte geltend. So grundfalsch es ist, nach dem Vorbild
der Utilitätsdoktrin das Wesen des Staates darin erschöpft
zu sehen und den Herdentrieb als staatschaffendes Prinzip
zu feiern, so einseitig ist es wieder, von ihm als höchstem Hort
der Ideale zu sprechen, an dem kein unlauterer Erdenrest mehr
haftet.

Das iſt die ſeltſame Synthese, die ſich im Staate voll=
zogen hat, und die in ihre Elemente analytiſch zu zergliedern
eine ebenſo ſchwierige als lohnende Aufgabe iſt. Es liegt ein
untilgbarer Widerſpruch in dieſer Vereinigung antagoniſti=
ſcher Phänomene, ein Widerſpruch, der die enormen Gegen=
ſätze in der Wertung des Staates erklärt, und der am we=
nigſten dort überwunden iſt, wo man allein das moraliſche oder
das antimoraliſche Moment ins Auge faßt und dement=
ſprechend wertet. Hegel war einſeitig und nicht weniger Scho=
penhauer. Der eine, weil er den realen, ſinnlichen Untergrund
überſah, auf dem das Staatsgebäude ruht, der andere, weil er
nichts anderes ſehen wollte, als jenen. Man darf dem Staat
nicht zuviel zumuten, und man darf ihm nicht alles abzuſprechen
verſuchen. Vor allem aber darf man nicht verkennen, daß er
kein logiſch einheitliches Ganzes, in dem beſtimmte Mittel
ſich einem beſtimmten Zwecke fügen, repräſentiert, ſondern
mit Widerſprüchen behaftet iſt, deren Herr zu werden noch
keinem Theoretiker oder Praktiker geglückt iſt.

Wenn ich zurückblickend alles das, was im Begriff des
Staates enthalten war, zuſammenfaſſen will, ſo fällt der
doppelte Widerſpruch ins Auge, der ſich in ihm verdichtet hat.
Der Staat iſt in beſtimmtem Sinn individualiſtiſch; er iſt in
anderem Sinn extrem antiindividualiſtiſch. Er iſt um der
Kultur willen da. Und er kann derſelben wiederum bloß unter
der einſchränkenden Bedingung dienen, daß ſie dem Selbſt=
erhaltungsintereſſe nicht in den Weg trete. Wenn ich den
Staat individualiſtiſch genannt habe, ſo iſt dies einzig und
allein ſo zu verſtehen: der Staat iſt nicht möglich ohne
große, geniale Individualitäten. Nicht als ob er deren äſthe=
tiſche und intellektuelle Entfaltung förderte; aber er ſelber
verdankt ſeinen Beſtand ihrem Wirken und Walten. Ein
Volk, das kein echtes Genie, aus was für einer Sphäre
immer, hervorgebracht hat, iſt auch unfähig zu ſtaatlicher
Geſtaltung. Damit iſt natürlich nicht geſagt, daß die Blüte

eines Staatswesens, die größte Potenzierung seiner inneren und äußeren Macht, mit dem Auftreten genialer Männer notwendig zusammenfallen müsse. Im Gegenteil, der Staat a b s o r b i e r t das Kulturinteresse zu sehr, als daß er seiner= seits das Wachsen und Werden des Genies begünstigte. Der= gleichen könnten bloß Fanatiker und Doktrinäre behaupten, oder jene weit verbreitete Klasse der Entwicklungsphilister, die keine Gelegenheit versäumen zu rühmen, wie herrlich weit sie es gebracht haben. Sie zu widerlegen, ist ein Leichtes. Vergangenheit und Gegenwart geben Zeugenschaft. Damals als Italien innerlich in unendlich viele Fraktionen und Frak= tiönchen geteilt war und der fremden Herren beinahe mehr waren als der heimischen Bevölkerung, ging das Zeitalter der Hochrenaissance auf. In Deutschland hat sich ein ähn= liches Schauspiel wiederholt. Bismarck hat keinen neuen Kant und keinen neuen Goethe gezeugt. So trostlos es klingen mag: seit 1870 ist der Deutsche den andern Völkern ein geistiger Vasall und sich selber ein Frembling geworden.

Der Staat ist kein guter Fruchtboden für das Genie: er verzehrt und verbraucht dasselbe. Aber um es zu wieder= holen; er ist bloß dort möglich, wo das Genie möglich ist.

Diese Widersprüche gehen insgesamt darauf zurück, daß im Staate das Göttliche dem Allzumenschlichen, dem Tie= rischen sich beigesellt, daß beide Elemente sich in ihm durch= dringen, der Geist des Genies und der Wille der Masse. Der Geist des Genies ist Schöpfung erhabener Lebenswerte: darum ist der Staat von der Idee der Kultur, vom Streben nach hohen Werten erfüllt; der Wille der Masse heißt Selbster= haltung: darum ist im Staat jene Umkehrung der Kultur= werte vollzogen, die sie in das Joch der physischen Notwendig= keit treten läßt. Und so löst sich auch jene älteste und zäheste Antinomie: daß das Genie sich auf der einen Seite als staatsschaffende Potenz offenbart und auf der andern meisten= teils so unerhört unter dem Staatszwange leidet, daß ihm

absolute Vereinsamung nicht bloß als innere Pflicht, sondern
auch als Nötigung von außen her auferlegt wird. Der Staat
ist ein Versuch der Wertübertragung vom genialen Indivi=
duum auf die Menge, ein Versuch, der deswegen mit einer
ewigen Fragwürdigkeit behaftet ist, weil er sich vom nackten
Selbsterhaltungstrieb, dem animalischen Triebe nicht zu eman=
zipieren imstande ist. Was das Genie in sich selber
als tragisches Verhängnis empfindet: das Nicht=
loskönnen von der Schwere gemeiner Instinkte,
das tritt ihm im Staate noch einmal als sichtbare
Realität vor Augen.

Unsere Analyse des Staatsbegriffes hat noch nicht die
Summe seiner Merkmale erschöpft. Das Prinzipielle ist in=
dessen erledigt, und was sich noch vorbringen läßt, sind die
Konsequenzen. Wesentlich für den Staat ist besonders der
Umstand, daß er eine Abstraktion in sich enthält, daß er
selber seinem ganzen Wesen nach im Grunde genommen eine
Abstraktion repräsentiert. Dies ist es, was ihn von der
Horde, der Gemeinde, im weiteren Sinne der Gesellschaft
unterscheidet. Hier ist ein schlichtes Nebeneinander von In=
dividuen ohne etwas, was ihnen bleibend, prinzipiell über=
geordnet wäre, ohne etwas, was anders wäre als individuell,
sei es Knecht oder Herr, Sklave oder Despot. Der Staat hin=
gegen ist abstrakt eben darum, weil er unsichtbar ist; alle
sind seine Diener, vom Monarchen bis zum niedrigsten Unter=
tan: ob der Herrscher seine Macht von Gott zu Lehen zu
tragen glaubt, oder in schlichter Bescheidung sich den obersten
Diener des Staates nennt, was er für sich in Anspruch nimmt,
gebührt nicht seiner Person, sondern ihm als Repräsentanten,
seiner Vertreterrolle, nicht demjenigen, was er ist, sondern
demjenigen, was er bedeutet. Das Wort: l'état c'est moi
enthält die ärgste Verkehrung des Staatsgedankens, und die
Nation, in der es Eingang finden durfte, bewies damit, wie
nachher in der großen Revolution am besten, wie wenig sie einer

wahren Staatsauffassung zugänglich sei. Der Staat kann
mit nichts identifiziert werden denn mit sich selber: in ihm
ist die Abstraktion vom Individuum vollzogen.

Aus demselben Grunde sind Nationen, die wenig oder
überhaupt garnicht abstrakt veranlagt sind, wie mehrere der
slavischen und romanischen Völker, zur Staatenbildung bloß in
geringem Maße fähig. Am deutlichsten offenbart sich dies
Verhältnis hinsichtlich des weiblichen Geschlechtes. Eben
darum, weil die Frauen außer stande sind, nicht bloß un=
persönlich zu fühlen, sondern auch unpersönlich und abstrakt
zu denken, haben sie keine innerliche Beziehung zum Staats=
begriffe. Sie würden nie Sache und Person auseinander zu
halten vermögen und darum nicht jene logische Enthaltsamkeit
üben, die für den Staat unentbehrlich bleibt. Eine Frau ver=
übelt es der anderen schon und empfindet es als eine An=
maßung seitens derselben, wenn sie in irgend etwas den
weiblichen Durchschnitt überragt. Sie müßte es vollends als
das schreiendste Unrecht empfinden, wenn diese Ausnahms=
stellung auf abstrakten Prinzipien, die nicht aus individuellen
Dispositionen herauswachsen, basiert.

Aber der Staat ist mehr als abstrakt, tiefer als abstrakt.
Er ist seinem innersten Wesen nach metaphysisch. Dies nach
den bisherigen Betrachtungen im besonderen zu beweisen, scheint
nicht mehr erforderlich. Sind im Staate wirklich Kunst und
Religion zu einem Kulturganzen verbunden, so kann darüber
länger kein Zweifel bestehen. Schon das unpersönlich abstrakte
Moment schafft ihm wenigstens eine mittelbare Beziehung zur
Metaphysik. Wo aber das religiöse und ästhetische Ideal als
konstitutiv in den Vordergrund treten, da ist diese Beziehung
evident. Es gibt ohne Metaphysik keinen Staat,
es kann ohne dieselbe keinen Staat geben. Ein
klassisches Beispiel bietet hierfür das Judentum. Die Ju=
den, eminent für abstrakte Spekulation veranlagt, aber seit
jeher im tiefsten Grunde ihres Inneren ametaphysisch, die Be=

kenner eines Glaubens, der von der gröbsten Diesseitigkeit be=
herrscht ist, die Juden, das ametaphysische Volk an sich, sind
zu selbständiger Staatenbildung unfähig. Wie ferner ihr
ametaphysischer Charakter keineswegs einen bloßen Mangel
repräsentiert, sondern positive Voraussetzung ihrer Existenz
bleibt, so ist ihr Unvermögen zu bleibender nationaler Eini=
gung, so ist die Diaspora das eigentlich erhaltende Prin=
zip des Judentums. Der Zionismus ist darum eine
fromme Utopie, die dem Juden selber lächerlich erscheinen
muß, eine Fiktion der Phantasie, wie der Amazonenstaat.
Wie die Abstraktion Bedingung, so ist die Metaphysik die
wahre und wirkliche Grundlage des Staates.

Erst damit ist unsere Analyse des Staatsbegriffes
zum Abschluß gediehen. Sie hat es unternommen, das Ver=
hältnis von Individuum und Masse, Zwang und Freiheit, In=
dividualismus und Antiindividualismus, Abstraktion und
Metaphysik, im Ganzen also das Verhältnis des Staatspro=
blemes zum Kulturproblem zu ergründen und auf eine deut=
liche Formel zu bringen. Das eine will ich noch hervorheben:
es sollte damit keine Wertung des Staatsgedankens ver=
bunden sein, von dem abgesehen, was sich als direkte Konse=
quenz der einzelnen Erörterungen ergeben mochte. „So ist
der Staat", das allein war der Inhalt dieses Stücks,
und nicht: „So sollte er sein" oder: „So sollte er
nicht sein." Jedem bleibt es überlassen, selbständig sein
Werturteil zu formen.

Ich habe also zuerst gezeigt, wie der Staatsgedanke
historisch geworden ist, und dann, was er für logische Be=
stimmungen in sich trägt. Die erstere Aufgabe ist auch inbezug
auf die Kirche erfüllt. Der andere, bedeutsamere Teil der
Arbeit ist hier noch zu leisten. Viel wesentlich Neues ist nach
dem, was sich über den Staat vorbringen ließ, hier nicht zu
erwarten. Aber eine Verstärkung, und sonach auch eigentlich
eine Bestätigung desselben. Ist der Staat in merkwürdiger

Zwiespaltigkeit und Entzweiung zwischen Individualismus und Antiindividualismus geteilt, so daß dieser Konflikt ihm nicht vielleicht erst von außen kommt, sondern schon seinem Begriff inhärent ist, so weiß sich die Kirche von solcher Gegensätzlich= keit ihrer ureigentlichen Bestimmung nach frei. Sie ist rein individualistisch, denn wie die Religion jedem Einzelmenschen als sein Eigenstes, Ursprünglichstes angehört, so spricht sich in der Idee der Kirche die freie Vereinigung aller Gläubigen unter einem höchsten religiösen Prinzip aus. Hier soll die Rangdistanz zwischen Menge und Genie überwunden werden, nicht zugunsten jener, sondern so, daß alles gleichsam zur Höhe des Glaubens emporgeläutert werden soll, die sonst bloß dem genialen Menschen zugängig ist. Die Kirche nimmt keine Abstraktion vor, sondern rechnet immer mit dem In= dividuum. Ihr Zweck ist der Einzelne, die kirchliche Gemein= schaft ein Mittel und nirgends mehr als ein Mittel. Wie weit sie diesem Zwecke treu zu bleiben vermag, darin liegt auch das Maß für ihren Wert und ihre Berechtigung.

Der Staat soll Kulturwart sein und bleibt dabei an den Erhaltungstrieb gebunden. Die irdische Schwerkraft hemmt seine volle Erhebung über die tierische Massenexistenz. Die Kirche hat von Anbeginn dem Reiche, das von dieser Welt ist, entsagt. Ihr liegt an den Kulturwerten als solchen und nicht an ihrer Verwendung zum animalischen Daseinszwecke. Sie negiert diesen nicht unbedingt, denn sie predigt nicht dogma= tischen Pessimismus. Aber sie fordert ihn nie und nimmer: ihr Bestand darf nicht an Rücksichten sozialer und biologischer Natur gebunden sein.

Die Kirche ist ausschließlich individualistisch und meta= physisch: als Gemeinschaft der Gläubigen hat sie gleichwohl kein anderes Interesse als das der Einzelnen, als die psychische Läuterung der Einzelnen. Sie soll dem Individuum den Zu= tritt zum göttlichen Reiche, zum Reich metaphysischer Werte schaffen. Wo sie anderes will, wo sie diesen letzten und ein=

zigen Zweck durch zweideutige oder verkehrte Mittel trübt,
ist sie nicht mehr Kirche, sondern etwas anderes: meistenteils
Staat.

Ihr aber wird das, was schon im Staate Antinomie
und Widerspruch war, vollends zum unerträglichen Paradoxon.
Eine Kirche, die vom Individuum nichts mehr weiß! Eine
Kirche, die sich daran genug sein läßt, für reguläre Ehe=
schließung und legitime Kinderzeugung Sorge zu tragen, und
für all das, was die Fortexistenz der Gattung verbürgt!
Dem Kirchenstaat ist ein Ende gemacht; aber man übersieht,
daß nicht die Kirche im Staat, sondern der Staat in der
Kirche es ist, der die Irreligiösität groß werden läßt und die
Pharisäer ins Gotteshaus lockt.

Ich habe früher gezeigt, wie es die historische Kirche ge=
halten hat, und wer weiß, wie lange, weiter halten wird. Sie
hat den Staat, wenigstens den nationalen Staat, mit allen
Waffen bekämpft und niederzuringen gesucht: nicht weil sie
sein Prinzip verdammte und den Menschen befreien wollte,
sondern im Gegenteil. Es war der Haß des Rivalen, die
Feindschaft des Blutsverwandten. Die Kirche wurde selber
Staat, wollte selber Staat sein im weitesten Sinn und Um=
fang, und immer und überall fand sie einen zweiten Staat
vor. Darum ist sie selbst rationalistisch, aufklärerisch ge=
worden und hat den Willen des Volkes gegen den Staat
großzuzüchten gesucht. Erst als die Aufklärung sich ihr eigenes
System schuf, als das Staatsprinzip allerwärts im Nieder=
gang war, hat die Kirche den hart gedemütigten Gegner
in ihre schützenden Arme genommen und ihm neue Kraft ein=
geflößt.

Die Kirche ist Staat geworden und geblieben: Das ist
die Tragödie von Jahrtausenden, eine viel tiefere Tragödie,
als die wähnen, deren Weltanschauung sich aus ein paar po=
litischen Randglossen zusammengesetzt, und die das Problem
damit erledigt glauben, daß sie „Los von Rom" rufen und

die rührigen Sachwalter der Klerisei für alles Weltenelend
verantwortlich machen. Daß die Kirche Staat wurde, ist nicht
der böse Wille einiger Einzelnen, sondern ein immanentes Ver=
hängnis, etwas, das der Mensch als Schickung zugleich und
als Schuld empfinden muß. Das Reich Gottes auf Erden
hat er gründen wollen: und unter seinen Händen ist es
abermals zur Heimat des Antichrist geworden. Wer errät
des Rätsels Lösung? Diesmal ist es noch weit weniger der
erfahrungsmäßige Kontrast zwischen dem Genie, das von
Gott stammt und zu Gott will, und dem Knecht des Alltags,
dessen Ewigkeit „von heute auf morgen" heißt, sondern die
Erbbelastung der Menschheit mit jenem blinden und unbe=
zähmbaren Machtwillen, der, ihr selber oft unbewußt, sogar
die Form der Religiösität annimmt, um sich nicht g e g e n, son=
dern i n seinem größten Gegner durchzusetzen. Der gläubigste
Apostel hat zu viel davon: wo er aus seiner Einsamkeit heraus
und in die Welt tritt, hat er sie schon bejaht, wenn er auch
dabei beharrt, nein zu rufen. Jede Gemeinsamkeit ist eben
im letzten Grunde abhängig von den Lebensinteressen der
Individuen; auch die Kirche kann nicht um sie herum. Sie
nimmt sie in sich auf, ohne sie ihren ursprünglichen Zwecken
assimilieren zu können, sie assimiliert sich in ihnen selber und
wird Staat. Der einzelne Mensch müßte aus sich allein heraus
religiös werden, um eine Kirche, die nicht zum politischen In=
stitut korrumpiert wird, zu gründen. Wo es Vertretungen
gibt, wo Autoritäten auftreten, da gibt es auch schon ein per=
sönliches Interesse und einen persönlichen Willen. Man dürfte
sonst keinen Augenblick zaudern, sich zum katholischen Unfehl=
barkeitsglauben zu bekennen.

Das Verhängnis der Kirche ist also, daß sie nicht un=
sichtbar bleiben kann, daß sie der Organisation bedarf, daß sie
irgendwie Staat werden muß. Da wird sie aber extrem anti=
individualistisch, so antiindividualistisch, daß sogar der Staat
ihr gegenüber Hort und Hüter des Individualismus genannt

werden darf. Das ist das Problem des Mittelalters: eine
Kirche, die in immer gröbere Äonen, bis zur Materie hinunter-
steigt und dem Staat das weltliche Szepter entwinden will.
Lehrt sie Freiheit des Volks dem Staat gegenüber, so geschieht
es nicht um der Freiheit willen, sondern um bei der Menge
dem Staate Konkurrenz zu machen.

Die Kirche, die Universalkirche als Universalhierarchie
wirkt entnationalisierend: im Staate aber konsolidieren
sich Nationen. Insofern dient er dem Individualismus gegen
die Kirche: er gibt wenigstens der Nation als solcher ihr Recht.
Aber die Universalkirche ist gleichwohl mehr als eine Fiktion.
Wenn sie im wahren Sinn ersteht, als unsichtbares Reich des
sittlichen Glaubens, dann wird sie ihrerseits wieder im Interesse des höchsten Individualismus das Prinzip der Na-
tionalitäten überwinden.

Ihr Schicksal ist aber weder Dummheit der Masse, noch
Böswilligkeit der einzelnen. Es ist in der Menschennatur, in
der ewigen Natur der Dinge selbst begründet: darin daß
Metaphysik, die ja das Wesen der Kirche ausmacht, wo
sie in Verbindung mit der Realität tritt, sich immer versinn-
licht. Wie der Philosoph, wenn seine schaffende Sehnsucht zum
Absoluten emporgestiegen zu sein wähnt, gleichwohl bloß empirische Werte hypostasiert, sei es Wille oder Bewußtsein oder
sonst ein drittes, so klammert sich auch der religiöse Geist,
der in weihevoller Andacht Gott zu schauen glaubt, noch immer
an die Sinnenwelt. Und sowie der Einzelmensch erst lang-
sam zur Erkenntnis heranreift, daß metaphysische Werte bloß
als Symbole Geltung erlangen dürfen, so ist auch die Menschheit lange Zeiten unvermögend, das unsichtbare Reich Gottes
von dem sichtbaren Reich dieser Welt zu unterscheiden. Der
Sieg der Erkenntnis ihres Unterschieds, nein, ihrer Gegensätzlichkeit bildet den Schlußstein der Weltgeschichte.

Die Analyse von Staat und Kirche, das Verhältnis der
beiden zum Individualismus ist zum Abschluß gediehen. Der

Staat konnte rein historisch als Durchgangspunkt behandelt werden: zwischen jener hierarchischen Kirche, die die Welt= herrschaft erstrebt, und der wahren Universalkirche, in der das nationale Prinzip endgiltig überwunden und aufgehoben erscheint. In jenem ist das Individuum noch an den Zweck der Erhaltung gebunden, in diesem hat es den Weg zu Gott gefunden, es ist endgiltig frei geworden. Aber noch ein weiteres Problem tritt an uns heran. Was leisten Kirche und Staat für den menschlichen Fortschritt, was bedeutet der Fortschritt selber für den Kulturgedanken? Dieses Problem muß beantwortet werden.

Was Fortschritt im Verhältnis zur Kultur, was Evolu= tionismus überhaupt besagen will, darüber habe ich anderswo ausführlicher gesprochen. Hier will ich bloß die Frage er= wägen, ob rechtens von einem Fortschritt überhaupt gesprochen werden kann, und in was für einem Sinn man allein davon zu sprechen berechtigt ist.

Die Erörterung der Begriffe „Kirche" und „Staat" hat uns dazu geführt, zwischen der Masse und dem genialen In= dividuum als konstitutiven Gegensätzen zu unterscheiden. Für das Problem des Fortschrittes erweist sich die genannte Di= stinktion in noch höherem Maße bedeutsam. Gibt es einen Fortschritt auf beiden Seiten oder auf keiner von beiden, auf Seite des Genies oder auf Seite der Masse?

Rollt man die Frage des Fortschrittes im allgemeinen auf, so scheint sie im positiven Sinn beantwortet werden zu müssen. Gab es im Altertum und Mittelalter Elektrizität und Dampfbetrieb? Gab es Papier und Druckerschwärze? Aber gemach: Der Fortschritt der Technik ist nicht der, nach dem wir suchen. Er ist gleichsam Verlängerung von Arm und Beinen, erhöhte Funktion der Bewegungsorgane, nicht des Geistes. Wenn wir von Fortschritt sprechen, so ist damit allein gemeint, ob das Individuum als solches in seinem

psychischen und intellektuellen Verhältnis zum
Universum irgend ein Wachstum verzeichnen kann.

Diese Frage muß vom Genie unbedingt verneint werden.
Das erste religiöse Genie hat in seiner Konzeption die Tiefen
des Weltalls ausgeschöpft. Das zweite und dritte hat dasselbe wieder in seiner Art geleistet. Da gibt es kein
Abfallen und kein Aufsteigen. Das Genie ist überhaupt ein
Non plus ultra. Es ist an sich, soweit es sich in einem bestimmten Menschen incarniert, eine Einheit und läßt sich
nicht in Bruchteilen oder prozentuell angeben. In Homer hat
sich der Genius der Kunst so vollkommen verkörpert wie in
Beethoven, in Richard Wagner. Wo es überhaupt zuerst
Genie gab, da hat die Skala der Wertungen ihre Anwend-
barkeit verloren.

Genialitäten sind immer neu, fremdartig, heterogen,
wechselseitig inkommensurable Größen. In dieser Sphäre
gibt es kein Oben und Unten.

Dagegen gibt es für die Masse einen Fortschritt, der
eben durch den Weg bezeichnet wird, den das Genie nimmt.
Inhalt und Sinn der Weltgeschichte als Geschichte der Masse
ist der: unendlich langsame aber kontinuierliche Erziehung der
Menge zu den vom Genie geschaffenen Werten. Wie die Pla-
neten nicht in progressiver Bahn vorwärtsschreiten, sondern ihren
festen Mittelpunkt in den Fixsternen besitzen, so vertritt in der
Historie das geniale Individuum das unverrückbare Zentrum
der Massenanziehung, bloß daß hier keine gleichförmige Um-
kreisung in demselben Abstande stattfindet, sondern eine ideale
Annäherung.

Der Begriff des Fortschrittes ist also begrenzt. Er erstreckt
sich nach oben hin nicht weiter als an das Bereich des Genies.
Vom Standpunkt der Masse aus allerdings weitet sich da der
Aspekt ins Unermeßliche: womit der Evolutionismus schon
als eine durchaus demokratische, man möchte sogar sagen,
plebejische Weltauffassung gekennzeichnet erscheint.

Man begreift nunmehr, was die eigentlich historische Be=
deutung des Individualismus in seinem Verhältnis zu Kirche,
Staat, Fortschritt ist. Von Fortschritt kann bloß im Sinn
des Individualismus gesprochen werden: alles andere ist
pure Äußerlichkeit. Der Staat dient dem Fortschritt, soweit
er dem Willen des Genies, er hemmt ihn, soweit er dem
der Masse förderlich ist. In der Idee einer Universalkirche
dagegen scheint sogar der Begriff des Fortschrittes überwun=
den, da in ihr der reine Individualismus zur Darstellung
kommen soll.

II.

Das Problem der Kunst
Christian Dietrich Grabbe

1. Das alte und neue Deutschland.

Der Obskurantismus hat seinen sichersten Rückhalt in der Masse. Aber es gibt auch einen Pöbel, der mit aufdringlichem Lärm dem angeblichen Fortschritt huldigt. Dieser ist der ärgste Gegner aller wahren Kultur: denn, was er will, ist nicht Freiheit, sondern Libertinage, nicht geistige Selbständigkeit, sondern Willkür und Ungebundenheit. Sein Gehaben ist die Arroganz des Parvenüs, dessen Devise lautet: Undankbarkeit gegen die Vergangenheit. Und seine ganze Gehässigkeit entlädt sich über den vornehmeren Menschen, dessen Abhängigkeitsgefühl er als Schwäche, dessen Ahnenstolz er als belächelnswerte Rückständigkeit zu diskreditieren sucht. Dem marktschreierischen Aufklärungsdünkel ist eben all das, was einmal war, längst überwunden, und jedes bewußte Anknüpfen daran erscheint ihm bloß als ein Versuch, den trägen Gesellschaftskörper in Schlummer zu senken. Daß zwischen Gegenwart und Zukunft zuweilen die Vergangenheit liegt, gilt ihm als spielende Paradoxie und als offener Widersinn. Wie der Durchschnittsmensch mit all seinen Organen widerstandslos in das Heute einwächst, so wirft er sich zum vernunftstolzen Richter derjenigen auf, die den Fortschritt nicht bejahen, um ihre Herkunft zu verleugnen, die den Willen zur Zukunft mit dem Bewußtsein der Vergangenheit verbinden. Hinter sich schauen aber heißt nicht, sich in der Erinnerung verlieren, sondern sich in ihr wiederfinden: und die Freude dieses Wiederfindens ist die heiligste Feier des Geistes. Wie das

Individuum nur dann eins mit sich selber bleiben kann, wenn
es zu Zeiten sich vor der Außenwelt in sein eigenes Inneres
zurückzieht und in das Gestern und Vorgestern seiner Seele
blickt, so taucht die gleiche Forderung in weiterem Rahmen
bisweilen für ein ganzes Geschlecht auf: Reaktion ist hier
eine Art Kultur-Gedächtnis.

Dem jüngsten Deutschland vor allem ist solche Mahnung
vonnöten. Nicht als ob es zu sehr Rebell gegen die Vergangenheit wäre. Keineswegs. Aber es sucht noch den Weg im Dun-
keln, es findet nicht den richtigen Anschluß an jene Kultur,
aus der es allein seine Kraft schöpfen könnte. Vorschnell in
der Emanzipation, vorschnell in der Reaktion schwebt es
zwischen Extremen. Es weiß nicht vorwärts noch rückwärts:
und so steht es zwischen zwei Fragezeichen.

Als vor etwa 18 Jahren eine neue Ära deutscher Kunst
sich ankündigte, da schien der Ruin des Alten das einzige
baufeste Fundament. In den letzten Dezennien hatte ein
flacher Akademismus jeden höheren Aufschwung gehemmt und
die Lebensadern des ästhetischen Schaffens unterbunden; nunmehr wurde der Widerspruch geheiligt und die Unbotmäßigkeit
zum Prinzip erhoben. Die Verkünder des neuen Sturmes
und Dranges sagten den Traditionen ab und wollten in
Form und Stoff alles aus sich selber schöpfen. Es waren
scheinbar die besten Ansätze zu einer künstlerischen Regeneration
des Deutschtums: und daß die Chorführer der jüngsten Generation in eine so entschiedene Angriffsstellung gegen ihre Vor-
männer traten und mitunter deren Schöpfungen in Bausch
und Bogen verwarfen, war ihnen kaum zu verdenken. An der
konventionellen literarischen Kost hatte man sich gründlich
übersättigt. Jede tiefere Kunst verlangt als ihr intellek-
tuelles Substrat eine Weltanschauung; und was hatten die
Epigonen der Sechziger und Siebziger Jahre da geboten?
Einen seichten Aufguß aus Schopenhauer, ein wenig larmo-
yanten Weltschmerz, der im Grunde bloß frivoles Kokettieren

mit dem heiligen Geiste der Philosophie war und sich in dieser Korrumpierung auch den ästhetischen Salons und den mittleren Schichten der Halbbildung mitteilte.

Die problematischen Naturen S p i e l h a g e n s bieten uns keine Probleme mehr. Wir haben ihre Physiognomie zu deuten verstanden. Es sind eitle bohémiens, deren Libertinage sich als Genialität geben möchte. Prompt im Duell, wie in der Liebe: aber innerlich leer, trotz des pompösen Apparates, mit dem ihre Banalitäten in Szene gesetzt werden. Mag man dem gefeierten Dichter immerhin ein ehrliches, edles Wollen nicht absprechen, seine Menschen bleiben seichte Alltagsfiguren, in der Pose der Suchenden und dabei ohne echte Zielstrebigkeit, ob sie nun den Frankfurter Pessimismus ableiern oder, dem Zug der Zeit gehorchend, nach Sils-Maria pilgern.

Ebensoviel oder ebensowenig hat uns Paul H e y s e ge= geben. Daß dieser mittelmäßige Novellist und schlechte Ro= manzier das Erbe Goethes in Deutschland angetreten zu haben wähnte, beweist am sprechendsten, wie tief das Kunstverständ= nis gesunken und wie weit das Epigonentum davon entfernt war, dem eigentlichen Urquell der nationalen Größe näher zu führen. Das Goethesche Gleichmaß war nunmehr zu stumpf= sinniger Indifferenz entartet, seine olympische Heiterkeit hatte breitem spießbürgerlichen Behagen Platz gemacht. Was Heyse vor allem charakterisiert, ist der völlige Mangel des= jenigen, was sonst das sprechendste Charakteristikum eines Dichters bildet: die Abwesenheit jedes tieferen Problemes. Es ist, als wäre man für dergleichen auf deutschem Boden un= empfänglich geworden. Der Zusammenhang von Literatur und Philosophie, den die Romantik und der Klassizismus so streng gewahrt hatten, war, wenn man, wie billig, von jenen seichten populärphilosophischen Raisonnements absehen will, längst preisgegeben. Das war, bei der Entwicklung der neueren Erkenntnistheorie und Metaphysik, auch recht begreiflich. Der

nachkantiſche Jdealismus hatte aus dem Vollen geſchöpft.
Das Univerſum war ihm ein intuitiv zu erfaſſendes Kunſt=
werk oder der dialektiſche Gedanke einer weltbeherrſchenden
Vernunftmacht. Die Erkenntnis des Einzelnen ging aus der
des Ganzen vor; der Menſch hielt ſein Auge zunächſt auf die
allumfaſſende Einheit gerichtet.

Dann kam die materialiſtiſche und ſenſualiſtiſche Reak=
tion. Die transzendente Wirklichkeit wurde zum Tummelplatz
der Atome, oder ſie blieb ein frommer Wunſch im Herzen der
wenigen Gläubigen. Die induktive Methode, die auf Beob=
achtung und Erfahrung gegründet, vom Beſondern behut=
ſam zum Allgemeinen aufſteigt, bemächtigte ſich nach der
Reihe beinahe ſämtlicher Wiſſenszweige; ſie fand ihre phi=
loſophiſchen Anwälte in Denkern wie Mill, Comte, Spencer,
während ſie in Deutſchland bezeichnenderweiſe trotz der
„Kraft und Stoff“=Vertölpelung niemals ſichere Wurzeln zu
faſſen vermochte. In demſelben Maße, als ſich die Philo=
ſophie der Intuition und dem Univerſalismus zu entfremden
anfing, mußte naturgemäß die Kunſt alle Fühlung mit ihr
verlieren. Wenn Weltanſchauung nichts mehr war als ein
Konglomerat der Ergebniſſe einzelner Forſchungszweige, ſo
hatte ſie alle Beziehung zur Äſthetik eingebüßt, der wenig
an der Erfahrung und nichts am Experiment gelegen iſt.
In ſolchen Zeiten gehen Künſtler und Denker ihre eigenen
Wege. Zur großen Schädigung beider: denn Logik und
Phantaſie ſind einander pſychologiſch näher verwandt, als
der ſchlichte Volksverſtand für gewöhnlich anzunehmen pflegt.
Und wenn ſie ſich gegeneinander iſolieren wollen, ſo verküm=
mert der eine wie der andere Teil; jener zu ſterilem Forma=
lismus, dieſer zu ungezügelter Phantaſtik. Wäre hier der
Ort, ſo könnte man an der Geſchichte des deutſchen Geiſtes den
ſtrikten Nachweis erbringen. Es ſei uns indeſſen genug mit
dem Hinweis auf die literariſche Entwicklung.

Heyſe dürfte uns beinahe als Problem gelten, eben ſeiner

Problemlosigkeit wegen. Die dritte Dimension sucht man
bei ihm und den meisten seiner Zeitgenossen vergebens. Es ist
alles Oberfläche. Die flache Lebensweisheit, sich um kein Jen=
seits zu scheeren und nicht um die Ecke zu biegen, wird hier
als eine Art Offenbarung proklamiert. Dieses überhand=
nehmen positivistischer Tendenzen spiegelt in mancher Be=
ziehung den Entwicklungsgang der neueren Philosophie wie=
der. Das Streben, sich keinerlei tiefere Fragen vorzulegen,
ist hier wie dort verhängnisvoll geworden. In der Philo=
sophie, da sie bald auf ihren Primat verzichtete, und sich
damit begnügte, den Spuren der Einzelwissenschaften beschei=
den zu folgen; in der Literatur, wo es entweder nur ein fri=
voles Spielen mit Problemen gab, oder eine stumpfsinnige
Gleichgiltigkeit ihnen gegenüber, die die Welt einfach nahm,
wie sie sie vorfand.

Aber nicht so sehr ist es die Borniertheit, die den Auf=
schwung der wahren Kunst hemmt, sondern Mangel an Frische,
ehrlichem und reinem Wollen, geistiger Bodenständigkeit. Un=
echtheit ist das Grundübel, an dem Publikum und Autoren
krankten. Auch das, worin die Welt wirklich Bedeutung
gewinnt, mißdeuten sie. Alle jene Modegrößen, die gleich=
zeitig oder hintereinander den Literaturmarkt beherrsch=
ten, die Spielhagen, Wilbrandt, Heyse bis hinab in die Nie=
derungen, wo Tageshelden à la Lindau und Blumenthal ihr
Unwesen trieben, sind durch dies eine gekennzeichnet: daß sie
nicht Ernst aus dem machen können, was ihnen Motiv künst=
lerischen Schaffens wird.

Da ist es erquicklich, auf Männer hinweisen zu können,
denen diese Solidität des Empfindens nicht abging, wenn=
gleich ihr Horizont im Allgemeinen kein sonderlich weiter ist.
Das sind Dichter wie Reuter, Groth, Anzengruber, Rosegger,
Freytag und Conrad Ferdinand Meyer. Tüchtige Baumeister,
wohlgeeignet, Heimstätten für Menschen zu schaffen, so sehr
es ihnen freilich auch versagt blieb, der Gottheit Altäre zu

errichten. Es sind keine Priester und Seher, aber gute Ar=
beiter, die vor allem den Glauben an den Sinn und Wert
ihrer Arbeit haben. Gleichwohl kann ich freilich nicht die
Anschauung teilen, die deutsche Kunst von heute müsse zu
diesen Vorbildern den Rückzug antreten, um ihre Echtheit und
Ursprünglichkeit wieder zu gewinnen. So sehr mir Bartels'
Polemik gegen die herrschenden Modetorheiten in vielem sym=
pathisch ist, so wenig werde ich deswegen einräumen, daß
es keinen andern Weg des Heiles gebe, als den zur Heimats=
poesie und zum Provinzialismus. Eine Kunst, die so ganz in
die Breite geht, wie die moderne deutsche, bleibt allerdings
auch zumeist an der Oberfläche. Aber um in die Tiefe zu
bringen, muß sie nicht enge sein: man kann zu den Sternen
emporsehen, ohne der Erde, ohne sogar der heimatlichen
Scholle untreu zu werden.

Aber es ist auch unverantwortliche Kurzsichtigkeit, in
diesen mittleren Regionen der Genialität Halt machen zu
wollen. Das Deutschland, das erst den ödesten Exzessen eines
schalen Feuilletonismus Beifall zollte und nachher bei den
Franzosen, Russen und Norwegern in die Schule ging, hat
selber einen Hebbel, einen Wagner, einen Nietzsche gehabt. Das
heißt: einen der tiefsten und zugleich stärksten Tragiker aller
Zeiten, ein künstlerisches Vollgenie, das seinesgleichen kaum in
alter und neuer Zeit findet, einen Denker, der in seinen Irr=
tümern nicht minder bedeutsam ist als in seinen Wahrheiten.
Und solche Erzieher hat es zum Teile ignoriert, zum andern
Teile mißverstanden. Man wird einmal eine Krankheits=
geschichte des deutschen Geistes schreiben müssen, man wird
zu erklären haben: wie es möglich war, daß trotz so blen=
dender Erscheinungen das Auge der Menge sich an dem ben=
galischen Feuerwerk der Modeskribenten ergötzte.

Wieviel fehlt auch heute noch dazu, daß die blinde Aner=
kennung einem auf den Grund gehenden Verständnisse Platz
mache. Wagner genießt diesseits und jenseits des Rheins

schrankenlose Verehrung. Aber es scheint, daß man seine Musik als reines Stimmungsmittel, als intensiven Nervenreiz empfindet, als Sensation im größten Stile, indessen dem gegenüber, was in ihr Moral, Erkenntnis, Weltanschauung ist, unempfänglich bleibt. Einem großen Teil des Publikums bedeutet Wagner überhaupt bloß einen Stimulus für sein Nervensystem, eine geistige Kantharidenkost. Sie sehen in „Tristan und Isolde" eine lange und aufregende Vorberei=tung zum Geschlechtsakte, in der „Walküre" und in „Sieg=fried" eine weniger raffinierte aber umso unmittelbarere Dar=stellung desselben Motivs, und im „Parzifal" zuguterletzt eine senile Widerrufung, die man gar nicht ernst nehmen will. Daß vom „Tannhäuser" an nicht Sensualismus, sondern As=kese der leitende Gedanke seines Schöpfers ist, bleibt ihnen verschlossen. Höchstens ahnt man Nachklänge Schopenhauers und wittert die Hyperbeln des Pessimismus: während die wenigsten erkennen, daß die Größe Wagners, nicht bloß des Musikers, sondern des Kulturapostels, vor allem darin ge=legen ist, daß er Schopenhauer zu Kant empor=gedeutet hat, das heißt, daß er jenseits von Optimismus und Pessimismus seinen Glauben an ein Reich der sittlichen Freiheit in Musik gesetzt hat. Und wie würde man, wenn man das rechte Organ für Hebbel besäße, so viel seichte Büh=nenmache, wie jene Wildenbruchscher und Sudermannscher Pro=venienz, akklamieren, und als tragischen Gegenstand nichts anderes mehr betrachten wollen, als die soziale Frage, die auf dem Theater sich schon beinahe unbestrittene Herrenrechte erworben hat? Die Darstellung des Individuums for=dert eben den Einsatz höherer Kräfte; und an diesen ist das in Industrie und Handel so überreiche Deutschland erschreckend arm geworden. Endlich Nietzsche: hier wäre es erquicklicher, sich in absolutes Schweigen zu hüllen. Wenn Männer, die, wie Wagner und Hebbel, ein völlig klares Bewußtsein ihrer Bedeutung besitzen und ihm überall Ausdruck geben, so kläg=

lich interpretiert werden, wie ſoll es dann erſt um jene ſtehen,
die geradezu zum Mißverſtändnis ihrer Lehren herausfor=
dern? Und Nietzſche wird dieſer Vorwurf nicht erſpart bleiben.
Seine Jünger haben daraus reichlich Profit gezogen. Die
Phyſiognomie des Übermenſchen zu ſtudieren, wie er ſich,
bald nachdem Zarathuſtra ſeiner Einſamkeit müde geworden,
in Mitteleuropa realiſierte, bliebe am beſten dem „Simpli=
ziſſimus“ überlaſſen, wenn man nicht hier ein Kulturſymptom
erſten Ranges vor Augen hätte. Eine ſchier unerſchöpfliche
Karikaturenſammlung: Der preußiſche Landjunker, der Afrika=
reiſende, der ungefällige Negerweiber peitſchen und hängen
läßt, der pfiffige Fabrikant, der ſeine Lohnſklaven um ihr
Exiſtenzminimum zu prellen weiß, ſogar der liberale Aufklä=
rungskuli, der das rote Geſpenſt, die ſozialiſtiſche Maſſen=
krankheit von der Schwelle ſeines Hauſes bannen möchte, ſie
alle, die ſich bloß darin begegnen, daß ſie insgeſamt an moral
insanity laborieren, machen einander den Vorrang ſtreitig.
Das iſt die Saat, die auf dem Fruchtboden der Nietzſcheſchen
Ideenwelt aufgegangen iſt. Wozu viel Wort machen? Daß
der fröhliche Phalluspriester Otto Julius Bierbaum und ſein
Bruder „in Wahn und Blindheit“ Richard Dehmel Nietzſche
und Goethe verkünden dürfen, und die Welt in einem höheren
Sinn zu bejahen vermeinen, da ihnen das Geſchäft der Fort=
pflanzung nun einmal theoretiſch und praktiſch Spaß zu machen
ſcheint, ſagt alles.

Sich an ſeiner Vergangenheit verſündigen, iſt der ärgſte
Frevel, den ein Volk begehen kann. Noch ſchlimmer aber als
ſie ignorieren und vergeſſen, iſt, ſie mißverſtehen und entwür=
digen. In einem doppelten Sinn erſcheint alſo heute wieder
Umkehr geboten. Einmal, um keine Unabhängigkeit zu fin=
gieren, die nicht beſteht und nicht beſtehen kann. Dann um
an dem Verſtändnis einer großen Vergangenheit ſich zu einer
höheren Gegenwart emporzuläutern. Wir gehen zu dieſem
Zwecke freilich hinter jene drei Männer zurück, die wir früher

als wahre Erzieher der deutschen Nation gefeiert haben. Denn auch die geistigen Voraussetzungen ihrer kulturellen Wirksam= keit liegen hinter ihnen.

2. Weltanschauung.

Es darf uns nicht Wunder nehmen, daß auch Grabbe durch die ersten Stürme der literarischen Revolution wieder zum Leben erweckt wurde. An einer so markanten Persönlich= keit konnte man nicht achtlos vorbeigehen; am allerwenigsten eine Generation, die gegen die tradierten Vorurteile an= kämpfte, um ihnen gegenüber das Recht genialer Ursprüng= lichkeit zu verteidigen. Manches wies auf Grabbe hin: man fand in ihm einen beredten Opponenten gegen das Her= gebrachte, einen souveränen Verächter des bon bourgeois, vornehmlich aber einen beherzten Kämpfer gegen den lästigen Zwang der pseudoästhetischen Dogmatik, wenn er all dies auch nicht programmatisch fixierte, sondern bloß als praktische Maxime in sein Kunstschaffen hinübernahm. Freilich, nicht alles will zu dieser Beschreibung passen. So scheint die rüh= mende Hervorhebung seines lebendigen Realismus zuweilen völlig aus der Luft gegriffen. Neben Stellen echter Urwüch= sigkeit macht sich häufig eine verwaschene Sentimentalität wi= derlich breit, und eine beinahe pueril zu nennende Sucht, platte Trivialitäten zu künstlerischer Höhe aufzubauschen, hohle Deklamationen neben dem wahren Ausdrucke großer Leiden= schaften. Das Originalgenie wird da zum Epigonen des Klassizismus. Grabbe ist ein Dichter, der Widersprüche in sich trägt. Der Katheberästhetik mochte das nicht genehm gewesen sein. Sie machte also wenig Federlesens. In ihrem Zettelkasten fand sich bald das geeignete Rezept, und in einem der vielen Schubfächer, in dem auch die widerhaarigsten Gesellen unter= gebracht und für das vulgäre Verständnis präpariert werden, erhielt Grabbe dauernde Beherbergung. Überaus charakte= ristisch ist das Urteil des Literaturpapstes Wilhelm

Scherer, dessen Unfehlbarkeit auch heute noch in weiten
Kreisen nicht bezweifelt wird. Er spricht nur von dem „tö=
richten Grabbe" und seiner „lächerlichen Renommage". Was
er an ihm schmerzlich vermißte, war vermutlich nicht allein das
Maß, sondern die Mittelmäßigkeit.[1]) In das entgegengesetzte
Extrem fällt R u d o l f G o t t s c h a l l, der Grabbe neben Hebbel
stellt, ja sogar geneigt scheint, ihm den Vorrang einzuräumen.

Wo man den Dichter nicht schmählich verketzerte und seine
Produktionen in Bausch und Bogen verwarf, da lautete das
Urteil meistens dahin: es habe ihm nicht an Gedanken und
Inspirationen gefehlt, wohl aber an der Fähigkeit, sich ihrer
künstlerisch zu entäußern; an dem Substrate einer festen Welt=
anschauung, jener ebnenden Kraft der Vernunft, die die
Ströme des Schaffens und Schauens gleichmäßig verteilt
und sie nirgends ihr Bett überfluten läßt. Wollen und Können
seien in ihm nicht zur Deckung gekommen, und daher die be=
rührten Inkonsequenzen und Widersprüche. Demnach wäre
eigentlich die technische, nicht die ästhetische Veranlagung
Grabbes mit jenem Mangel der Unvollkommenheit behaftet
gewesen. Zwischen Hirn und Hand hätte es an der lei=
tenden Verbindung gemangelt. Der Sitz der Krankheit wäre
im Bewegungsnerv, nicht im Organ des Geistes zu suchen.

Zum Unterschied von dieser etwas trivial schematisie=
renden Auffassung möchte ich den Schwerpunkt einer frucht=
baren Kritik gerade in ihre strikte Verneinung und die Ein=
führung einer ihr vollinhaltlich entgegengesetzten Theorie ver=
legen. Was wir an Grabbe am meisten bewundern dürfen, ist
die unerschöpfliche Gestaltungskraft, die Energie der Dar=
stellung, die oft so hochgesteigerte Elastizität des Ausdruckes,

---

[1]) Im Anhang versichert er allerdings bescheiden, es fehle ihm offen=
bar an dem nötigen Verständnisse für die Eigenart des Dichters, den
andere achtbare Literaten ernst zu nehmen vermöchten; es ist immerhin
bedauerlich, daß er die Konsequenzen hier, wie auch in manchen ähnlichen
Fällen, nicht lieber im textlichen Teile seines Werkes gezogen hat.

was wir aber umso schmerzlicher empfinden, ist der Mangel an intellektueller Durchbildung, an Ideen, die fast athrophische Verkümmerung des Gedanklichen, die am grellsten dort in die Augen springt, wo Grabbe an schwere Probleme rührt und in ihrer Behandlung sich mit schwächlichen Surrogaten behilft, denen nur sein rhetorisches Talent und, mit ihm sich mannigfaltig, oft in seltsamem Spiel durchkreuzend, eine derbe Realistik der Darstellung den trügerischen Schein wirklicher Tiefe leiht.

Grabbe hat sich an den schwierigsten Themen versucht: Hannibal, Marius und Sulla, Napoleon, Faust und Don Juan, Alexander der Große, die Hohenstaufen, Christus; seine Phantasie führte ihn in den fernsten Orient, ins Mittelalter und Altertum. Ich habe darauf hingewiesen, daß die Bedeutung dieser Werke lediglich in der Darstellung liege, mit der die Ideenarmut auffallend kontrastiere; zwei Dramen vornehmlich legen Zeugnis dafür ab: „Don Juan und Faust", sowie „Scherz, Ironie, Satire und tiefere Bedeutung", die die Quintessenz der Grabbeschen Weltanschauung enthalten und für deren Verhältnis zur Romantik und Moderne maßgebend sind. „Don Juan und Faust" ist ein Mittelding zwischen Ideendichtung und Charaktertragödie. Der Konflikt der Helden ist der Konflikt zweier Weltanschauungen. Es lag nahe, den Faustmythus von dieser Seite her zu ergänzen. Auch Lenau wurde von dem einen Problem auf das andere geführt. Aber wie groß ist der Unterschied in ihrer Behandlung! Während Lenau beide nacheinander in getrennten Zyklen entwickelte, das eine nicht so sehr als Pendant, denn als Variante des andern, schwelgte Grabbe in dem groben Kontraste, der die lebensvollen Charaktere der Sage zu dürftigen Typen degradiert und sich in bühnenmäßigen Effekten erschöpft. Lenau läßt Faust und Don Juan an einem ähnlichen Konflikt zugrunde gehen: eine psychologische Analyse ihrer Charaktere zeigt die gleichen Elemente, bloß in andern

Mischungsverhältnissen. Es wäre plumpe Banalität, in dem
einen bloß den grüblerischen Philosophen, in dem andern das
frohe Weltkind zu erblicken. Beide sind alles: Mensch des
Geistes, Mensch des Genusses; aber sie sind es nicht in derselben Weise. Beide wollen die Tiefen der Welt ergründen,
aber die Richtung ihres Strebens ist verschieden. Beide
leiden Schiffbruch: Faust muß erkennen, daß der Geist nur
die Oberfläche der Dinge wiederspiegelt, daß der einmal ent-
fachte Erkenntnistrieb aber die naive Unbefangenheit der
Sinnenfreude unmöglich macht. Don Juan sieht mit kühler
Resignation, daß das Ideal einer mystischen Vereinigung mit
dem Universum, das er im erotischen Besitz des Weibes zu
erreichen hoffte, „eitel Illusion" ist, daß sich mit der sinnlichen Lust auch der Hauch des Geistes verflüchtigt und der
farblose Alltag als Bodensatz des Lebens zurückbleibt. Verzweiflung und Blasiertheit sind die beiden Pole des menschlichen Lebens. Aber Lenaus Tiefblick bleibt nicht in dieser
doppelten Verneinung befangen. Die tragische Schuld und
das Verhängnis Don Juans und Faustens wurzeln nicht in
ihrem Hang zur Skepsis, sondern in ihrer egoistischen Veranlagung. Die Habgier des Erkenntnis- und des Sinnendurstes
sind nur zwei verschiedene Erscheinungsformen desselben
Grundtriebes. Sie wähnten, sich der Welt zu einigen, indem
sie dieselbe eroberten, und vergaßen, daß weder das Fangnetz
abstrakter Verstandesbegriffe, noch ein brutaler Gewaltakt der
Leidenschaft, sondern bloß die Fähigkeit einer unbegrenzten
Hingabe, welche das Individuum erhebt, indem sie es an sich
selber vergessen läßt, sie in den Besitz desjenigen zu setzen vermochte, was hinter ihrem Wünschen und Wollen liegt. Savonarola, der wahre Held und Menschheitsapostel, trägt die
Wirklichkeit der Welt im Herzen. In ihm ist alles Verheißung
und Zuversicht; auf dem Scheiterhaufen siegt sein Glaube;
er sühnt nicht die eigene, sondern die Schuld der Mitwelt.
In Faust und Don Juan ist allzu viel Kleinliches und Persön-

liches. Dies und nicht, wie die Pöbelweisheit wähnt, die
Größe des Strebens besiegelt ihren Fall. Der Wunsch,
Gott zu werden, ist kein Frevel: aber dabei Mensch bleiben
wollen, heißt, sich zum Untergang verurteilen.

Zwischen beide stellt Grabbe die Donna Anna, um deren
Besitz er sie kämpfen läßt; ihre diametral entgegengesetzte
Charakteristik in dieser Werbung um die Geliebte soll den Dif=
ferenzpunkt der Individualitäten und der von ihnen vertre=
tenen Weltanschauungen entwickeln. Auch hier ist im Vergleich
mit Lenau alles vergröbert und einem vulgäreren Verständnis
angepaßt. Es bleibt eben ein müßiges Beginnen, tiefe phi=
losophische Probleme in tragikomische Burlesken hinüber=
spielen zu lassen. Der Tiefsinn und die grüblerische Veran=
lagung des Germanen ist ebenso wenig dadurch gekennzeichnet,
daß Faust vom einsamen Denker, der sich übrigens auch bloß
in breiten Gemeinplätzen bewegt, mit einem Mal zum girren=
den Seladon herabsinkt, daß er auch dann noch in die wildesten
Ausbrüche einer unerwiderten Leidenschaft philosophische Re=
flexionen einflicht, als romantische Renaissancemenschheit be=
sonders glücklich durch die frivole Gleichgültigkeit charakteri=
siert erscheint, mit der Don Juan die Nachricht vom
Tode der Donna Anna entgegennimmt, durch seine wüste
Libertinage, die allzuoft ans Banale streift. Das Faust=
problem ist völlig schablonenhaft entwickelt, das Don Juan=
Problem gröblich mißverstanden.

Don Juan ist nämlich im Grabbeschen Drama ein prah=
lender Renommist, der sich bei näherer Betrachtung als ein
Schürzenjäger vulgärster Art enthüllt. Er ist jeder tieferen
Leidenschaft bar: was ihn an das Weib fesselt, ist nichts mehr
als flüchtige sinnliche Regung. Grabbe glaubt ihn am besten
zu charakterisieren, wenn er ihn gierig nach den Reizen jeder
Frau spähen läßt. Seine Liebe für Donna Anna hindert
ihn nicht daran, sich auch für die physischen Vorzüge ihrer
Dienstmagd in höherem Grad empfänglich zu zeigen.

Don Juan. Verstell' dich nicht! Du schleichst auf
mein Gebot
Drei Tage schon um dieses Haus, und
hättest
Das Mädchen übersehn? Sie leuchtete,
Der Donna, als sie an das Fenster trat —
Ein schwarzes Aug', ein Grübchen in der
Wange,
'Ne weiße Haut, ein zarter, voller Arm
Und eine nette Taille sind ihr gar
Nicht abzusprechen.

Leporello. Und das alles faßt
Ihr, als der Blitz von Annas Schön=
heit auf
Euch fiel gleich einem Adler, wie ihr sagtet?

Don Juan. Warum nicht? Stand die Dien'rin doch
daneben.

Leporello. Ihr seid ein Kraft=, Universal=Genie!
Die Herrin lieben, von der Dienerin
Entzückt — und das so durcheinander,
während
Desselben Augenblicks! Weh mir! Mir
schwindelt!

Don Juan. Mensch, hältst du mich für einen alten
Pedanten, eingewurzelt in S y s t e m e?
Wo ich die Schönheit finde, schätz' ich
solche,
Und sei sie, welcher Art sie wolle.
Die Dienerin liebt a n d e r s als die
Herrin
Und nur A b w e c h s l u n g gibt dem Leben
Reiz
Und läßt uns seine Unerträglichkeit
Vergessen!

Leporello mag das Genialität heißen: uns ist es der unfehlbare Beweis dafür, daß dieser Don Juan kein Genie der Liebe ist. Denn das Weib müßte ihm sonst mehr sein, als ein Mittel, sich so aufregenden Zeitvertreib zu schaffen. Er müßte nach seiner Tiefe trachten und nicht lüstern bloß an der Oberfläche weilen.

Hier entdeckte sich uns noch einmal der eigentümliche Parallelismus zwischen Don Juan und Faust, der auch das Tragische an den beiden Gestalten bezeichnet. Faust will über alle Phänomene hinaus, zum Urgrund des Seins, dem Ding an sich, zum Innern der Natur, und er bleibt in den Phäno=menen befangen, ohne sich ihrer erwehren zu können. Er=kenntnis des Einzelnen, der Stolz der Wagnernaturen, die es so herrlich weit gebracht haben, ist ihm banal, wertlos und verächtlich. Das Weltall oder Nichts: andere Möglichkeiten kennt er nicht. Auch Don Juan ist ein kühner Leugner des sinnlich Begrenzten, bloß zum Teile Verwirklichten in der Liebe. Ihm ist das bestimmte, einzelne Weib als solches gleichgültig und vermag ihn eben deshalb nicht dauernd fest=zuhalten: nicht weil sein Sexualtrieb befriedigt ist und er von neuem auf Beute ausgeht, sondern weil das weibliche Ideal, das Urbild des Weiblichen sich in keiner der von ihm geliebten Frauen verwirklicht. Don Juan ist der irrende Ritter der Liebe; kein Eroberer, sondern ein Suchender; kein Beherrscher des Weibes, sondern eher ein von ihm Beherrschter: freilich nie vom konkreten, sondern vom abstrakten Weibe, von der Idee des Weibes. Don Juan ist weder verliebt, noch lüstern, noch egoistisch, noch brutal oder zynisch, noch flatterhaft. Er ist all das nicht, was die Frauen sich unter ihm denken und was sie besonders liebevoll in dieser Vorstellung kultivieren. Don Juan ist das Schicksal des Mannes, der das Weib als Weib ernst nimmt, nicht das Weib als Geliebte oder als Mutter, als Krankenpflegerin oder als Sorgenwedel. Ist er grausam gegen das einzelne Weib, so entspringt das nicht aus seiner

Verachtung des Geschlechtes, sondern aus der Einsicht, daß es
so weit hinter seinen Erwartungen zurückbleibt. Sein Wunsch
ist also nicht Augenblicksgenuß, sondern Ewigkeitsbesitz, sein
Schicksal nicht Blasiertheit, sondern Enttäuschung. Er ist ganz
wie Faust, ein tragischer Mensch; und er ist wie Faust zum
tragischen Untergang verurteilt.

Don Juans Erotik ist nicht so ganz das Gegenteil desjenigen, was Dante seiner Beatrice gegenüber empfindet, sie
liegt sogar in der Entwickelungslinie dieses Verhältnisses.
Dante durfte seinem Ideale treu bleiben, denn er hat
es nie in Wirklichkeit umsetzen wollen, wie in geheimer Voraus-
ahnung der Unmöglichkeit eines derartigen Umsatzes. Er
blieb Madonnenanbeter, weil er vom Weibe persönlich nichts
begehrte, nicht einmal dies: daß sie sich ihm als Madonna
zeigen sollte. Von Dante zum Don Juan ist bei der ab-
gründlichen Verschiedenheit der beiden Gestalten nur ein
Schritt, freilich der größte und folgenschwerste Schritt. Don
Juan will nicht bloß an das Ideal des Weibes glauben, er
will auch, daß es in Wirklichkeit existiere. Daran geht er
unter: an der Diskrepanz von Glaube und Wahrheit, vor
der er nicht Halt zu machen weiß. Don Juan ist der
Bankerott des Danteschen Madonnenkultus.

In seiner ganzen Tiefe hat ihn vielleicht kein schaffender
Künstler noch erfaßt, am wenigsten Grabbe, der aus ihm einen
zungenfertigen Aventurier macht und über die gröbste Schablone sich nicht zu erheben vermag. Schablonenhaft ist Exposition und Aufbau, schablonenhaft die Katastrophe. Wohl
verkündet der „Ritter", als Sendling der Hölle den Sinn
der Tragödie:

　　　　Dich aber, Juan, reiß ich mit mir — schmiede
　　　　Dich an den Faust! Ich weiß, Ihr strebt nach
　　　　Demselben Ziel und karrt doch auf zwei Wagen!"
　　Allein, was ist dieses Ziel für uns? Das Universum.
Und was war es für Grabbe? Der Busen der Donna Anna.

Ein Gegenſtück, eigentlich eine Ergänzung zum eben ge=
nannten Drama bildet die Komödie „Scherz, Ironie, Satire
und tiefere Bedeutung." Grabbe ſchickt ihr folgende Bemer=
kung voraus: „Findet der Leſer nicht, daß dieſem Luſtſpiele
eine entſchiedene Weltanſicht zu Grunde liegt, ſo verdient es
keinen Beifall. Im übrigen verſpottet es ſich ſelbſt und wer=
den daher die literariſchen Angriffe von den beteiligten Per=
ſonen leicht verziehen werden uſw." An prächtigen Scherzen,
einem glänzenden Humor, einer weiſen Ironie und kräftigen
Satire fehlt es dem Stück in der Tat nicht; was man aber
wiederum ſchmerzlich vermißt, iſt, den Anſprüchen des Ver=
faſſers zum Trotze, die „tiefere Bedeutung". Die philo=
ſophiſchen Elemente, die darin Ausdruck gewinnen, ſind ro=
mantiſchen Urſprungs und erinnern namentlich an Tieck.
Der Teufel, der am Ende von „Fauſt und Don Juan" in den
Mittelpunkt der Handlung trat, und mit dem Hinweis auf das
Schickſal der beiden den Kommentar zur Tragödie gab, iſt
hier ein luſtiger Geſell, der zahlloſe Intriguen anſtiftet, um
ſchließlich friedfertig zur Hölle zurückzukehren. Wenn am
Schluſſe der Komödie zwei von den handelnden Perſonen ſich
in das Orcheſter flüchten, um dem ihnen drohenden Straf=
gericht zu entgehen, und von dort aus feierlich erklären,
alles ſei nur Dichtung und Trug; wenn endlich Grabbe ſelber,
der Verfaſſer des Luſtſpiels, mit einer brennenden Laterne
die Bühne betritt, ſo erkennt man unſchwer „die Weltanſicht,
die dieſem Luſtſpiele zu Grunde liegt." Es iſt der roman=
tiſche Subjektivismus, der behauptet, daß die äſthetiſche Be=
trachtung wie die logiſche niemals zum Kern der Dinge
führt, ſondern bloß einen Kreislauf vollzieht, indem ſie vom
Subjekt den Ausgang nahm, um über den Umweg des Kunſt=
werkes zum Subjekt zurückzukehren. Damit rühren wir frei=
lich an eines der Grundprobleme der Romantik. Aber Grabbe
war nicht der Mann, es wirkungsvoll zu geſtalten. Wer ge=
danklich ſo wenig aus dem Vollen ſchöpft, für den kann ſich

das Subjekt nie in seinen geheimnisreichen Tiefen offenbaren.
Das begründet auch vor allem den tiefen Unterschied zwischen
Grabbe und den Romantikern, daß diesen die eigene Seele
der Sinn und Kern jeder Kunst war, während jener viel zu
wenig sich selber suchte und darum auch niemals gefunden hat.

3. Die historische Dichtung.

Daß Grabbe den philosophischen Reflexionen fern ge=
standen, beweist auch ein anderer Umstand, seine übermäßige
Vorliebe für das Historische. Der historische Sinn ist aber
selten mit philosophischer Begabung vereint. Der feine In=
stinkt für das Tatsächliche ist so grundverschieden von dem
Vermögen des begrifflichen Denkens, daß sie sich bloß aus=
nahmsweise in demselben Individuum neben einander ver=
tragen.

Jene Vorliebe bekundet unser Dichter in der Wahl seiner
Stoffe. Er versuchte eine dramatische Darstellung der Hohen=
staufen, des napoleonischen Kaiserreichs, des marianisch=sulla=
nischen Bürgerkrieges, der punischen Kriege, der Hermann=
schlacht usw. Es gibt aber eine doppelte Art h i s t o r i s ch=p o e=
t i s ch e r B e h a n d l u n g.

Man benützt das geschichtliche Kostüm, um zwischen
dem Publikum und dem Kunstwerk jene Distanz zu schaffen,
die notwendig ist, um die Wirkung zu steigern, und vom histo=
risch belebten Hintergrunde die zeitgemäße Handlung in wirk=
samer Plastik sich abheben zu lassen.

Es gibt daneben aber ein historisches Kunstwerk κατ᾽
ἐξοχήν: hier dienen die Ruinen der Vergangenheit nicht zur
gefälligen Einrahmung des Bildes, sie rücken selber in den
Vordergrund des Interesses, in ihnen ruht der Schwerpunkt
der dichterischen Darstellung. Hier wird kein moderner Stoff
mit einem antiken Überwurfe bekleidet, durch dessen faden=
scheiniges Gewebe die Züge des gegenwärtigen Zeitalters

hindurchbliden, hier füllt ein historisches Detail den Inhalt
der Handlung aus.

Die erste Art der Darstellung bedient sich des historischen
Faktums also bloß als äußerlichen Mittels, teils um jener Di=
stanzeffekte willen, teils um ein Problem von allgemeinem
Wert an einem besonders charakteristischen Beispiele zu de=
monstrieren. Werke in diesem Sinne sind Schillers „Jung=
frau von Orleans", „Don Carlos", Goethes „Tasso", Heb=
bels „Judith", „Herodes und Marianne", Grillparzers
„Sappho", Ibsens „Kronprätendenten" u. a. m. Hier han=
delt es sich um ganz anderes als die Vorgänge, die ein spe=
zifisch historisches Interesse festhält. Ganz rein ist freilich diese
Art der historisch symbolisierenden Darstellung niemals ver=
wirklicht, es ergeben sich zumeist Zwischenformen, in denen sich
die Arbeit des Künstlers zwischen geschichtlicher Reproduktion
und ideeller Erfüllung des Gegenstandes teilt. Ein Drama
wie „Julius Cäsar" hat seine Bedeutung nicht zum wenigsten
in der meisterhaften Schilderung der römischen Verhältnisse,
in der Zeichnung der einzelnen Charaktere, wie zum Beispiel
Ciceros, Octavians und Cascas, die ohne sichtbare historische
Anhaltspunkte mit wunderbarer Intuition erfaßt sind. Da=
neben ist es aber das Problem der Freundschaft, das sich
über alle Einzelschilderungen immer deutlicher emporrankt,
so daß es beinahe das Motiv scheint, um dessentwillen das
Werk verfaßt worden ist.

Anders verhält es sich mit jener zweiten Kunstgattung,
der das Historische Selbstzweck ist. Da verweilt das Auge
des Betrachters bei den Erscheinungen, denen nichts sub=
stituiert wird, was nicht wieder in Erscheinungen sich entfalten
soll. Da ist keine allgemeine Idee über ihnen, sondern das
ganze Interesse wird vom Besondern, Historischen erfüllt
und absorbiert. Diesem Genre gehören zum Beispiele die
Shakespeareschen Königsdramen an. Im allgemeinen be=
gegnet es einem häufiger in den Kindheitsstadien des Indi=

viduums und der Menschheit. Denn die primitive Kunst hängt an den Phänomenen und am Spiel des Geschehens. Homer wollte keine Tragödie der Liebesleidenschaft schreiben, so sehr die Erkenntnis der Bedeutung des Erotischen schon ahnungsvoll bei ihm heraufdämmert, sondern die Belagerung Trojas in der ganzen Breite aller Einzelheiten zur Darstellung bringen.

Entweder das Subjekt gibt sich hin an das Historische, indem es sich seiner selber entäußert, oder es sucht sich in ihm wieder. Davon hängt es ab, ob die auf dieser Gefühlsgrundlage erwachsene Kunst der einen oder der anderen der früher vorgeführten Kategorien angehört.

4. Der Geist der Epik und Dramatik.

Die rein historische Kunst — und das Historische muß man nunmehr im weiteren Sinne fassen — so daß es neben der Vergangenheit auch die Gegenwart umspannt, ist demnach im Grunde subjektlos; während die Kunst, der das Historische Mittel zum Zweck, also ein bloß Sekundäres ist, das Subjekt in einen bewußten Gegensatz zu den Objekten bringt. Damit ist eine überaus wichtige Relation erstanden, die auch im weiteren die ästhetische Entwicklung beherrscht. Es ist das Verhältnis von Individuum und Milieu.

Die subjektlose Kunst ist die e p i s c h e, die diesem Gebiet das Stadium des naiven Realismus repräsentiert. Die subjektiv betonte Kunst rankt sich an jenem Kontraste zu ihrer Höhe empor. Das Individuum weiß sich im Widerspruch mit dem Milieu, und so beginnt der Konflikt zweier feindlicher Mächte, der sich im Rahmen der Handlung fortspinnen und vollenden muß. Die l y r i s c h e und d r a m a t i s c h e Kunst hat von da ihren Ausgang genommen. Das Drama hat den Gegensatz zwischen dem Helden und seiner Umgebung bewußt zum Prinzip erhoben. Die tragische Idee ist der Ausdruck des daraus hervorgehenden Zwiespaltes. In der Lyrik ist dieser Zwiespalt latent, noch nicht aktuell, aber bereits im Werden begriffen. Denn Ich und Außenwelt treten auch hier nebeneinander und auseinander: die Keimform der tragischen Idee ist die lyrische Stimmung.

Diese ganz abstrakt gewonnenen Erkenntnisse gilt es nunmehr an konkretem Materiale zu erhärten. Lyrik ist Stimmung: wenn irgend etwas in unserer Darstellung Anklang finden wird, so ist es ohne Zweifel diese Behauptung. Denn sie wird heute aller Orten mit einem Pathos ausposaunt, das nicht eben die günstigsten Erwartungen weckt. Jene Schnörkel und Arabesken, an der die moderne Lyrik so reich, so überreich ist, sollen ja nichts anderes, als den gewünschten Stimmungseffekt im Leser hervorbringen. Die Dehmel, George, Hofmannsthal, Schlaf, Mombert und Bierbaum haben ausschließlich dies eine im Auge: ihr Publikum zu hypnotisieren, es in jenes mystische „Hellbunkel" zu versetzen, in dem es widerstandslos sich den Impressionen des Dichters hingibt. Aber ist Stimmung wirklich schon etwas Dualistisches, und mit einem immanenten Gegensatz Behaftetes, ein tragisches Element, und nicht vielmehr das höchste Einssein mit dem Universum, mit dem Leben und Weben des Weltalls, das Siegfriedsidyll im deutschen Hochwalde unter dem Schatten tausendjähriger Eichen? Mit nichten: die Stimmung ist nicht das Bewußtwerden jener Einheit, sondern der Entzweiung mit der Natur. Sie ist ein Versuch des Subjektes, den Zwiespalt dadurch zu versöhnen, daß es in sich selber unermüdlich seine Quelle sucht und sich in dieser Isolation von allem egoistisch Persönlichen wieder mit der objektiven Welt vereinigt. In ihr glaubt der Mensch vom Schicksal derselben durchdrungen zu sein, während er in Wahrheit bloß sich über sein eigenes Schicksal erhebt und eben darum unmittelbare Fühlung mit den Objekten gewinnt. Die Melancholie des Herbstwaldes ist Trauer deiner eigenen Seele, die sich aber diesmal vom drückenden Zwange der Sub-

jektivität frei weiß und darum ihr Sinnen und Ahnen auf
die Natur projiziert. Wo der Mensch sich selber in der Außenwelt wieder findet, da hat er das Kleine, Kleinste in sich
siegend überwunden. Stimmung ist das Bewußtsein eigener Befreiung, sie mag sich zu dionysischen Dithyramben
erheben oder in elegische Wehmut versinken.

Im Tragischen liegt der Sachverhalt viel offener zutage.
Tragik ist Gegensatz und Kontrast, Zweiheit und Zwiespäl-
tigkeit. Aber was gegeneinander steht, wer vermöchte das so
ohne weiteres zu sagen? Ehedem war es der harte Druck des
Schicksals, dem der Held gegenübertrat, von Anbeginn ihm
wehrlos preisgegeben. Darüber sind wir hinaus. Wir glauben
nicht mehr an der Moira geheimnisvoll dunkles Walten.
Die Würfel sind heute in des Menschen eigene Hand gegeben.
Aber nichtsdestoweniger ist er unfrei, denn wäre er es nicht,
so gäbe er keinerlei Anlaß zu tragischen Konflikten. Man
hat nur eine andere Formel für seine Unfreiheit gefunden.
Sie heißt: das soziale Milieu.

Das soziale Drama ist nicht von gestern. Aber zur Blüte
ist es erst im neunzehnten Jahrhundert mit der wachsenden
Proletarisierung und Enteignung der Menge, mit den immer
grelleren Klassengegensätzen gelangt. Wenn schon Napoleon,
worin sich übrigens sein atragischer Charakter am glänzendsten
offenbart, dem alten Schicksalsbegriffe die Berechtigung ab-
sprach und die Behauptung daran knüpfte, die Politik sei das
Schicksal, so hat er recht eigentlich den Entwicklungsgang des
modernen Dramas in diesen Worten antizipiert.

Die Politik, das heißt das Spiel der äußeren Verhältnisse, ist unser Schicksal geworden. Der Mensch wäre mit sich
Eins: aber die Menschen liegen mit einander im Zwiespalt.
Und dieser Zwiespalt, wie er sich im einzelnen Individuum reflektiert, ist die Tragödie. Es gibt also eine endgiltige Befreiung vom Tragischen. Sie besteht darin, daß die Menschen

ein großes Fest der Versöhnung feiern und sich in brüder-
licher Eintracht finden.

Das Tragische, dermaßen als ein Durchgangsstadium betrachtet, als etwas, das bestimmten Milieuverhältnissen korre-
spondiert, enthält indessen unter allen Umständen eine Ver-
äußerlichung: denn auch wenn es die Umgebung wäre, in der
der Schwerpunkt ruht, so bliebe es immer das Subjekt, dem
sich erst jener soziale Antagonismus zur Idee der Tragödie
entfaltet. Das Milieu wäre niemals mehr als momentaner
Anlaß. Der Mensch trüge auch dann noch das Gesetz der Tragik in sich.

Das soziale Drama der Gegenwart ist ein Beweis
mehr für das Unvermögen unserer Kunst, sich zur Höhe eines
wahren Individualismus aufzuschwingen. Wie die soziale
Ethik, wie die moderne Menschheitsreligion vor allem nach
Masse strebt, um das schutzsuchende Einzelsubjekt dahinter verschwinden zu lassen, so ist auch die dramatische Darstellung
in die Niederungen der Gesellschaft hinabgestiegen, wo die
Luft weniger rauh weht und allen Dingen ein grober Erd-
geruch anhaftet. Und wenn auch die Politik noch nicht an Stelle
des Schicksals getreten ist, so haben die Dichter, die die Schick-
salsverkünder sein sollten, wenigstens mit den Politikern gegenwärtig das gemeinsam, daß auch sie bloß auf die Instinkte
der Menge spekulieren. Heute aber wächst die Nachfrage
nach politischen, wirtschaftlichen und sozialreformatorischen
Programmen: und auch das Angebot bewegt sich in derselben
Richtung gesteigerten Wachstums. Deshalb ist die soziale
Dichtung nicht etwa aus ästhetischen Gründen zu verwerfen.
Sie kann große Wirkungen erzielen und braucht sich nicht in
banalen Trivialitäten zu verlieren. Aber sie darf nichts gegen
den Individualismus unternehmen wollen, sie darf nirgends
gegen diesen gerichtet sein, sondern soll im Gegenteile immer
ihre Abhängigkeit von ihm bewahren. Das heißt: die Masse

7*

muß überall vom unsichtbaren Geiste einer großen Indivi=
dualität beherrscht sein. Hauptmanns „Weber" sind ohne
Zweifel ein Drama von packender Wucht, aber man fühlt auch
da deutlich, daß der Dichter nicht den festen Punkt gefunden
hat, von dem aus er die ungegliederte Menge frei bewegen
könnte. Und was sind das für triste Heroen, die er sonst
seinem Publikum vorführt! Der Affenzüchter Loth, der seine
Erotik von dem Gesundheitszustand sämtlicher Anverwandten
zweiten und dritten Grades der Geliebten abhängig macht und
pathologischen Alkoholismus in einer Seitenlinie als neuen
Scheidungsgrund für Verlobte einschmuggeln möchte, der ge=
lehrte Forscher Vockerath, der sich von einer emanzipierten
Phrasenheldin durch das Bockshorn jagen läßt und vor allem
der matte Florian Geyer, in dem wie in dem „Eroberer"
Halbes die Unfähigkeit zu individualistischer Gestaltung sich
am glänzendsten offenbart. Einer verwaschenen Gesellschafts=
kunst entspricht ein falscher Individualismus. Vielleicht ist es
so einigermaßen erklärlich, wie das Publikum des trockenen
Tones satt, dem lächerlichen Bombast, der hohlen Theatralik
der Wildenbruchschen Geschichtsdramen begeistert zujubeln
konnte.

Soll man noch einmal die Namen: Hebbel, Wagner,
Ibsen nennen? Daß es soziale Probleme gebe, haben alle drei
gewußt, wenn man auch gegen Deutungsversuche, wie
den, daß die „Walküre" das Arbeiterelend symbolisch ver=
kleide, sich einigermaßen ablehnend verhalten mag. Aber
keiner hat darüber den eigentlichen Sinn und Zweck des Kunst=
schaffens vergessen. Eine Kunst der Masse wäre freilich immer
auch eine Kunst für die Masse; und alle diejenigen, die heute so
viel vom Kunstgewerbe für die geistige Regeneration der
Menschheit erhoffen, mögen auch im Proletarierdrama den
Gipfel ästhetischer Vollkommenheit erblicken. Wir andern
hegen allerdings die Überzeugung, daß das Kunsthandwerk,
dessen sozialitäre Bedeutung niemand verkennen wird, zwar

nicht das Handwerk zur Kunst, wohl aber die Kunst zum Handwerk zu verwandeln vermag.

Der Nerv der tragischen Idee ist also nicht im Boden der Gattung zu suchen, sondern er reicht in das Wurzelwerk des individuellen Lebens hinein. Mit dem Subjekt ist schon die Tragödie gegeben; denn die ewige Entzweiung hebt da an, wo ein Mensch die Worte spricht: Ich bin. Solange das Kind sich selber mit dem Namen benennt, mit dem es sich von andern rufen hört, bleibt es eins mit den Dingen, die neben ihm sind. Ist es sich seines Ich einmal bewußt geworden, so ist der idyllische Traum der Unschuld ausgeträumt.

5. Naturalismus und Symbolismus.

Man hat zu wiederholten Malen versucht, die Kunst aus dem Spiele der Tiere herzuleiten, eine Theorie, in der sich der moderne britische Evolutionismus und der Nachkantische Idealismus in seltsamer Art berühren. Schiller und Spencer wandeln hier verbrüdert denselben Weg. Es ergibt sich aus dem vorigen, wie flach diese Interpretation ist, wenn aus ihr auch die Lyrik und insbesondere die Tragödie begriffen werden sollen. Dagegen ist sie nicht ebenso im Unrecht, wenn sie der Epik zu Grunde gelegt wird. Die historische Entwicklung scheint sie hier zu stützen. Wenn sich der Mensch von der kleinlichen Notdurft des animalischen Trieblebens für Augenblicke befreit fühlt, wenn er zur Entfaltung seiner Kräfte einen von Tag zu Tag wachsenden Spielraum gewinnt, so empfängt das Ichgefühl bald durch die in steigendem Maße hervortretende Überlegenheit über die blinden Naturkräfte eine mächtige Betonung. Das Material, an dem er seine Fähigkeiten übt, ohne dem äußeren Zwange des Selbsterhaltungstriebes zu gehorchen, fällt zunächst in seinen Besitz. Die Entstehung des Eigentums und die Entstehung des Kunstwerkes sind daher untrennbar mit einander verbunden. Gerade in diesen

Anfängen der Kunst ist demnach das subjektive Moment
scheinbar von der wichtigsten Bedeutung, aber nur nach der
physisch-technischen Seite hin, wo der schaffende Geist bild-
nerisch in Erscheinung tritt, nicht psychologisch als bewußte Gegenüberstellung von Ich und Außenwelt. Dasselbe wiederholt
sich auf höherer Stufe, wenn die Bewegungen der Massen und
Völker mächtigere Dimensionen annehmen, aber das Auge
des Naturmenschen noch allzusehr an der bloßen Abfolge der
Begebenheiten haftet, deren bunte Mannigfaltigkeit, deren
Wechsel und Werden ihn fesselt, die er aber schlicht-naiv hin-
nimmt, ohne sie zu Problemen zu vertiefen. Diese Kunst entspricht der e p i s c h e n Betrachtungsart. Der ästhetische Genuß entspringt hier einer reicheren Fülle des Schauens,
dem Gefühl einer höheren Vitalität, ist also rein dynamischer
Natur. Die lyrisch-dramatische Betrachtungsweise setzt ihrerseits voraus, daß der Künstler hinter die Erscheinungen zu-
rückgeht, nicht im Sinn einer speziellen Metaphysik, sondern
indem er das Subjekt von den Objekten zu isolieren vermag und seine Zustände von dem objektiv Gegebenen unterscheidet. Die Objekte, an denen sich hier die künstlerische Gestaltung erprobt, werden nicht um ihrer selbst willen gesucht,
sondern um als Anknüpfungspunkt für andere psychische
Phänomen zu dienen, um bestimmte Vorstellungsgruppen aus-
zulösen, die mit ihnen assoziativ verknüpft sind. Es kommt
hier vor allem auf die D e u t u n g an, die der Mensch den
Erscheinungen gibt, auf die S c h ö n h e i t s w e r t e, die er e i n -
f ü h r t, die er aber nicht fertig in ihnen vorfindet, sondern
einem eigenen s u b j e k t i v e n Maßstab entnimmt. Der damit
geschaffene Dualismus von Subjekt und Objekt und der Charakter eines tragischen Zwiespaltes, der ihm anhaftet, läßt mit
der lyrischen Kunst oder vielmehr in dieser, selber die ersten
Keime der Dramatik zur Reife kommen. Nun wird man nicht
glauben dürfen, daß es je eine reine Lyrik oder eine reine
Epik gegeben habe. Es handelt sich hier bloß um Abstrak-

tionen, die ich entwickelt habe, nicht um getreulich den wirklichen geschichtlichen Hergang wiederzugeben, sondern um eine
psychologische Analyse jedes Kunstwerkes zu ermöglichen und
gleichsam quantitativ das Mischungsverhältnis jener beiden
konstituierenden Elemente, des Epischen und des Lyrischen
zu bestimmen.

Wie die Epik unmittelbare Anschauung, so ist die Lyrik
notwendig Reflexion und Idee. Es ist heutzutage ein Wagnis,
einem so ketzerischen Bekenntnis Ausdruck zu geben. Der
Horror vor dem Begriff hat einen Umfang gewonnen, innerhalb dessen kein Raum mehr ist für nüchterne Erwägungen.
Die künstlerische Produktion soll vor allem frei werden von
allem logischen Zwange. Dies ist das bis zum Überdrusse
wiederholte Losungswort eines Zeitalters, das für die preis-
gegebenen Werte nicht das geringste Äquivalent bieten kann.
Mit dem Begriff hat es zugleich die Anschauung eingebüßt.
Kaum gibt es etwas Trüberes und Verschwommeneres, das so
vielen einander widersprechenden Interpretationen zugänglich
wäre, als die zeitgemäßen Ideen, die mit desto lärmenderem
und aufbringlicherem Pathos auf offenem Markte verkündet
werden, als der Inhalt desjenigen zusammenschrumpft, was
sich Verkünder und Hörer darunter konkret vorzustellen vermögen. Nach dem bewährten Rezept muß der Mangel in einen
Vorzug umgewertet werden. Man proklamiert allerorten mit
einem Applomb, der belächelnswert wäre, würde er nicht so
schädigend und verwirrend wirken, die alleinige Berechtigung der Stimmung, ohne mit diesem Wort eine auch
bloß in ihren weiteren Umrissen klare Vorstellung zu verbinden.
Versteht man darunter eine zur dauernden Vorherrschaft ge-
langte Tendenz der seelischen Bewegungen, so kann keine künstlerische Darstellung, die überhaupt auf das Empfindungs-
leben der Menschen reagiert, davon abstrahieren. Versteht
man darunter aber bloß momentane, aus dem weiteren psychischen Zusammenhange losgelöste Zustände, die sich umso

beſſer zur poetiſchen Reproduktion eignen ſollen, je verſchwom=
mener ſie ſich von dem dunklen Hintergrund des Gemeinge=
fühles abheben, je weniger ſie über die Schwelle des Be=
wußtſeins emportauchen, ſo iſt eine derartige Theorie, die
alle Kunſt darauf beſchränken wollte, dieſe Stimmungsatome
in möglichſt ſachgetreuer Wiedergabe feſtzuhalten, ſie nirgends
zu ſoliden, greifbaren Empfindungsgebilden und Gedanken=
kernen verdichten zu laſſen, von Seiten ihrer Vertreter ein Akt
ſouveräner Willkür. Sie kann ſich nicht eben des Vorzugs
realiſtiſcher Naturwahrheit rühmen.   Wir erleben nicht die
Atome, ſondern die inhaltsreiche und formenvolle Wirklich=
keit, die wir bloß hypothetiſch auf jene reduzieren. Wir er=
leben die pſychiſchen Zuſammenhänge und nicht räumlich und
zeitlich diskrete ſeeliſche Elemente, die in ſie als Bildungs=
faktoren eingehen. Die Stimmungskunſt iſt alſo nicht bloß
unfruchtbar, ſondern auch unwahr.

Ein weiterer Einwand gegen ſie iſt der folgende: Aus ihr
geht mit zwingender Notwendigkeit hervor, daß alle Stim=
mungen gleichwertig ſind. Sie beſitzt kein Kriterium, nach
dem einer vor der andern ein Vorzug zukäme. Man ſieht, was
für eine wüſte Anarchie auf literariſchem Gebiet einreißen müßte,
wenn daraus alle Konſequenzen in noch vollerem Maße gezogen
werden dürften, als es heutzutage ſchon naturgemäß der Fall
iſt. Da herrſcht die Gleichberechtigung, wenigſtens innerhalb
beſtimmter Grenzen, zur nachhaltigen Schädigung des Schaf=
fens bloß auf dem Gebiet der Produktion. Würden die we=
nigen ſchützenden Schranken noch ſinken und die Gleich=
heit der Rechte in eine Gleichheit der Werte über=
gehen, würde die Kunſt eines Baudelaire und die Fratzen der
Gaſſenbacher mit dem ſtilvollen Büttenpapier und der rhyt=
miſchen Drehorgel, in der mehr Verſtimmung als Stim=
mung liegt, auf ein Niveau geſchraubt werden, ſo bliebe
auch der Kritik, die heute noch die Grenzen ziehen darf, ſo
unvollkommen ſie auch im Dienſte der Modeſkribenten ihre

Aufgabe erfüllt, nichts übrig als zu kapitulieren. Was darf man kritisieren, wenn jeder die Berechtigung hat, sich ästhetisch auszugeben und auszuleben? Keinem Pubertätsdusel kommt vor dem andern ein Vorzug zu; und gegen lyrische Pollutionen hilft nicht mehr das schützende Präservativ des kritischen Urteilsvermögens. Es ist daher ohne weiteres einzusehen, daß die künstlerische Produktion, vorausgesetzt sie könnte sich bloß in Stimmungen bewegen, sich dennoch auf eine Auswahl von Stimmungen zu beschränken hätte. Dabei würden das Prinzip der Wahlfähigkeit und des Wahlrechtes uns wieder von neuem vor die maßgebenden Probleme führen. Das Motiv der Auswahl bedarf noch der Feststellung, und es muß natürlich anderswo als in den Stimmungen, die ja Objekte der Wahl sind, gesucht werden. Sie müssen ihre Ansprüche vor einer höheren Instanz rechtfertigen. Damit stehen wir von neuem auf dem bereits früher betretenen Boden. Der Wert der Stimmungen, der nicht durch bombastische Redensarten nach dem Zuschnitte der neuesten Tagesmoden wegdisputiert werden kann, ist für den Anfang eine unbekannte Größe. Die Wertskala muß man anderwärts, als im Bereiche reflexionslos unmittelbarer Emotionen beschaffen können. Es kann also bloß die Bedeutung der Stimmung in der Beziehung zu suchen sein, in der sie zu bestimmten, mehr oder weniger klar ins Auge gefaßten Zwecken steht. Dieses Verhältnis ist nicht darstellbar ohne die Voraussetzung des begrifflichen Denkens und seiner Verwendung im Dienste der zu lösenden Aufgabe. Denn es liegt die Kraft des Denkers vor allem in der Fähigkeit, ein angeschautes Phänomen im Rahmen reicherer Phänomene zu begreifen, innerhalb dieser ihm seinen ihm zukommenden Platz zu verleihen, und so vom Besonderen zum Allgemeinen, vom Konkreten zum Abstrakten aufzusteigen. Das Milieu, in dem die Stimmung erfaßt, in das sie nachträglich versetzt wird, verlangt die Arbeit des Ge-

dankens. Bloß insoferne kann man von einer Lyrik in Begriffen sprechen. Was für die Logik der Begriff, das bedeutet in Wahrheit der Kunst das Symbol. Ich habe absichtlich, um die Analogie ins kleinste Detail durchzuführen,
den einen Ausdruck am unrechten Orte durch den anderen vertreten sein lassen. Eigentlich konnte bloß von einer Lyrik in
Symbolen die Rede sein. Hier aber zeigt sich am klarsten
die Verworrenheit moderner Kunstphilosopheme. Der Symbolismus gilt als die charakteristische Stilgattung unserer
Zeit. Es kann aber, wie man aus dem Vorigen begreift,
ein Symbol nicht geben, ohne ein allgemeines Objekt,
das in einem konkreten Phänomen symbolisiert
wird. Stimmungen, die um ihrer selber willen geboten werden und den Anspruch auf ästhetische Reproduktion bloß damit
rechtfertigen, daß sie irgendwo und irgendwann erlebt wurden, sind in keiner Art als Symbole zu bezeichnen. Es fehlt
ihnen eben das entscheidende Merkmal. Der Lyrik sind freilich Symbole wesentlich und waren ihr wesentlich, bevor der
moderne Symbolismus sie beseitigte, der den Naturalismus
nicht überwand, sondern sein einseitiges Treiben bloß auf dem
psychischen Gebiet fortsetzte. Impressionismus und Naturalismus, so feindlich sie sich auch oft gebärden, sind unleugbar
Wechselbegriffe. Wer die Wirklichkeit wiedergibt, wie er sie
findet, oder zu finden überzeugt ist, in denselben Zusammenhängen, in denen sie ihm sinnlich erschien, ohne die ihm auf
diesem Weg zugekommenen Perzeptionen verstandesmäßig zu
ergänzen oder zu interpretieren, wer aus Impressionen die
reale Welt aufbauen will, ist Naturalist. Eben dieses Verhalten der Wirklichkeit gegenüber ist aber nicht aus dem
Geiste der Lyrik entstanden. Es ist im Gegenteil die epische
Betrachtungsart, die ohne Reflexion sich den Phänomen hingibt und sie nicht mit eigenen Elementen verbindet, welche
origineller Natur sind und nicht der äußeren und inneren
Anschauung entstammen.

Was in lyrischen und dramatischen Schöpfungen jeden am mächtigsten ergreift, sind nicht dürftige, isolierte Stimmungsfragmente, das Nachbild subtiler und flüchtiger Empfindungen, die eben in einer fremdartigen, sonst nie erfahrenen Kombination auftauchten, sondern die Kraft des Symboles, die dadurch ausgelösten Vorstellungsreihen, denen es bloß als Erreger dient, die Möglichkeit, in eine einzige Anschauung eine Fülle tiefer Interpretationen hineinzutragen, die Erhebung des geschilderten Erlebnisses aus seiner Isolation zu universeller Haltung. Die größten lyrischen Schöpfungen zeigen so unverkennbar diese Tendenz, daß einem das grobe Unverständnis einer ganzen Generation für alles, was oberhalb ihrer Augenblicksstimmungen liegt, und noch mehr das eitle Bestreben, dieses Unverständnis theoretisierend zu überkleistern, doppelt Wunder nehmen muß. Es genügt ja, Dante und Goethe zu nennen. Hier ist alles Anschauung und alles Symbol. Hier sind Intuitionen geschwängert mit Ideen, ohne daß der Gang des geistigen Räderwerkes sich störend in die Harmonien mischte, ohne daß man auch den Hauch der Reflexion verspürte, die im Stillen ihre große Arbeit vollbringt. Der Gedanke ist ein Ereignis wie das sinnliche Erlebnis, es bedarf bloß des leisesten äußeren Anstoßes, um ihn zu wecken.

Hier möchte ich einen Augenblick verweilen und der Bestimmung meines Buches getreu, den großen Gegensatz, der in diesem Punkte zwischen Romantik und Gegenwart obwaltet, zur Darstellung bringen. Aus dem Zusammenhang der bisherigen Erörterungen geht bereits hervor, daß wir heute an einem Übermaß von Epik laborieren: wohingegen für das Zeitalter der Romantik der Lyrismus charakteristisch war. Der Grund hiervon fällt ins Auge: es fehlt uns an großen geistigen Anregungen, überhaupt an intellektueller Durchbildung und Ausgereiftheit, und so besitzen wir kein inneres Gegengewicht gegen die Phänomene, sind ihrem Ansturm

preisgegeben und ſuchen ſchließlich unſere Größe darin, uns
ganz ihrer unmittelbarſten, unreflektierten Wiedergabe zu
widmen.   Die Romantik dagegen war aus einer ſo reichen
und großartigen Weltanſchauung entſprungen, daß ſie der
Überfülle von Ideen kein entſprechendes Korrelat an kon=
kreten Anſchauungen beizugeſellen vermochte. Sie blieb damit
hinter ihren Gedanken zurück. Deshalb war ſie epiſch inferior,
umſo größer dagegen in Lyrik und Dramatik. Was die
erſten angeht, ſo herrſcht darüber Übereinſtimmung. Hin=
ſichtlich des Dramas könnten ſich allerdings Zweifel erheben.
Hat die Romantik nicht den Schickſalsbegriff und damit die
Tragödie veräußerlicht? Zitiert man als Beleg dafür die
„Braut von Meſſina“, Grillparzer oder Zacharias Werner, ſo
will ich keinen Widerſpruch verſuchen. Sonſt aber behaupte ich,
daß das Schickſalsproblem damals unendlich vertieft wurde.
Beſonders die enge Verkettung von Schickſal und Schuld, die
ja dem großen Dramatiker von jeher offenbar geweſen, zuerſt
aber bei Kant und bei Schopenhauer begrifflichen Ausdruck ge=
wann, ſpricht in dieſem Sinn. Schiller darf hier freilich erſt
an letzter Stelle genannt werden. Denn auf ihn iſt von jener
metaphyſiſchen Verinnerlichung des Schuldbegriffes ſo gut
wie nichts übergegangen. Er hat, da er eben mit dem Wort
Schuld die ganz konventionelle Vorſtellung eines Verſtoßes
gegen die bürgerliche Geſellſchaftsordnung verband, ſeine Hel=
den davon nach Kräften reinzuwaſchen geſucht, indem er die
größere Hälfte den unglücklichen Geſtirnen zuſchob, ſie dafür
gleichſam entſchuldigt, daß ſie nicht in ſeraphiſcher Reinheit
über die Bretter wandelten. Der organiſche Zuſammenhang
zwiſchen Verſchuldung und Individualität blieb ihm fremd.
Wie ganz anders hat dagegen Goethe das Problem in die
Tiefe gedacht! Daß die Größe des Menſchen daher entſtammt,
daß er ſchuldig wird oder vielmehr, daß er ſich ſchuldig weiß,
daß das erwachende und ſich klärende Bewußtſein davon die Sühne
und Reinigung vorbereitet, iſt ja eines der Leitmotive des „Fauſt.“

Weltanschauung und Kunst gehen immer Hand in Hand. Einer tragischen Philosophie, wie sie Kant, wie sie Schopen= hauer, Schelling, Jacobi, Baader gelehrt haben, entspricht eine tragisch vertiefte Kunst. Der tiefsinnige Glaube, in dem sich der geheimste Kern von Universum und Subjekt aufzu= schließen scheint, der Glaube, daß der Mensch sein eigenes Da= sein, noch bevor er dasselbe begonnen, schon im voraus be= stimmt habe, hat ihren adäquaten Ausdruck in der Romantik gefunden. Schuld ist kein Zufall und keine böse Schickung, wie sie Schiller verstanden hat. Sie wurzelt in jenen Tiefen, in die menschliche Vorsicht nicht zu dringen vermag. Sie ist unmittelbar im Menschen, unmittelbar mit dem Menschen ge= geben. Hätte die Romantik also auch kein einziges Drama von Bedeutung hervorgebracht, bloß um jener Erkenntnis willen, gebührte ihr der Ruhm, die Idee der Tragödie zur höchsten Höhe emporgedeutet zu haben.

Das ist, neben dem Mangel an echtem Individualismus, der zweite Grund, der das soziale Drama der Gegenwart so überaus dürftig erscheinen läßt. Was ist da aus dem Schuld= problem geworden? Ein gesellschaftliches Verhängnis, der Aufeinanderprall verschiedener Schichten, die genügend Rei= bungsflächen entwickelt haben und ähnliches mehr. Beide Gründe fließen in einem einzigen zusammen. Die Schuld verteilt sich nicht auf mehrere, sie gehört eins und ungeteilt dem Individuum an. Tragisch ist allein dieses: wenn es zum Bewußtsein seiner selbst gekommen ist. Aber nicht bloß die Tragödie hat die Romantik am tiefsten begriffen, sie hat auch die Idee des vollendeten Kunstwerkes überhaupt geschaffen, Sie hat erkannt, daß Form und Stoff nicht zu trennen sind, daß der Gedanke und sein ästhetischer Ausdruck in der Seele des Künstlers ein und dasselbe sind. Der Mann, der diese Erkenntnis begründet und gleichzeitig verewigt hat, ist wie= derum kein anderer als Immanuel Kant.

6. Grabbe als Epiker.

Grabbe war Historiker, war Epiker. Er war ausschließlich
Epiker, er war es bis zum Extrem: man wäre beinahe versucht, bei ihm von ästhetischem Atavismus zu sprechen. So
seltsam kontrastieren hier Gedankenmangel und Darstellungs-
gabe.

Grabbe wollte den Heros schaffen: Napoleon, Hannibal,
Marius, Barbarossa. Hier mußten seine Bemühungen scheitern. Der Mangel an ruhiger Kontemplation, an Selbstbeobachtung und Selbstkritik läßt es nicht zu einer
feineren Individualisierung kommen, zur stillen Versenkung
in ein differenziertes Seelenleben. Wo ihm ein fesselndes
Thema aufstieß, reagierte er immer in gleicher Weise. Mit
der nervösen Hast seines unruhigen Naturells ging er an die
Arbeit, und indem er den formlosen Ton modelnd umschuf,
ihm den Ausdruck seiner eigenen leidenschaftlichen Unmittelbarkeit lieh, glaubte er, den Stoff nicht nur technisch, sondern
auch geistig bemeistert zu haben. Aber als Epiker bleibt er
bloß beim Milieu stehen, dessen Darstellung den ganzen Aufbau beherrscht und wo er auch in den Charakter des Helden
eindringen will, gibt er nur einen schwächlichen Aufguß der
Milieuschilderung oder er verfällt in groteske Übertreibungen.
Am besten vermag er die Kindheitsstadien des Geistes, die re-
flexionslose Hingabe an das objektive Geschehen, wie sie sich
in den Stimmungen, den Illusionen und Enttäuschungen der
Menge ausspricht, zu charakterisieren. Hier kann er seinen
eigenen Empfindungen und Neigungen, die unklar waren und
blieben, weil sie von keinem leitenden Gedanken, sondern
bloß von starken Emotionen beherrscht wurden, beredten Ausdruck geben, denn auch das unbestimmte Sehnen und Drängen
des Volkes ist in Wirklichkeit eine dumpfe, triebhafte
Äußerung desselben Kraftgefühls, das im Genius erst seine

Klärung findet und hier zugleich die Richtung auf ein be=
stimmtes Ziel gewinnt.

In den Volksszenen kulminiert das Können unseres Dich=
ters. Was er in dieser Hinsicht geschaffen hat, gehört zu dem
Besten der bezeichneten Gattung und überragt an Urwüchsig=
keit und Energie des Ausdruckes all die dialektische Klein=
arbeit, die in den Tagen des „konsequenten Naturalismus"
zutage gefördert wurde. Wie prächtig ist im „Napoleon"
das französische Volk geschildert, das Auf= und Niederwogen
der Menge, das immer mächtigere Aufkeimen der Sehnsucht
nach der entschwundenen Herrlichkeit, die um das Haupt des
verbannten Imperators bereits den Zauberschein der Legende
zu weben beginnt. Was Grabbe in erster Linie zum histo=
rischen Dichter stempelt, ist der hohe Reiz, den die Erinnerung
auf ihn ausübt. Dem Zauber der Vergangenheit vermag er
sich nicht zu entziehen; er gibt sich ihm rückhaltlos gefangen,
zur schweren Schädigung der dramatischen Einheitlichkeit. Nir=
gends tritt sein episches Genie so deutlich hervor. Die Ver=
kettung der Motive, die aus den Charakteren und ihren
wechselseitigen Beziehungen folgt, macht nicht das Wesentliche
seiner Tragödien aus. Gerade die Falten der Handlung legt
er in der Breite seiner epischen Darstellung auseinander.
„Napoleon", „Hannibal" und die „Hermannsschlacht" sind
Helden= und Schlachtengesänge in szenischer Form. Für die
letztere fällt auch charakteristischerweise die alte Gliederung in
Aufzüge und Auftritte weg und an ihre Stelle tritt das
rein historische Einteilungsprinzip nach Tagen und Nächten.
Wenn Grabbe in der absurden „Shakespearemanie" dem bri=
tischen Dichter vorwirft, seine Nationaldramen seien drama=
tisierte Chroniken, so hat er damit die eigenen Leistungen am
treffendsten charakterisiert. Alles drängt hier zum Epos. Das
tragische Gewand ist bloß ein äußerer Zwang, dem keinerlei
ideelle Notwendigkeit entspricht.

Damit steht es in Zusammenhang, daß seine Kraft so

vollständig versagt, wenn er bedeutende Individualitäten büh=
nenfähig machen will. Da erinnert die Darstellung an die
rohe Primitivkunst der Antike, die für alle Vertreter des
Tragischen und Komischen fertige Typen vorrätig hatte und
dem Zuschauer die Mühe abnahm, sich über die Charaktere
der handelnden Personen Rechenschaft zu geben. So antizi=
piert auch Grabbe überall die Wirkungen, die er mit seiner
Schilderung erzielen will. Was Napoleon spricht und tut,
sind Reflexionen des Dichters über Napoleon. Er kommt
bloß zu einer durchaus subjektiven Formulierung seiner eigenen
Auffassung, ohne zu überlegen, auf welche Weise er auch im
Leser suggestiv dieselben Gedanken auslösen könne. Wozu
nützt es, wenn Napoleon immer wieder Proben seines Genies
ablegen muß, wenn keine Gelegenheit versäumt wird, irgend
eine seiner Eigenschaften gefällig herauszustreichen? Gerade
die Häufung vieler kleiner Züge schwächt den Eindruck des
Ganzen ab, und manchmal erhält es den Anschein, als ob die
in Rede stehende Person sich auf Schritt und Tritt belauert
wüßte und ihre Gesten eigens für den Beobachter sorgfältig
einstudiert hätte. Auch sonst weist die Charakterzeichnung
empfindliche Lücken auf. So weiß Grabbe nicht zwischen der
Stimmung des Helden und seiner Umgebung zu unterscheiden;
oder deutlicher, unserem Schema gemäß, er wirft epische und
dramatische Darstellung fortwährend zusammen. Es streift
schon ans Tragikomische, wenn Napoleon, der bei Waterloo
den vollendeten Ruin seiner Herrschaft vor Augen sieht, in
feierlichen Reminiscenzen schwelgt und sich selber einen tö=
nenden Nachruf hält, der zugleich die Ereignisse der franzö=
sischen Revolution und des Kaiserreiches historisch kommen=
tieren soll. Seine Kunst ist eben in jedem Sinn primitiv
und elementar. Er erhebt die Gefühlswallung, die vage
Stimmung des Augenblicks nicht in das Medium der Idee,
läßt sie nicht vom Widerschein heller Gedanken gesättigt zu
künstlerischen Gebilden krystallisieren. Wenn der Held sein

Schicksal nicht in sich selber trägt, so kommt es wie bei Grabbe bloß zu spannenden Sensationen und nicht eigentlich zu tragischen Konflikten. Napoleon unterliegt, weil Bourmont Verrat übt und der Marschall Grouchy einen taktischen Fehler beging; Herzog Theodor von Gotland fällt in grenzenloser Übereilung der dreisten Verlogenheit eines teuflischen Mohren zum Opfer; Hannibal findet den Untergang, weil König Prusias, dessen Schutz er in Anspruch nimmt, das Gastrecht nicht wahrt und feige mit den Römern paktiert. So reihen sich die einzelnen Vorgänge von der Exposition bis zur Kata= strophe lose aneinander, verschürzen sich aber nirgends zum Knoten, zum tragischen Problem.

Man könnte glauben, daß Grabbe als Epiker die Phä= nomene und Vorgänge der Innenwelt und Außenwelt umso wahrheitsgetreuer wiedergab, da er sie nicht mit subjektiven Elementen färbte. Da aber zeigt sich eine scheinbare Para= doxie von größter Tragweite. Der Mangel an Gedanken macht nicht empfänglicher für die unmittelbar vorhandenen Eindrücke. Das Organ der Wahrheit ist nicht in den Sinnen zu suchen, sondern im Geiste. Im Grunde genommen liegt diese Erkenntnis beinahe auf der Hand; das Maß für Wirk= lichkeit und Illusion kann nicht in den Phänomenen enthalten sein, in denen Wahrheit und Illusion beständig durcheinander fließen. Sondern außerhalb und oberhalb ihrer, in dem Intellekt, der an seinen Gesetzen das Sein und Nichtsein der sinnlichen Elemente bestimmt. Dies stimmt auch durchwegs, wenn man auf Grabbe die Probe zu machen sucht. Verismus und Naturalismus liegen ohne Unterlaß im Zwiste. Auch Grabbe, der konsequente Naturalist, der nicht, wie die neueren experimentellen Psychologen von der Gasse in die Natur hinein, sondern aus der Natur herausschuf, ist weder im Leben noch in der Kunst dem Ideale der Wahrheit merk= lich nahe gekommen. Unklar in seinen Zwecksetzungen und Bestrebungen, war er unklar auch in deren Ausdruck. Und

was er begriff und abzeichnete, war bloß das momentane
Geschehen; das, wodurch es mit der Vergangenheit zusammen=
hing und für die Zukunft Wert erhielt, übersah er, oder
mußte es seiner geistigen Veranlagung entsprechend übersehen
haben. Die Handlung ebenso wie die Diktion spielt fort=
während aus dem Tone plastischer Naturtreue in den ge=
zwungener Unwahrscheinlichkeiten hinüber. Es ist außerordent=
lich charakteristisch, wie überaus wenig Orientierungsvermögen
der ganz in der Fülle der Phänomene versunkene Dichter besitzt,
wie er selbst lokal und zeitlich die Grenzen nicht zu ziehen fähig
ist, sondern das ganze von den sprechendsten Farben und Licht=
nüancen belebte Bild in ein ungegliedertes und formloses
Chaos durcheinander wallt. Mit charakteristischer Vorliebe
verweilt Grabbe gerne bei großen, in mächtigem Stil ent=
worfenen Schlachtengemälden. Aber er läßt rein episch die ver=
schiedenartigsten Detailvorgänge zusammen spielen, wenn er
damit auch die technische Seite in gröbster Art vernachlässigt.
Bei Waterloo sollen die feindlichen Anführer Bülow und
Graf Lobau wechselseitig ihr Kommando hören; Napoleon
reagiert auf jede erschütternde Nachricht mit historischen Re=
miniscenzen, die Kunde von dem gänzlich unerwarteten An=
rücken der deutschen Hilfstruppen veranlaßt ihn zu einem
Vergleich zwischen einst und jetzt, der Abendsonne über Wa=
terloo und der Sonne von Austerlitz; den Grafen von Lobau,
der seine Position nicht halten kann, fordert er auf, sich so
verzweifelt zu wehren, wie auf der Donauinsel, von der er
den Namen trägt. Der Epiker erschaut die Vergangenheit auch
als Gegenwart, der Tragiker aber zieht hier die Grenzen, die
der Idee der Tragödie unerläßlich sind. Man kann sich un=
mittelbar in den Fragmenten von der merkwürdigen Art
überzeugen, wie Grabbe das Kunstwerk konzipierte; nie als
Idee, sondern immer als Anschauung; nicht tragisch, sondern
pathetisch, ohne die Abgründe der Lyrik und im reichen Fal=
tenwurf der Epik. Die einzelnen Charaktere dienen überall

der Abſicht des Dichters, ſie werden ihm nirgends zu Pro=
blemen, bei denen er mit der unermüdlichen Hingabe des
Dramatikers ſich aufhält, vielmehr ſucht er nervös und haſtig
all das Problematiſche zu beſeitigen, das ihnen noch hier
und da anhaften könnte und ſie dem vorgefaßten Plan anzu=
nähern. Marius und Sulla ſind beide ohne wahre Eigenart
konſtruiert und forciert, völlig in das Joch ſeiner rhapſo=
diſtiſchen Pathetik geſpannt. Das Fragment des „Alexander
der Große" enthält Bilder wie dieſe:

Alexander. Wenn ich dich liebe, Thais, glaube ich,
Es iſt die Welt mit all' den brennenden
Geſtirnen!

Thais. König, flammt' ich über'm Haupt,
Dir doch wie die da! Eine Flamme würd'
Der Himmel!

Alexander. Siehſt du den Oſt erröten? Der
Iſt meine Braut!

Thais. Und ich?

Alexander. Du biſt ein Schimmer
Von ſeiner glühenden Wange.

Alexander (ſterbend). Begrabt mich königlich!
Ein Perſer. Verlaß dich drauf!

Alexander. Doch meine rechte Hand hängt Ihr aus
Dem Sarge, weiß, nackt wie ſie iſt. Sie hat die
Ganze Erde gefaßt, und nichts iſt ihr geblieben.

So ſieht man, daß für ihn die Keimform des Dramas
mächtige Impreſſionen und nicht Gedanken waren. Die Hand=
lung gründet ſich auf Phänomene und keine Ideen, die ihnen
vorangehen ſollten. Er blieb ein Schauender, aber nur den
Einzelheiten zugewandt. Das Ganze ſchuf er nicht, weil er
die einigende Kraft dazu nicht in ſich entdeckte. Auch das
Groteske, die zur Karikatur geſteigerte Komik entſpringt dem=

8*

selben Unvermögen, die Wahrheit im Intellekt und darum
auch in der Natur zu erfassen. Eine Charakteristik, wie die
des allein um sein lächerliches Zeremoniell bekümmerten Duo-
bezfürsten Prusias in „Hannibal" übersteigt weit die Grenzen
der ästhetischen Möglichkeiten; Grabbe wähnte eben groteske
Menschen dargestellt zu haben, wenn er selber grotesk in ihrer
Darstellung war. An Humor fehlt es ihm, wie ihm der Nerv
des Tragischen fehlt. Der Humor ist aber ein Äquivalent
für die Tragödie: freilich bloß in der Hand desjenigen, der
auch der tragische Mensch ist; in ihm allein kann sich der Umsatz aus dem einen Element in das andere vollziehen.

7. Impressionismus und Naturalismus.

Darum und bloß darum ist Grabbe kein Tragiker und kein
Lyriker. Die lyrische Stimmung ist, wie bereits des längeren
ausgeführt worden, die Keimform des tragischen Gedankens.
In der Richtung auf das fühlende und wollende Ich enthält
sie bereits das Moment der Entzweiung, das im Drama
gesteigerten Ausdruck erhält. Man kann aus Grabbes Beispiel am besten ersehen, wie falsch und unbegründet die Auf-
stellung eines Gegensatzes zwischen Stimmungskunst und
Ideendichtung ist, welche gerade in unserer Zeit beinahe den
leitenden Gesichtspunkt der ästhetischen Auffassung bildet. Ich
stehe nicht an, zu behaupten, daß in diese Einteilung eine irrige
psychologische Doktrin hineinspielt, die alte Vermögenstheorie,
die von einem Willens-, Denk- und Empfindungsvermögen
sprach und damit Zustände, die kontinuierlich in einander
übergehen, fälschlich isolierte. Wenn man den einheitlichen
Charakter des Bewußtseins erkannt hat, so wird man auch
einem unfruchtbaren, ästhetischen Schematismus absagen, für
den es in- und außerhalb der Psychologie keine objektive Be-
gründung gibt. Es bestehen nur graduelle Unterschiede zwischen
Empfindung und Denken; man wird dies für eine kultur-

hiſtoriſche Unterſuchung beſonders feſthalten müſſen. Wenn der Fülle der Stimmungen keine umfaſſende Weite der Ge= dankenſphäre entſpricht, ſo darf man darin ein pathologiſches Symptom der kulturellen Zuſtände erblicken. Die Schuld liegt dann freilich in der Verkettung der Umſtände, nicht in der Kunſt, die an dieſem Zwieſpalte krankt: und es iſt ebenſo töricht als gehäſſig, jede originelle Bekundung des Zeitgeiſtes als „Entartung“ zu brandmarken. Nicht in dem Überſchwang ſtarker Stimmungen, ſondern in dem Mangel des Gedanken= korrelates liegt der Sitz des Übels, das nur durch die Schöp= fung neuer Werte zu begleichen iſt, welche univerſell genug ſind, um keinen kleinlichen Partikularismus des Geiſtes auf= kommen zu laſſen, und von überzeugender Kraft, um die ſuchenden Seelen nicht von neuem in die Irre zu führen. Der auf die Spitze getriebene Irrationalismus entzieht der künſtleriſchen Geſtaltung wieder das Fundament. Bloß durch das wechſelſeitige Ineinanderſpielen von Traum und Wirk= lichkeit, von Stimmung und Gedanke, erzeugt ſich ſtets von neuem der eigentümliche Reiz des Kunſtwerkes, und man darf den pſychiſchen Grenzkonflikten, die der äſthetiſchen Wirkung ſogar zuträglich ſind, nicht dadurch begegnen wollen, daß man ein Element zur Vorherrſchaft bringt — dürrer Rationalis= mus und ſterile Phantaſtik wären die notwendigen Folgen. So ergibt ſich aus dem Geſagten auch, wie wenig die pro= grammatiſche Scheidung einer naturaliſtiſchen und impreſ= ſioniſtiſchen Darſtellung für ſich hat. Auch hier iſoliert man in nicht zu rechtfertigender Weiſe zwei Momente gegen ein= ander, die erſt in ihrer harmoniſchen Vereinigung und Durch= dringung ein wahres Kunſtwerk zu ſchaffen imſtande ſind. Die hypertrophiſche Entwicklung des einen Gliedes führt eine krankhafte Rückbildung des anderen mit ſich, ein Mißverhältnis, das am allerwenigſten dadurch ausgeglichen werden kann, daß man aus der Not eine Tugend macht, den äſthetiſchen Mangel zur äſthetiſchen Tendenz erhebt.

An Grabbes Schöpfungen wird man die Richtigkeit des Gesagten am klarsten ermessen können. Er zog die letzten Konsequenzen des konsequentesten Naturalismus lange, ehe dieses Schlagwort in Umlauf kam. Und eben weil er, ohne unter dem Einflusse bestimmter Theorien zu stehen, seine Eigenart frei entfaltet, darf er uns als der radikalste Vertreter jener Richtung gelten. Wenn der konsequente Naturalismus sich zur Aufgabe macht, alle Sorgfalt einer ins kleinste Detail sich versenkenden psychologischen Beobachtungskunst lediglich auf die Schilderung des Milieus zu verwenden, das Individuum dagegen bloß als eine notwendige Folgeerscheinung desselben, als ein Produkt der in ihm enthaltenen Voraussetzungen zu begreifen, so hat Grabbe, der von der neuen Heilslehre noch wenig wußte und gerade in der Darstellung des Individuums sich versuchen wollte, eben durch das Scheitern seiner Pläne unfreiwillig die beste Illustration zu dem prosaischen Text der naturalistischen Dogmatiker geliefert. Denn bloß der Epiker, den wir in ihm entdeckten, konnte bei dem engeren und weiteren Milieu stehen bleiben, der Lyriker und der Dramatiker aber hätte uns zeigen sollen, wie sich die objektiven Verhältnisse im Bewußtsein des Subjektes reflektieren, und so die tote Pragmatik des äußeren Geschehens zu persönlicher Lebendigkeit verinnerlichen müssen.

Es kennzeichnet das Unverständnis der landläufigen Literatur-Geschichtsschreibung, wenn immer wieder und stets mit dem gleichen Mißerfolg der Versuch unternommen wird, Grabbe der romantischen Schule anzugliedern. Wenn er auch mit einigen ihrer Vertreter zeitweilig in nähere Berührung kam, wie es bei der Gemeinsamkeit des Kulturkreises nicht anders möglich war, so ist er seinem ganzen Wesen nach als ihr entschiedener Gegenpol zu betrachten. Die Romantik war überreich an fruchtbaren Ideen, die sie indessen nicht mit Fleisch und Blut zu umkleiden verstand. Und indem sie der Fülle ihres Schauens und Ahnens keinen adäquaten

Ausdruck geben konnte, eilte sie unbefriedigt durch die fernsten
Stadien kultureller Entwicklung, alle nationalen und zeit=
lichen Schranken durchbrechend, um aus der dumpfen Be=
fangenheit des Alltags zur vollsten Entfaltung ihres Lebens=
und Kunstideals heranzureifen. Die Stimmungen, denen sie
sich rückhaltlos, oft freilich bis zur „Verachtung von Kunst und
Wissenschaft" hingab, waren noch gesättigt von dem Licht
hoher Gedanken, noch nicht von den trüben Nebeln der Ver=
worrenheit umsponnen, die sich erst später herabsenkten, und
noch heute nicht gewichen sind, nachdem der geistige Gehalt
versickert und bloß das peinigende Gefühl eines unbefriedigten
Verlangens, einer haltlosen Sehnsucht zurückblieb. Grabbe
steht außerhalb dieser Richtung. Wo er mit ihr verknüpft
zu sein scheint, wo zum Beispiel Tiecksche Einflüsse sich geltend
machen, da ist das Band lose und die Selbständigkeit des
Dichters kann nicht in Frage gestellt werden.

Eben darin liegt aber der unvergängliche Wert der Ro=
mantik, daß sie die Idee des vollendeten Kunstwerkes ge=
schaffen hat. Sie hat erkannt, daß Form und Stoff nicht
zweierlei bedeuten, daß der Gedanke und sein ästhetischer Aus=
druck in der Seele des Künstlers ein und dasselbe sind. Auch
diese Erkenntnis dankt man Immanuel Kant. Ihm
ging als erstem die unergründliche Offenbarung auf, daß
der Zweck der Kunst bloß in ihr selber gesucht werden muß, daß
aber diese innere Zweckmäßigkeit nicht auf ein leeres Formen=
spiel hinauskommt, sondern an sich wieder der Ausdruck eines
höheren Symbols ist. Kunst, nicht in ihren einzelnen Ge=
staltungen, sondern als Ganzes, als psychologische Realität im
Menschen, ist Ausfluß vollendetster Sittlichkeit.

Ebenso irreführend ist der oft versuchte Vergleich mit
Hebbel. Sicherlich, man kann beide an einander messen, aber
bloß um sich ihrer Verschiedenheit noch klarer bewußt zu wer=
den. Hebbel steht, der kühnen Realistik seiner Werke unge=
achtet, der Romantik ungleich näher, als die vulgäre Auf=

faſſung anzunehmen geneigt iſt. Er ringt wie ſie nach neuen
Werten und iſt reich an ſchöpferiſchen Gedanken. Dieſe aber
künſtleriſch zu verwirklichen, ſie zu lebendiger Aktualität zu ent=
wickeln, das hätte den Einſatz einer noch mächtigeren Kraft
erfordert, als ſie ſogar der große Dithmarſe beſaß. Der
Grundzug ſeines Schaffens aber iſt lyriſch=dramatiſcher Na=
tur. Das zeigt ſich vor allem in den hiſtoriſchen Dramen.
Die Beſonderheit der Situation, das Spezifiſche des Milieus
iſt hier beinahe ganz außer Acht gelaſſen. In dieſer Hinſicht
ſind die beiden Größen unſerer Literatur völlig inkommen=
ſurabel. Bei Hebbel dient alles der Charakteriſtik des Hel=
den. Indem er das hiſtoriſche Detail bei Seite ſchiebt und
ſich rein auf die pſychologiſche Charakteriſtik des Helden be=
ſchränkt, bloß das Individuelle, Einzelne herausgreifend, über=
läßt er es ganz im Gegenſatze zu Grabbe vielfach unſerem
Scharfſinn, die dadurch entſtehenden Lücken nach eigener Kom=
bination zu ergänzen. Ihm ſelber aber koſtet es ſchwere Mühe,
den Faden der Handlung nicht zu verlieren und das dialek=
tiſche Spiel der Gedanken kunſtvoll mit dem objektiven Ge=
ſchehen zu verknüpfen.

Ich habe im Obigen verſucht, aus Grabbes Schrift=
tum dasjenige herauszuſchälen, was von allgemeiner,
pſychologiſcher und äſthetiſcher Bedeutung iſt und nicht
ein lediglich biographiſches Intereſſe bieten konnte.
Meine Darſtellung zeigt, wohin naturaliſtiſche Einſeitigkeit
gerät, wenn ſie an der Ausführung ihrer Tendenzen nicht
durch den Widerſtand des natürlichen Kunſtgefühles behindert
wird, wenn ſie, wie im Fall Grabbes überhaupt keiner ab=
ſtrakten Theorie, ſondern der urſprünglichen Veranlagung des
Künſtlers entſpringt. Andrerſeits können uns eben die Vor=
züge des Dichters das rechte Verſtändnis für die ſchwerwie=
genden Irrtümer eines extremen Symbolismus erſchließen.
Hätte man deshalb die Perſönlichkeit Grabbes im Lichte dieſer
doppelten Auffaſſung zu begreifen verſucht, ſo wären wir

vielleicht vor manchen Fehlversuchen bewahrt geblieben, an
benen wir noch heute kranken und so lange kranken werden,
bis nicht jener einseitige Doktrinarismus beseitigt ist, der am
Anfang der modernen Bewegung der Wucht neuer Einflüsse
zu erliegen schien, dann aber mit alter Kraft gerade in den
Reihen der Jüngsten sich erhob, bis nicht der synthetische Geist
der wahren Kunst, ein Symbolismus auf naturalistischer Basis
wieder in seine vollen Rechte tritt.

III.
Das Problem der Religion
Nicolaus Lenau

———

1. Weltanschauung.

Ist Grabbe der Epiker, so ist Lenau der Lyriker κατ’ ἐξοχην. Die Literaturgeschichte ist auch diesem Mann nicht gerecht geworden. Die herkömmliche Überschätzung Heines, an dessen wahrem Wert weder die formlosen, von kleinlichen Parteirücksichten getragenen Invektiven, noch die das Andenken des Dichters in weit ärgerem Maße kompromittierenden Lobeserhebungen beredter Opponenten etwas ändern können, der fragwürdige Ruhm Gottfried Kellers,[1] der uns in manchen Regionen Großdeutschlands und Kleinberlins als der berufenste Nachfolger Goethes aufdisputiert werden soll, haben für eine unbefangene Beurteilung Lenaus keinen Raum gelassen. Der Platz, den sein Wiener Denkmal in einer unscheinbaren Parknische hinter dem Standbilde Schillers erhielt, Schillers, dem er an dichterischer Kraft und reicher Ideenfülle mindestens gleichkam, neben dem harmlosen und

---

[1] Es liegt mir vollkommen ferne, den Wert Gottfried Kellers, dessen Kunst für die Detailschilderung und das Idyll sicher alle Anerkennung verdient, bestreiten zu wollen. Daß aber ein Dichter als größter Nachfolger Goethes gefeiert wird, der nirgends Sinn für das Große bekundet, nirgends von den großen Schicksalen und Leiden der Menschheit zu sprechen weiß, nirgends weite Perspektiven öffnet, bloß weil sein reicher Sprachschatz dem philologischen Spürsinn einiger ästhetischer Schulfuchser Genüge leistet und ihnen die unwillkommene Mühsal schwerer Gedankenarbeit erspart, ist ein beschämendes Symptom des intellektuellen Tiefstandes jener Herren. Man kann indessen den Verfasser des „grünen Heinrich“ billig die Ehre gönnen, einem Decennium deutscher Kunst als geistiger Führer voranzugehen, umso eher als er sie in den Augen der maßgebenden Theoretiker mit einem Arthur Schnitzler und Hermann Sudermann teilen darf.

liebenswürdigen, aber vollkommen unbedeutenden, allmählich
in Vergessenheit geratenden Anastasius Grün, ist symbolisch
für diese Unterschätzung. Österreich will im Ausland bloß
durch Grillparzer, den matten und gedankenarmen Epigonen
des Klassizismus, vertreten sein. Von Nicolaus Lenau, seinem
künstlerischen Heldentum und Martyrium, ist selten die Rede.

Ich verzichte hier darauf, mich breit in biographischen De=
tails zu ergehen, sondern rücke meiner Tendenz getreu ein
Problem in den Vordergrund meiner Darstellung, dem Le=
naus Geist und Gemüt sich in so vollem Maße zuwendete,
daß es gleichsam alle Kraftlinien seines Schauens und Schaf=
fens in sich einsog: das religiöse Problem.

Was man auch an Einwänden gegen diese vermeintliche
Einseitigkeit bereit halten mag — und die impressionistische Kri=
tik von heute, die ihre paar stets disponiblen Stimmungen
unermüdlich variiert und permutiert, um ihr Auskommen zu
haben, wird nicht zögern, mitleidslos das Verdikt zu sprechen —
diese Einseitigkeit wird uns Gelegenheit geben, vielseitiger
zu werden und die Eigenart des Denkers und Dichters gründ=
licher zu erfassen, als eine erschöpfende Übersicht über die ein=
zelnen Leistungen, mit biographischen und psychologischen
Randglossen versehen, die in den Spalten prätentiöser Tages=
zeitungen oder in einem für Studienzwecke bestimmten Kom=
pendium ihren Platz von Rechts wegen finden mag. Von
diesem idealen Zentrum aus können wir uns radial nach allen
anderen Orten verbreiten und diese Tendenz der Behandlung
gewährt uns nicht bloß den Vorteil möglichster Übersichtlich=
keit, sondern auch den wenigstens ebenso großen, die Richtung
unserer Auffassung den Bewegungen geistigen Schaffens auf
seiten des Dichters so weit es angeht, zu akkomodieren. Denn
bei Lenau münden alle Ströme lyrischer Intuition und den=
kender Weltbetrachtung in diesem Problem, in dem gleich sehr
die Größe seines Genies wie die Tragik seines Schicksales
wurzelt.

Man darf aber den Begriff der Religion, wie es aller=
dings heute meistens geschieht, nicht zu enge begrenzen wollen.
Nicht der kleinliche Zank um abgenutzte Dogmen, die noch im
Winkelwerk eines bornierten Fanatismus ein trübes Flacker=
licht anzufachen vermögen, sonst aber dank höheren, Willen
und Gemüt des Einzelnen und der Gesellschaft vollauf in An=
spruch nehmenden Interessen ihre frühere Leuchtkraft einge=
büßt haben, soll darunter verstanden sein, sondern die trans=
zendentale Sehnsucht nach einer übersinnlichen Realität und
die konkreteren Formen, die dieser auch durch die Exzesse eines
verflachenden Positivismus nicht einzudämmende Hang im
Geiste erhabener Denker und Künstler erhält. Es wird so=
mit die Religionsphilosophie isoliert sowohl von der Meta=
physik, denn nicht auf Konstruktionen, die das Denken der
Wirklichkeit fördern sollen, kommt es ihr an, als auch von der
Erkenntnistheorie, denn sie hebt das Erkennen nicht einseitig
aus dem großen psychischen Zusammenhang hervor, und mit
der Ethik kann sie bloß soweit identifiziert werden, als man
unter dieser nicht das vulgäre System wohlgeordneter Nütz=
lichkeitsvorschriften versteht, mit denen man wohl einen Haus=
halt begründen oder ein politisches Parteiprogramm ent=
werfen, aber nicht den Zweck des Daseins ergründen und be=
greifen kann. Sie berührt also eigentlich das Problem einer
der Menschheit innewohnenden Göttlichkeit, das Problem
des höchsten Lebens, das dem irdischen Menschen bloß in
der Form der Ahnung und Sehnsucht naht.

Man mag der Ansicht sein, daß dieses Problem jeder
tieferen philosophischen Reflexion und allem intensiveren
Kunstschaffen zu Grunde liegt, daß es daher verfehlt sei, es
im besonderen für das Verständnis Lenaus verwendbar zu
machen. Es gibt aber selbst unter den großen Genialitäten
Spezialphilosophen und Spezialkünstler. Diejenigen, deren
Worte und Ideen ganz und stets vom Hauch des Universums
durchweht sind, sind bloß spärlich gesät. Desto vielversprechen=

der und interessanter ist es, wenn ein Dichter in allen Tiefen
seines Wesens von dieser einen Aufgabe erfüllt ist. Inter-
essant besonders dann, wenn er nicht zu jenen höchsten, aus-
erlesenen Genialitäten gehört, die auch im Kampfe mit diesem
Problem siegreich bleiben. Dann wird sein Ringen allerdings
ein tragisches Schauspiel bieten, erhaben, wenn man an den Einsatz der edelsten Kräfte denkt, mit denen er den stummen Widerstand zu überwinden versucht, aber düster, weil das Miß-
lingen unvermeidlich ist.

Fromme Traktätlein oder erbauliche Ausführungen darf
man natürlich bei Lenau nicht erwarten. Nicht danach geht
sein religiöses Wollen, weder nach der Werkheiligkeit noch
nach dem Wortglauben, sondern allein nach dem, was jeder Religion psychologisch zu Grunde liegt, was sich in ihr auf die
Sinnenwelt in ahnungsvoller Gestaltung projiziert, nach dem
Problem des unsterblichen Lebens im Menschen, der einen
Träger über dem Weltall sucht, dem er die Fülle des eigenen
Reichtums verleihen kann.

Es ist eine überaus lohnende Studie, den Nerv dieser
Idee bis in die Einzelheiten seines Schaffens zu verfolgen.
Da ist nichts, was sich schlechthin nicht subsumieren ließe. Fühlt
doch Lenau selber das Bedürfnis, seine Schöpfungen in ähn-
lichem Sinn zu interpretieren. Die Darstellung zerfließt nie,
auch nicht in den lyrischen Miniaturbildern, in ein vages
Stimmungschaos. Es kehrt das gemeinsame Leitmotiv immer
wieder und gibt die Beziehung auf einen festen Hintergrund.
Die gleichartigen psychologischen Dispositionen, von denen
diese Gedichte getragen werden, sind so intensiv, daß ihnen
das stoffliche, epische Moment, die Fabel, völlig untergeordnet
wird. Die äußerlich beinahe schulmäßige, in Wahrheit aber
durchaus gerechtfertigte Einteilung in Zyklen, die nach den
herrschenden Stimmungen, wie der „Sehnsucht" und der „Erinnerung" benannt sind, bringt dieses Verhältnis klar genug
zum Ausdruck. So persönlich sich Lenaus Lyrik nach den er-

wähnten Kennzeichen zu geben scheint, so unpersönlich ist sie, wenn man sich rückhaltlos ihrem Zauber gefangen gibt. Da steht kein Mensch, der seine Posen sub specie aeternitatis ansieht, der seine lendenlahmen poetischen Einfälle mit Quacksalbereien modernsten Datums zu künstlichem Leben galvanisiert, der krampfhaft das Mikroskop auf seine seelischen Phänomene eingestellt hält und die flüchtigen Stimmungen in dem Blickfeld einzufangen sucht. Die N a t u r selber, das Universum spricht zu uns, das Subjekt horcht bloß ihr in weihevoller Andacht. Das ist Weltschmerz ohne Sentimentalität, Melancholie ohne Wehleidigkeit.

Der synthetische Geist des Ganzen ist unverkennbar.

Darin aber vor allem liegt meiner Auffassung nach die Größe des Lyrikers. Der zyklische Charakter der Lenauschen Konzeptionen spricht klar in diesem Sinn. Es ist keine bloße Assoziation, die diesen Zusammenhang erzeugt, das Walten großer Ideen schafft ein gemeinschaftliches Zentrum. Auch hier gewahrt man den großen Abstand von der Moderne, mit ihrer dem Schnellphotographen abgelauschten Technik, der überhasteten Manier des Vortrages und den gewollten und gesuchten Effekten. Diese durch nüchterne Reflexionen erkünstelte Reflexionslosigkeit, diese schwerfällig erdachte Gedankenlosigkeit, diese forcierte Schwäche, die nicht einmal Ursprünglichkeit hat, sind Lenau in gleichem Maß fremd. Er schuf ein Ganzes von Gedichten, ein Lied in Liedern. Daher rührt es, daß ihr Echo so matt von den grauen Wänden des modernen Symbolismus schallt.

Lenau dürfte es jetzt kaum wagen, mit H e i n e in Wettbewerb zu treten. Diesem neigt sich die Mitwelt, denn er lebt bereits in ihr und für sie, denn er antizipiert die Moderne. Jene Neigung zur Libertinage, die sich gern Freigeisterei nennt, aber zu häufig weniger die Freiheit d e s Geistes, als die Freiheit v o m Geiste erstrebt, die Wollust der Empfindsamkeit, die träge das Bett der Stimmungen durch-

flutet, machen die Beziehung unverkennbar. Der Lufthauch
flüchtiger Impreſſionen durchweht dieſe Lyrik, der Augenblick
wird verewigt, aber nicht ſeinem Wert nach, ſondern eben,
um Miniaturen zu ſchaffen, die nichts erkennen und alles
ahnen laſſen. Darum, weil es an dem urteilenden Verſtande
mangelt, ſchrumpft der Hintergrund vor den flachen Alltäg=
lichkeiten oft vollkommen ein. Tugenden und Mängel werden
ſorgfältig kultiviert, nicht weil ſich die Seele mit dem ganzen
Übergewicht des Wollens für das Böſe oder für das Gute ent=
ſchieden hat, ſondern weil beide dem Beſitzſtande des Indi=
viduums a n g e h ö r e n , das von kleinlichem Behagen geſättigt
iſt, im Bewußtſein ſeiner Herrenrechte. Der Kunſt Heines
fehlt dasjenige, was jeder Kunſt erſt ihren vollen Wert ſchaffen
kann, die Weihe eines g r o ß e n S c h i c k ſ a l e s . Sie ſchwelgt
in allen Intimitäten des pſychiſchen Lebens, aber ſie weiß
nichts von den mächtigen Stürmen, die das Wollen und
Denken des Menſchen von der Wurzel aus umzuſchaffen ver=
mögen. Der vollkommene Mangel an tragiſchen Elementen
deutet hier ſchon darauf hin, daß auch die Lyrik zu kurz
kommt. Die Heineſchen Schöpfungen ſind darum, ſo paradox
ſich das immer ausnimmt, entſchieden e p i ſ c h e r Natur, bloß
daß das Thema nicht die üblichen Züge der erzählenden und
darſtellenden Kunſt trägt. Es iſt Epik des Seelenlebens, an=
gewandte Epik in der ſubjektiven Sphäre. Man könnte dem=
gegenüber die vorwiegend nach innen gekehrte, ſentimental ſar=
kaſtiſche Art Heines betonen. Die Heineſche Ironie aber hat
mit der romantiſchen Ironie nichts als den Namen gemeinſam.
Die romantiſche Ironie iſt auf demſelben Boden erwachſen,
aus dem Kantens „Kritik der reinen Vernunft" ihre ſtärkſte
Nahrung zog: aus dem Boden einer geſteigerten Selbſtbetrach=
tung, einer tiefgehenden Analyſe des Geiſtes und Gemütes,
verbunden mit der Tendenz höchſter Wertungen. Es galt
ihr, den Nerv des Seins und des Sollens zu entdecken. Die
romantiſche Ironie iſt nicht Eigendünkel und Hochmut, ſie

ist Autonomie und Selbstbewußtsein. Sie spielt nicht mit
der sinnlichen Wirklichkeit, um alle Wirklichkeit zum Spielzeug
zu erniedrigen, sie spielt mit ihr, um sie mit dem Ernste einer
höheren Realität kontrastieren zu lassen. Die romantische
Ironie ist nicht Verachtung der Welt, sondern Achtung der
Persönlichkeit. Sie enthüllt ihren tragischen Charakter,
sofern sie sich gegen die Objekte kämpfend erhebt, sie ist heroisch,
sofern das Subjekt sich selbst vertrauend auf den Kampf=
platz tritt. Die Heinesche Ironie weiß nichts von alledem.
Aus ihr spricht nicht die erhabene Stimmung des Menschen,
dem das Sein zum Schein wird, weil er das Prinzip der
Wahrheit in seinem eigenen Innern trägt, sondern das allzu=
menschliche Bedürfnis des geängstigten Zuschauers, der sich
über den ergreifenden Ernst der Situation mit dem altbe=
währten Auskunftsmittel zu trösten weiß. Es ist alles bloß
Spiel und Posse. Sie ist nicht Tragik, sondern Lebensklug=
heit, nicht Heroismus, sondern Behaglichkeit. Ihr liegt nicht
viel an der Würde des Ich und Nicht=Ich, desto mehr da=
gegen daran, aus den schwersten Konflikten billigen Kaufes
davonzukommen.

Heine ist auch im übrigen der Antipode Lenaus. Er
hat die Welt und sich niemals ernst genommen. Wo er es wirk=
lich zu tun scheint, ist er bloß sentimental. Die Sentimentali=
tät ist aber das raffinierteste Mittel, sich den Kampf zu er=
sparen. Denn sie drängt das subjektive Gefühl so ganz in den
Vordergrund, daß die objektive Wirklichkeit davon gleichsam
überschattet wird. Der Mensch wünscht heimlich das Leiden
zu bannen, indem er ihm zuvorkommt; er nimmt ihm seinen
Stachel, indem er im Leiden schwelgt. Er entzieht sich dem
schweren Ernst des Daseins, indem er zwischen seiner Seele
und der Außenwelt einen Damm von subtilen Stimmungen
aufführt, die den Stürmen des Schicksals Widerstand bieten.
Lenau dagegen ist niemals empfindsam. Ihm ist alles be=
deutungsvolles Symbol und Verhängnis.

Freilich liebt er auch die Episode und das epische Detail,
aber das lyrische Element überwiegt durchaus in ihm. Die
zyklischen Dichtwerke „Faust" und „Don Juan" legen Zeug=
nis dafür ab. Das Problem ist das gleiche, bloß die An=
griffspunkte sind verschieden. Don Juan ist nicht der vul=
gäre Vollmensch, sondern er strebt wie Faust, das Wesen der
Wirklichkeit zu erfassen, aber er verschmäht den Weg begriff=
licher Spekulation und glaubt, durch die höchste Potenzierung
des Trieblebens die Pfade zu finden, die ihm der Genius
der Gattung aufhellen soll. Indessen, über Faust und Don
Juan habe ich schon gesprochen. Diesen Männern gegenüber,
die die Realität nicht finden können, weil sie bloß ihr sinn=
liches, empirisches Ich in ihr finden wollen, erhebt sich Savo=
narola als der Sieger, der keinen Angriff versucht, als der
Eroberer, der jede Beute verschmäht.

Dieses religiöse Epos steht im Zenith der Lenauschen
Kunst und Weltanschauung. Es ist sein mächtigstes Wort an
die Menschheit, die es verlernt hat, Savonarola zu verehren,
seit sie sozialpolitischen Schönrednern und Schwadroneuren
Altäre baut.

Savonarola will die Welt durch die Kraft des Glaubens
befreien. Von Dogmenglaube kann dabei nicht die Rede
sein. Das Organ dieses Glaubens ist der moralische Wille und
sein Zweck die Kirche der Menschheit, die Vereinigung aller
Bekenner in der Idee einer übersinnlichen, ethischen Exi=
stenz, an der jeder Teil hat, in dessen Gemüt ein Funke von
Savonarolas Heldengeist lebt. So triumphiert er über den
bornierten Unglauben der Borgia, die an ihrer eigenen
Schmach zu Grunde gehen, und des ewigen Juden Ahasver,
der, hier in Tubal personifiziert, überwunden und geläutert
am Kreuze niedersinkt.

Mit dem Problem des römischen Katholizismus, der
umso weltlicher wirkt, je mehr er die Decke des Dogmas vor=
hängt, hat hier Lenau das heute aktueller denn jemals ge=

wordene Problem des Judentums zu lösen gesucht. Aber Le=
nau ist allzu großer Idealist. Daß Israel seine Selbstaufhe=
bung vollziehen werde, indem ihm der tiefere Sinn des
Christentums aufgeht, ist eine Utopie, und wird vielleicht nie
etwas anderes sein. Wer das Judentum in seinen besseren und
schlechten Vertretern kennt, weiß wohl, daß es für die ein=
fachen und erhabenen Wahrheiten der christlichen Lehre nicht
im entferntesten reif ist.

Es hat gleichwohl einen tieferen Sinn, wenn Lenau den
Tubal am Ende seiner Leidensstation sich mit einemmal im
Innern verwandelt, zu Christus bekehren läßt. Der Jude
streift keine äußerliche Hülle ab, indem er Christ wird; etwas
in ihm muß zerbrochen werden, ehe er die Taufe empfangen
darf. Das ist der Ahasver, der Schatten Christi, dessen ewiger
Wanderschaft kein Ziel gesetzt ist. Aber der Jude müßte, um
zum Christentum hinaufzugelangen, zuerst wirklich mit dem
vollsten Einsatz seiner Persönlichkeit Ahasver werden, er müßte
die Tragik dieses Schicksales ernst nehmen und in sich realisieren.
Sich selber empfindet er niemals als Ahasver: denn er
nimmt sich nicht ernst genug, denn er hat sich überhaupt
niemals ernst genommen. Es schmeichelt höchstens seiner Eitel=
keit, sich in einem so düster grandiosen Bilde, womit ihn nicht
eigener Tiefsinn, sondern die gläubige Phantasie des Ariers
geschmückt hat, symbolisch dargestellt zu sehen, aber innerlich
fühlt er sich jenem irrenden Sucher des Heiles und der end=
lichen Erlösung wenig verwandt.

Ahasver steht nicht als Hindernis, das sich umgehen
ließe, vielmehr als Übergangsstadium zwischen dem Heiland
und Israel. Er ist der abstrakte Jude, der das Leiden seines
ganzen Volkes in sich aufgenommen, in sich zur Wahrheit
gemacht hat; und eben deshalb nirgends verwirklicht: denn
der konkrete Jude hängt an seinem Stamm bloß fest, um über=
all tiefe Wurzeln zu fassen, um desto sicherer in die Gegen=
wart einzuwachsen, nicht aus Achtung gegen die Vergangen=

heit, nicht aus überzeugter Hingabe an ein religiöſes oder
nationales Jdeal. Erſt wenn er ſich ſelber als Juden einmal
ernſt nimmt, erſt wenn er zum tieferen Bewußtſein eines
Schickſals überhaupt gelangt, das dann erſt zu ſeinem Schickſal, zum Schickſal ſeines Volkes ſich beſondert, wenn ihm, nunmehr dem wahren Ahasver, dem ewigen Juden, der furchtbare
Doppelſinn des Wortes „Ewigkeit" aufgeht, erſt dann wird
ihm der zähe Stolz des Stammes, ſo lange der Vernichtung
ſich widerſetzt zu haben, zur tiefſten Scham werden, und er
wird die Erlöſung ehrlich wollen, wie der Chriſt, der ihrer
darum auch teilhaftig geworden. Lenaus Savonarola klingt
wie eine großartige Vorahnung der tiefſinnigen Löſung, die
Richard Wagner dem Problem des Judentums gab, und
die dank dem Treiben der Parteipolitik zu einem Agitations-
mittel degradiert wurde. Es iſt der Gedanke einer Selbſt-
aufhebung des Judentums, einer freiwilligen Erlöſung, die
ſich im Einzelnen vollziehen und von da aus die Geſamtheit
befreien und läutern ſoll.

2. Renaiſſance und Romantik.

Bevor ich an das Religionsproblem im allgemeinen und
an dieſe ſeine konkreten Äußerungen anknüpfe, muß ich abermals vom Wege abſchweifen, freilich bloß zum Vorteile un-
ſeres Problemes: denn es iſt meine ſicherſte Überzeugung,
daß es ſich dadurch neuerdings vertiefen wird.

Der „Savonarola" iſt uns nämlich noch aus einem
zweiten Grunde bedeutſam: Er entwirft ein grandioſes Kul-
turbild aus der Renaiſſance. Und wenn ich darauf ausführlicher Bezug nehme, ſo iſt das wiederum keinerlei hiſtoriſch-
antiquariſches Intereſſe, ſondern der Wunſch, über uns ſelber
zur Klarheit zu gelangen.

Wohl zu keiner Zeit iſt von Renaiſſance ſo viel die Rede
geweſen wie heute. Eine Erſcheinung, die auf zwei völlig

verschiedene Ursachen zurückgeführt werden kann. Entweder sind wir so ganz Renaissancemenschen, daß der geistige Gehalt unseres Strebens und Wirkens auch in unser Tagesprogramm überfließt, oder wir sind von Renaissance so weit entfernt, daß uns der hohle Klang des Wortes für den Mangel an innerer Erfüllung entschädigen soll. Denn der Mund geht auch häufig desjenigen über, dessen das Herz leer ist; und worauf die stärksten Pointen liegen, das sind zuweilen die hohlen Zwischenräume, gleichsam die Poren unserer Weltauffassung: so daß vielleicht auch unser hochgestelztes Renaissancepathos nicht mehr ist als ein trister Lückenbüßer.

Die Renaissance war, nach der gegenwärtig in Umschwung gekommenen Kommentierung, ein Zeitalter antiker Sinnen=lust und Lebensfreude. Sie hat die mittelalterliche Welt=anschauung überwunden. Diese predigte Verneinung des Le=bens, Askese, Unterdrückung der Persönlichkeit: die Renaissance von all dem das Gegenteil. Also verkündet die Schulweisheit von heute am Katheder und auf offenem Markte.

Was sie über den Geist des Mittelalters sagt, soll hier nicht auf seine Richtigkeit geprüft werden. Daß aber die Wirksamkeit einer so grandiosen Kulturperiode wie der Re=naissance einem so dürftigen und fragwürdigen Programm entsprochen haben soll, wie dem eben entworfenen, muß ent=schieden zurückgewiesen werden. Vor allem im Gebiet der Kunst. Es ist zuzugeben, daß ein Ariost zum Beispiel den Eindruck erwecken mag, als schüfe er aus einer Atmosphäre gesteigerter Daseinsfreude und Sinnlichkeit heraus. So in=tensiv ist hier die Freude an der Fülle der Phänomene, wie sie sich dem Gefühl und der Anschauung darbieten, während die Probleme, die gedanklichen Hintergründe, verhältnismäßig zurücktreten. Ariost ist freilich nicht der einzige, dessen in diesem Sinn Erwähnung geschehen könnte: aber seine Eigenart läßt sich auch für die Kultur der Renaissance nicht zur Regel verallgemeinern.

Man halte, zum Beweis, einmal den größten Künstler der Epoche, Michelangelo, dagegen. Er ist kein Verkünder jener naiven Sinnlichkeit, die den Menschen der neueren Zeit zuerst an ihren Brüsten genährt haben soll. Vielmehr der Tragiker κατ᾽ ἐξοχήν. Tragisch ist sein Schaffen, tragisch das Thema und die Idee seines Schaffens. Indem er darstellt, nach Ausdruck ringt, kämpft er gegen die Materie, und diesen Kampf hat er seinen Gestalten mit unauslöschlichen Zeichen ins Angesicht geschrieben. Der Stoff, den er bearbeitet, scheint ihm als ein Fremdes, Ungeheures gegenüberzustehen, als etwas, das wie die Aristotelische Materie sich inbrünstig nach Gestaltung sehnt und ihr gleichwohl feindseligsten Widerstand entgegensetzt. Und ebenso sehen seine Menschen einem dunklen Schicksal ins Auge, an das sie gekettet sind und über das auch ihr titanenhafter Schmerz nicht Herr werden kann. Michelangelo war kein Künstler, der mit sich Friede schloß, wenn er schuf. Er hat den Kampf mit seinem eigenen Selbst zum Kunstwerk verklärt, oder recht eigentlich ihn im Kunstwerke verewigt. Denn der Kampf überdauert die Stunde des Schaffens. Er offenbart sich in jenem, ohne drin zu erlöschen.

Aber Michelangelo allein darf nicht die ganze Beweis= last tragen. Und wenn man auf Raffael hinzeigt, so scheint die Argumentation in sich haltlos zusammensinken zu müssen. „Raffael sagte ja, Raffael machte ja, also war Raffael kein Christ", sagt Nietzsche. Und ein Christ wie Michelangelo ist er freilich nicht gewesen. Dazu lebt und webt er zu sehr im Idyll: Golgatha konnte für ihn nicht die Grenzscheide zweier Welten sein. Schon, daß er ein so beredter Apostel der Mutterliebe ist, spricht deutlich; das vermag kein wahr= haft tragischer Künstler. Denn die Verherrlichung der Mutter= schaft setzt voraus, daß man das Weib, als Gefäß der Menschheit, als Bürgschaft ihrer ewigen Erhaltung bejaht habe, daß man in ihm den Trieb der Gattung heilig spreche. Und dafür ist Bedingung, daß man zum Gattungsgedanken in einem ſtärkeren Verhältnis ſtehe, als zu ſich ſelber. Menſchen, die mit ſich viel beſchäftigt ſind und ſtets in eigene Tiefen hinunter leuchten, Denker, die ihr vergängliches Selbſt über= all vorgeſchoben finden, wo ſie die Welt ergründen zu können glaubten, Künſtler, die zwiſchen ihrer Sehnſucht und dem Ideale ſtets den Schatten ihrer perſönlichen Notdurft gela= gert ſehen, in summa, alle diejenigen, denen ihre Exiſtenz einmal Problem geworden iſt, lernen ſich frühzeitig ab= ſchließen und einſam ſein. Ihnen iſt Einſamkeit Vorausſetzung jeder Größe, und das Verlangen nach der Gattung erſcheint ihnen bloß als ein verführeriſches Mittel, ſich ſelber untreu zu werden. Sie ſtehen darum der Mutterſchaft als der höchſten Inkarnation des Gattungsbewußtſeins fremd gegenüber. Dem Idylliker dagegen zieht nicht die Schönheit, ſondern die Mütterlichkeit des Weibes an. Denn in der Sehnſucht nach dem Schönen liegt immer und überall ein Wunſch, über das hinauszuſchaffen, was bisher verwirklicht wurde, und das zu verwirklichen, was bisher unerſchaffen blieb; alſo eine Unzufriedenheit, eine Verneinung des Gegebenen, eine Wen= dung zum Tragiſchen. Eine Frau liebt man niemals um der Schönheit willen, die ſie von Natur empfangen hat, ſondern um der Schönheit willen, die man ihr ſchenken möchte. Man will ſie zu etwas emporläutern, was ſie noch nicht iſt, was ſie überhaupt niemals ſein wird; während ſie als Mutter den höchſten Forderungen zu entſprechen vermag. Hier iſt keinerlei Kontraſt zwiſchen Wirklichkeit und Ideal, und deshalb die einzige Grundlage für eine glückliche Liebe gegeben. Die Sinne lügen nicht, denn man gibt ſich mit dem, was ſie einem ſagen, zufrieden. Aus dieſem Grunde iſt aber auch, ſo verkehrt das klingen mag, der eigentlich ſinnliche Mann nicht derjenige, der die Schönheit des Weibes, ſondern derjenige, der das Weib als Mutter liebt.

Soviel zur Charakteriſtik Raffaels. Er iſt der idylliſche und nicht der tragiſche Künſtler. Aber darum noch keine be=

weiskräftige Instanz gegen den tragischen Charakter der Re=
naissance. Denn in der Idylle ist die Tragödie nicht end=
gültig ü b e r w u n d e n, sondern in ihr bloß ein W a f f e n=
s t i l l s t a n d zweier feindlicher Welten geschlossen. Raffael war
kein Sieger, weil er niemals ein Kämpfer gewesen ist. Alle
Gegensätze sind ihm gleichsam wieder von selber zur Einheit
zusammengegangen. Seine Werke haben nicht die Vergangen=
heit und die Vorvergangenheit des Leidens, das sich erst nach
harten Stürmen zur ruhigen Anschauung der Gegenwart ab=
klärt. Es hieße Raffael überschätzen, wollte man in ihm einen
heroischen Überwinder sehen, und es hieße ihn ebenso unter=
schätzen, wenn man ihm jene Sättigung an den Reichtümern
des Lebens zuschriebe, die immer zugleich eine Unkeuschheit des
Empfindens zur Voraussetzung hat. Er steht nicht oberhalb
und nicht unterhalb der Probleme, sondern jenseits von ihnen.
Wenn er schaffen will, so sind ihm Wille und Schöpfung schon
eins geworden.

Eben deshalb ist er weder ein Apostel der Sinnlichkeit,
noch ein Apostel der Sittlichkeit. Beides ist in ihm, wenn
nicht zur Einheit verbunden, was bei der absoluten Gegen=
sätzlichkeit unmöglich ist, aber dennoch gebunden, so daß die
feindliche Spannung nicht zum Ausdruck zu kommen vermag.
Aber wie das physische, so ist auch das seelische Gleichgewicht
kein absoluter Ruhezustand, sondern bloß auf eine bestimmte
Verteilung und Lagerung der bewegten Elemente zurückzu=
führen. Es kann also ein großer Mensch der Tragik des Da=
seins sich entwunden haben, ohne über sie hinweggekommen zu
sein, ohne sie überhaupt jemals zu begreifen. Sie ist in ihm
latent, nicht aufgehoben.

Ähnlich hat Kant das Wesen der Schönheit überhaupt
definiert. Sie ist das s c h e i n b a r e Einssein von sinnlicher
Anschauung und sittlichem Geiste. Dabei soll der Schein nicht
zur Realität umgebogen werden, und trotzdem nichts an seinem
Wert verlieren. Freilich bleibt der tragische Dualismus und

die unversöhnte Zweiheit von Moral und Sinnlichkeit. Aber
daß es ein Symbol ihrer Einheit gibt, ist dennoch von un=
endlicher Bedeutung. Nicht als Zielpunkt der Erlösung, als
Beschwichtigungsmittel, als Quietiv, sondern im Gegenteil:
um die immanente Tragik des Menschenschicksals desto reiner
zum Ausdruck zu bringen. Denn eben aus der im Kunstwerk
erträumten Versöhnung erwächst dem Menschen die Aufgabe,
die sittliche Idee jenes Zwiespaltes in seinem Erdendasein
ungeschwächt und ungetrübt festzuhalten.

Eine Erscheinung wie Raffael ist also nicht als Reprä=
sentant anzusehen. Sie beweist nichts für noch etwas gegen die
Renaissance, denn sie ist zu allen Zeiten möglich. Der Wille
eines Zeitalters vermag in ihr nicht durchsichtig zu werden.
Denn er geht hier so ganz im Schaffen auf, wird vom Objekt
der Darstellung so völlig absorbiert, daß außerhalb desselben
nichts von ihm sichtbar ist.

So wenig demnach die Idylle gegen die Tragödie, ja,
man kann sagen, gegen die Omnipotenz des Tragischen be=
weist, so wenig beweist Raffael gegen Michelangelo. Und
eben, weil dieser der bewußtere Künstler ist, der sich Probleme
stellte, ist er der eigentliche Prophet der Renaissance. Was er
will, ist aber nicht die Emanzipation des Fleisches, sondern die
des Geistes.

Was die Kunst lehrt, zeigt in noch erhöhtem Maße die
Philosophie. Auch da wäre es die unverzeihlichste Oberfläch=
lichkeit, wollte man sich mit der simplen Phrase „Sen=
sualismus" begnügen. Und vollends den größten Irrtum
ließe man sich zu schulden kommen, wenn man damit eine
Kriegserklärung an die Metaphysik verbunden sähe, so daß
die Renaissance eine streng immanente Weltanschauung pro=
klamiert hätte. Heute geht die Apotheose der Sinnlichkeit
allerdings wieder Hand in Hand mit der borniertesten Ver=
ketzerung jeder metaphysischen Problemstellung, und man will

sich damit gleichsam den Rücken decken, daß man einem Zeit=
alter so grandioser Produktivität die gleichen Tendenzen zu=
schreibt. Dieser derzeit allenthalben in Schwung gekommenen
Phraseologie glaubt man, kein besseres Empfehlungsschreiben
auf den Weg mitgeben zu können, als wenn man das Pro=
gramm in das tönende Wort, „Weltbejahung" ausmünden
läßt.

Ich glaube, es ist ein preiswertes Beginnen, mit derar=
tigen Redensarten gründlich aufzuräumen. Ja und Nein
sind bloß Reaktionen des bornierten Alltagsverstandes, der
sein persönliches Wohl und Wehe zum Maßstab einer Wer=
tung des Universums nimmt. Die Welt bejaht jeder Gym=
nasiast, der zum ersten Male an die Ausübung seiner sexuellen
Funktionen schreitet, und er verneint sie wahrscheinlich, wenn
ihm Venus irgend einmal ein Schnippchen schlägt. Die Philo=
sophie ist aber immer das eine wie das andere: das eine,
sofern sie die Elemente der naiven Weltanschauung zertrüm=
mert, das andere, sofern sie ihnen höhere Werte substituiert.
Das gilt von Schopenhauer ebenso wie von Nietzsche. Eine
wahre Philosophie hat weder ein positives noch ein nega=
tives Vorzeichen.

Was den Sensualismus anlangt, die Anschauung,
daß alle Erkenntnis der Welt und der Menschen auf den
Sinnen beruhe und sich in den Sinnen vollende, so ist die Re=
naissance davon weit entfernt, ihr Recht zu geben. Freilich
mußte man, um die Forschung auf eine exakte Erfahrungs=
basis zu stellen, mit dem Begriffsapparat der Scholastik tabula
rasa machen. Damit aber ist die Metaphysik noch nicht be=
seitigt. Die mit der gegen Aristoteles sich wendenden Polemik
verbundene Erneuerung des Platonismus gab sogar, wie
das Beispiel Patrizzis und Telesios beweist, den ent=
scheidenden Anlaß zu überaus phantastischen naturphilosophi=
schen Konstruktionen.

War endlich Giordano Bruno, der stärkste und um=
fassendste Denker des Zeitalters, Sensualist oder Antimeta=
physiker? Weder das eine noch das andere. Was er vor
allem zu ergründen und auszudenken strebte, war das Problem
der Unendlichkeit. Hier aber versagt die Erfahrung und ver=
sagen die Sinne. Was sie künden, sind bloß Einzelheiten und
Fragmente. Die Unendlichkeit als geschlossene Einheit ist eine
Konzeption der Vernunft.

Diese Einheit hat Bruno aber auf zwei Seiten gesucht.
Er entdeckte sie in der Monade wie in der alles umschließenden
Gottheit, im kleinen sowie im großen. Die Konzeption der
Idee der Monade, die ihn zum wahren Begründer der neueren
Erkenntnistheorie und Metaphysik macht, zeigt am besten, daß
er kein Idylliker wie Fechner, kein Naturalist wie Spi=
noza, sondern ganz im Sinn Michelangelos, ein Verkünder
der tragischen Weltanschauung war, der er zuerst einen klar
begrifflichen Ausdruck gegeben hat. Die Idee der Unend=
lichkeit ist ein Danaergeschenk, denn sie lehrt die vergleichs=
weise Nichtigkeit alles Endlichen; und endlich ist die Wirklich=
keit, wie sie dem Menschen in unmittelbarer Anschauung gegen=
übersteht. So beschwört jene Idee die furchtbare Möglichkeit
des absoluten Nihilismus herauf, oder es erwächst aus ihr der
Imperativ, das menschliche Dasein, das extensiv in Grenzen
eingeschlossen bleibt, intensiv ins Unendliche zu vertiefen.
Die entscheidende Wendung hierzu liegt bei Bruno in der Lehre
von der Monade. Die Unendlichkeit im Einzelnen, im Atom,
erschließt der Ethik ein neues Reich. Der Mensch hat jetzt den
Weg des Heils betreten, er trägt seinen Gott in sich selber
und kann sich zu ihm erheben, wenn er nicht mutwillig den
erhabensten Hort der Seele preisgibt. Die Sehnsucht der
Mystik hat Giordano Bruno erfüllt, sofern er den Sinn der
Erfüllung erriet und lehrte. Die Unendlichkeit des Univer=
sums, wie sie sich von Fixsternhimmel zu Fixsternhimmel er=
streckt, lockt den suchenden Geist in eine unerreichbare Fata

Morgana: Aber sie liegt eins und ungeteilt in jedem Menschen.

Tragisch ist diese Weltanschauung, trotz der scheinbaren Versöhnung der zweiten Welten, da Bruno nicht pantheistisch Natur und Gottheit identifiziert, sondern als unvereinbare Gegensätze einander gegenüberstellt. Sie sind prinzipiell geschieden; und deshalb gibt es keinen stufenweisen Übergang vom einen zum andern. Die Natur ist in sich geteilt und mit Gegensätzen behaftet. Die Gottheit ist eins in allem, eins und alles, sie hat in sich die Gegensätze überwunden und zur höchsten Einheit geläutert. Das Göttliche ist die Negation des Natürlichen und nicht seine immanente Verklärung. Um sich in diese Sphäre zu erheben, muß man über den Widerstand der Phänomene hinübergekommen sein. Das ist aber unmöglich, solange man sich dem Zeugnis der Sinne überläßt. Also ist Giordano Bruno Antinaturalist und Antisensualist.

Man darf es überhaupt für keinen Zufall ansehen, daß an der Schwelle der neuen Zeit die Lehre von der Unendlichkeit des Weltalls steht. An das Unendlichkeitsproblem haftet sich das Problem des Erkennens sowie die Frage nach der ethischen Bestimmung des Menschen. Der eigentliche Sinn für das Tragische war der antiken und mittelalterlichen Welt noch nicht aufgegangen, da sie den Kosmos, geometrisch sowie teleologisch um die Menschheit als ihr eigentliches Zentrum bewegt sah. Die Renaissance strebt überall ins Unendliche. Die Antike war naiv anthropozentrisch und sah in allem Maß und Grenze. Die mittelalterliche Welt ahnte die Unendlichkeit, aber sie trat nicht aus dem Reiche der Ahnung in das der Erkenntnis hinaus. Erst dem modernen Menschen ist das Problem zum Bewußtsein gekommen.

Die Erde hatte aufgehört, der sinnliche Mittelpunkt des Weltalls zu sein. Sie sank zu verschwindender Kleinheit her-

unter. Um so entschiedener mußte die Menschheit in sich selber
den festen Angelpunkt suchen, von dem aus das sittliche und
religiöse Gleichgewicht wieder erhalten werden konnte. Da
langte der Dogmenglaube nicht mehr aus, auf dem der Bau
der päpstlichen Hierarchie gefußt hatte. Der Materialismus,
der nicht der Aufklärung, sondern in Wirklichkeit dem Obsku=
rantismus Vorschub leistet, war überwunden. An die Stelle
der Dogmatik trat das unsichtbare Reich des Glaubens. So
war die Renaissance sicherlich ein großer Akt der Selbstbe=
freiung. Aber was sie im Menschen frei werden ließ, war
nicht der Trieb des Fleisches, sondern die sittliche Vernunft.
Daß sie in Opposition gegen die Vergangenheit trat, läßt sie
noch nicht als Fürsprecherin einer moralischen Anarchie er=
scheinen. Wer gegen den Zwang des Dogmas kämpft, braucht
darum noch kein toller Himmelsstürmer zu sein, und wer seinen
Leib nicht haßt und kasteit, darf nicht gleich ein sinnentrunkener
und gotteslästerlicher Heide heißen.

Die Renaissance hat vielmehr, weit entfernt, in dem Idyll
des Monismus zu schwelgen und die Versöhnung von Geist
und Natur, Vernunft und Sinnlichkeit zu feiern, zum ersten
Male das Bild des tragischen Menschen geschaffen. Sie
ist zum Bewußtsein jenes ewigen Zwiespaltes gekommen; er ist
ihr nicht mehr leeres Dogma, gottgewollte Norm, sondern
Problem und Aufgabe geworden. Die Renaissance ne=
giert also nicht eigentlich das Mittelalter, sondern sie vollendet
es. Was diesem Glaube und Ahnung ist, wird ihr zu klarer
Bedeutung. Sie ist keine Revolution und keine spontane Ent=
faltung der Gegenwart, sondern Vergangenheit, die zur Er=
kenntnis ihrer selbst gelangt ist. Man darf also nicht ver=
gessen, daß das Zeitalter Raffaels, Ariosts, Boccaccios und
Cervantes' auch das Zeitalter Michelangelos, Palästrinas,
Dürers und Shakespeares war. Ein Dichter und Denker wie
Giordano Bruno, der wohl allen zeitgenössischen Philosophen
voransteht, hat trotz der mißverständlichen Beurteilung, die

er gegenwärtig von den auf die vulgären Dogmen ihres
Meisters Haeckel eingeschworenen Monisten erhält, danach er
bloß als Vorbote des Evolutionismus und als Verkünder einer
extrem naturalistischen, jedem Dualismus abgekehrten Welt=
auffassung gefeiert wird, die vornehmste Leistung nicht als
enthusiastischer Naturpoet oder als realistischer Doktrinär voll=
bracht, sondern im Gegenteil als einer der größten Bahn=
brecher des modernen Idealismus. So ist er Plato und der
alten indischen Philosophie weit eher verwandt, als den lär=
menden Vertretern der neuen Heilslehre, die die Schöpfung
der Welt in das Jahr 1859 versetzen und die geistigen Er=
zeugnisse der prädarwinistischen Epochen auf eine Stufe mit
den paläontologischen Gebilden des Silur und Devon setzen.

Man darf diese Auffassung Giordano Brunos bezüglich
der ganzen Renaissancebewegung verallgemeinern. Jene Le=
bensauffassung des modernen Sensualismus, die seit F e u e r =
b a c h wieder in einer höheren Tonlage aufklang, berührt
kaum ihre Oberflächen. Die Werte, die sie schuf, wollen dem
erbärmlichen Behagen der Herdentiere, das man noch so
sehr mit wohlklingenden Redensarten verbrämen mag, ohne
seinen wahren Charakter zu ändern, keine höhere Sanktion er=
teilen. Aus den Deckengemälden der sixtinischen Kapelle, aus
Dürers Christusbildern, aus Hamlets Monologen spricht nicht
der friedfertige Hang des Bejahens, der fragwürdige Herois=
mus einer Epoche, die ihre eitle Selbstzufriedenheit zu be=
mänteln glaubt, weil sie ihr den pompösen Ehrentitel des
Positivismus leiht. Es ist nicht die naive Lust am Dasein,
sondern die Tragik des Daseins, die den Menschen jener Zeit
bewußt wird, und ihr Heroismus — die positivistische Fraße
ist ihnen gänzlich fremd — besteht nicht darin, sich dieser
Erkenntnis verschlossen zu haben, sondern t r o ß ihrer den
Wert des Lebens und der menschlichen Individualität be=
hauptet zu haben.

Viel inniger als mit der Gegenwart hängt die Renaissance

mit der Romantik zusammen. Diese Erkenntnis ist ja in meinen Erörterungen klar ersichtlich enthalten. Beiden Zeitaltern ist beides gemeinsam: der r e l i g i ö s e G e i s t und der t r a g i s c h e C h a r a k t e r. Vielleicht im tiefsten Grunde eines und das= selbe. Und worin die Wurzel solcher Identität zu suchen wäre, soll noch die folgende Untersuchung ergeben.

Die Romantik stellt noch einmal, aber in weit größerer Reinheit die Probleme, die die Renaissance zuerst ergriffen hatte. Der titanische Drang, die Welt erkennend zu be= meistern, verkörpert sich im Faust. Das ist weit eher Michelan= gelo als Raffael. Das ist Tragik und nicht Idylle.

Die Idee der Unendlichkeit, von der Bruno erfüllt war, empfängt in Kant eine ungeahnte Vertiefung. Und aber= mals ist es die Monade, das m e n s c h l i c h e S u b j e k t, in das die Unendlichkeitsbetrachtung schließlich einmündet. Vom ge= stirnten Himmel, der den sehnsüchtigen Blick in immer neue Welten führt, lenkt Kant sein Auge zum moralischen Gesetz, das unberührt von Raum und Zeit, ewig und unendlich in der menschlichen Brust wohnt. Des höheren Lebens, der kos= mischen Einheit wird der Mensch bloß in sich selber teilhaftig. Das hat die Renaissance geahnt, die Romantik erkannt und die Gegenwart wird es nochmals erfassen müssen.

3. Die Entwicklung der Lenau'schen Weltanschauung und Kunst unter dem Gesichtspunkte des religiösen Problemes.

Im „Savonarola" hat Lenau also ein Gemälde der Renaissance geschaffen und gleichzeitig das religiöse Problem an der Wurzel zu fassen gesucht. Beides gehört auch von Rechtswegen zusammen; denn uns durfte die Renaissance zunächst als Wiederbelebung des religiösen Geistes gelten.

Der „Savonarola" steht aber auch aus anderen Gründen im Zenith der Lenauschen Lebensanschauung und Kunst. Um dies einzusehen, genügt eine Analyse dieses einen Werkes nicht, sondern es muß die ganze Entwicklung der leitenden Motive und Gedanken in Lenaus Schaffen überschaut werden, um über die einzelnen Etappen Klarheit zu erlangen. Dabei bleibt sein Verhältnis zur Religion das Problem der Probleme. Allein es wird wirksam ergänzt durch die Betrachtung seines Verhältnisses zur Natur und Erotik; in ihm spiegelt sich der allgemeine religiöse Charakter wieder, oder vielmehr es drängt auch hier alles zu diesem hinüber.

Was die Erotik anlangt, so möchte ich einigen meiner Leser keine Enttäuschung bereiten. Ich weiß wohl, daß die „physiologische" Methode in der Ästhetik sich heute besonderer Beliebtheit erfreut. Das Erste, wonach man, um sein Interesse an einem Künstler oder Philosophen zu dokumentieren, zu fragen pflegt, ist dessen Geschlechtlichkeit: ob das Weib ihn, oder ob er das Weib besessen habe; und sogar die näheren Modalitäten dieser delikaten Beziehungen pflegen dann mit prickelnder Lüsternheit berührt zu werden. Man hat alles darauf angelegt, den Dichter bei den intimsten Verrichtungen zu überraschen.

Wir werden uns bloß an Lenaus Worte halten; die Ausbeute ist reichlich und überreich. Entgegen seinem ausdrücklichen Bekenntnis im „Savonarola" ist Lenau wenigstens als fühlender und schaffender Künstler Pantheist; nicht in des Wortes phrasenhafter Bedeutung, wo es ein unklares Gemisch mythischer und rationalistischer Gedankengänge repräsentiert: sondern als Symbol für jenes kosmische Mitleiden, wo jede Bewegung in der Natur einen intensiven Empfindungs-Nachhall in der Seele des Menschen erweckt. In diesem Sinn ist Lenau mehr Pantheist als irgend ein Lyriker neben oder nach ihm; eigentlich mehr noch als Goethe, denn bei ihm treten Natur und Geist oft klar auseinander, in Lenau aber ist die Natur vergeistigt und von Geist gesättigt. Ahnungsvoll legt sich ein Hauch in und um die Phänomene, so daß der echte Symbolismus, der auch Symbole beſitzt und nicht bloß die Fiktion der Symbole, vielleicht nie einen ſtärkeren Vertreter gefunden hat.

Lenaus Verhältnis zur Natur iſt durch die vorherr- ſchende Grundſtimmung der Wehmut charakteriſiert; aber keine Wehmut, die zurück nach der Vergangenheit blickt, die an der Gegenwart irre wird, oder ſich um die Zukunft betrogen glaubt. Es iſt eine Wehmut außer und über der Zeit, die alle Erſcheinungen in ihr Medium bringt. Es iſt die Wehmut einer Erkenntnis: Daß das Leiden der Inhalt und der Sinn der Natur iſt. Dieſer Überzeugung hat Lenau am deut- lichſten Ausdruck gegeben in dem allegoriſchen Gedichte „Der traurige Mönch“. Die Geſtalt des Mönchs, der in dem grauen Turm ſeit Urzeiten umgeht, iſt gleichſam die ſichtbare Bot- ſchaft des ewigen Leides.

„Der große und geheime Schmerz,
Der die Natur durchzittert,
Die ahnend mag ein blutend Herz,
Den die Verzweiflung wittert,
Doch nicht erreicht — der Schmerz erſcheint
Im Aug' des Mönchs, der Reiter weint.“

Das Leid der Natur iſt für den Menſchen eine Offen- barung, deren Tiefe er kaum zu ergründen imſtande iſt; ſein hoffender Glaube erkennt ſie nicht und nicht einmal die Ver- zweiflung erreicht ſie. Aus dieſer Erkenntnis entſpringt das tiefe Verſtändnis Lenaus für die Ideen des Chriſtentums, vor allem für ſeinen Gründer: das Kreuz, als das unver- gängliche Symbol des Leidens, iſt nicht das Geſchick eines Einzelnen oder eines Stammes, ſondern der Lebensquell der Menſchheit und Welt, die Deutung des Univerſums im Bilde des duldenden und erlöſenden Menſchen.

Kruzifix.

Hält der Menſch die Blicke himmelwärts,
Und die Arme liebend ausgebreitet,

Um die Welt zu drücken an sein Herz,
Hat er sich zur Kreuzigung bereitet.
Solche Lieb' ist selten auf der Erde;
Daß ihr Bild die Welt nicht ganz verläßt,
Hielt am Kreuz die Menschheit eilig fest,
Jesus, deine liebende Geberde!"

Der Ausdruck der höchsten Liebe ist der Ausdruck des
höchsten Schmerzes. Die Liebe zum Weltall ist seine Be=
jahung; wer die Welt an sein Herz drückt, kreuzigt sich in ihr
und für sie.

Dabei hat sein Christentum durchaus keinen exklusiven
Charakter. Im „Savonarola" hat es wohl stellenweise den
Anschein, als setzte Lenau, besonders in der Beurteilung Lo=
renzo des Medicäers und in der Episode Michelangelos und
Lionardos da Vinzi, die Antike zugunsten des neuen, reli=
giösen Geistes herunter, aber in Wirklichkeit war seinem sehn=
suchtsvollen Blicke auch der Götterolymp nicht verschlossen.
Vielmehr erstrebt er eine Synthese von Christentum und Hei=
dentum, allein nicht in dem oberflächlichen Sinn der heutigen
Einiger des Geistes, die gerne versöhnen wollten, was un=
versöhnlich bleibt, und wo eine innere Verbindung unmöglich
ist, ein mechanisches äußerliches Gemenge herzustellen suchen.
Er findet vielmehr auch in der antiken Kultur die Idee des
Christentums.

„In der Symphonien Rauschen,
    Heiligen Gewittergüssen,
Seh' ich Zeus auf Wolken nahen und
    Christi blut'ge Steine küssen;
Hört das Herz die große Liebe,
    Alles in die Arme schließen,
Mit der alten Welt die neue
    In die ewige zerfließen."
                    Beethovens Büste.

Neben der Deutung des Lebens als eines Quells des
ewigen Leidens findet ſich eine andere ihr zwar nicht wider=
ſprechende und entgegengeſetzte, aber dennoch eine heitere Nü=
ance dieſer Stimmung. Da iſt es das Bewußtſein der kos=
miſchen Unſterblichkeit, des Seins im Univerſum und der un=
lösbaren Verbindung mit dem Alle, welches die Regungen
des Geiſtes der Schwermut übertönt. So beſonders in den
wunderbaren Waldliedern, die das vollkommenſte Verſunken=
ſein in das Leben und Weben der Natur zeigen.

> „In dieſes Waldes leiſem Rauſchen,
> Iſt mir, als hör' ich Kunde wehen,
> Daß alles Streben und Vergehen,
> Nur heimlichſtill vergnügtes Tauſchen.“

Wie er der Dichter der kosmiſchen Wehmut iſt, ſo iſt
Lenau auch der Dichter der kosmiſchen Keuſchheit. Denn der
tiefinnere Glaube an das Rätſel der Welt, an die Welt als
Problem, iſt der Ausdruck einer keuſchen Geiſtesart,
die in den Erſcheinungen Hüllen erblickt und nicht nackte Reali=
täten. Dem flachen von ſeichtem Aufklärungsdünkel gemä=
ſteten Rationalismus, der heute wieder neben einer gleich un=
erquicklichen obſkuranten Modeſtrömung zum Vorrang ge=
kommen iſt, ſteht er feindlich und fremd gegenüber. Gedichte
wie „Der Rationaliſt und der Poet“ und „Zweierlei Vögel“
geben dem Ausdruck, beſonders das letztere, wie die Worte
beweiſen, die die Phantaſie zur Reflexion ſpricht:

> „Du picke immer zu,
> Und bleib' auf deinem Aſt,
> Wenn keine Ahnung du
> Von meiner Ahnung haſt,
> Doch pfeif's nicht aus als Wahn
> Und Narrenmelodei,
> Daß hinterm Ozean
> Auch noch ein Ufer ſei.“

Also will sich die Phantasie nicht, wie der Alltagsver=
stand es auffaßt, auf den weiten Ozean vager Schwärmerei
hinauswagen, sondern sie sucht wie er festes Land. Aber sie
sucht das andere Ufer; während er zag am Strande verweilt,
fliegt sie über das Meer nach dem entdeckten Neuland in
den weiten Fernen.

Die Keuschheit als Gefühl ist Sehnsucht: darum ist Le=
nau der Sänger des einsamen Sehnens. Es ist der Wunsch
nach dem vollen Glück und das Bewußtsein, daß dieser Wunsch
an der Heiligkeit des Menschen und an dem Mysterium der
Welt frevelt. So wendet er sich der Askese zu: ihren Sinn,
ihre Tiefe haben wenige so ganz begriffen wie er.

> „Es wächst ihr Ernst, wenn sie vorüberstreichen
> An einem unverdienten Erdenglück;
> Die Scham verbietet, keck darnach zu greifen."

Er erkennt, daß der moralische Mensch nicht glücklich
sein kann und nicht glücklich sein darf. Das Paradies der
ersten Menschen ist verloren, im Leiden mit der Welt, und für
sie müssen wir es von neuem aufbauen. Die Sehnsucht nach
dem Glücke verwandelt sich in die Sehnsucht nach den ge=
heimen Tiefen des Weltalls. Der Mensch will nicht mehr
zur Lust, sondern er will zum Sinn des Lebens.

Die große Sehnsucht hat große Symbole geschaffen.
Vor allem das Faustproblem, das so viel Vergangenheit schon
hinter sich hat und alle Vergangenheiten noch nicht erschöpft
hat. Ob und wie Lenau hinter Goethe zurückblieb, davon
ist hier nicht die Rede. Er hat das Problem anders aufge=
faßt und gemodelt, aber auch tief ergriffen, wenngleich die
konkrete Schöpfung sich nicht mit der Größe des Gedankens
zu messen vermag. Faust will den Kern der Welt erkennen,
so daß sie ihm äußerlich Objekt der Erkenntnis bleibt.
Die mystische Vereinigung mit der Gottheit hat er verschmäht,

er will sich nicht selber fahnenflüchtig werden. In Mephisto=
pheles tritt ihm nunmehr der Ratgeber zur Seite. Er soll
sich der Liebe ergeben und den wilden Instinkten der Mord=
lust, die in den Tiefen jedes Menschen schlummern, freien
Lauf lassen, beide erst machen den Menschen glücklich. Die
Zusammenstellung ist überaus tiefsinnig. In der Liebe pflanzt
der Mensch seine Art fort und im Morde zerstört er sie.
Neben der Gegensätzlichkeit aber existiert hier ein geheimnis=
voller Zusammenhang. Der Mord ist ein Mysterium wie die
Liebe. Es liegt in jenem etwas, was dem erotischen Drange
vergleichbar, wenn es nicht gar ihm identisch ist. Wer einen
Menschen liebt, sucht ihn zu binden, ihn in weitgehende Ab=
hängigkeit von sich zu bringen, wer ihn mordet, zieht eigent=
lich bloß die letzte Konsequenz aus dem gleichen Triebe. An
den Quellen des Lebens wohnt der Dämon der Zerstörung.
Es gibt einen Umsatz von Kräften auch im psychischen Leben,
und jene Verwandtschaft der Extreme, von denen der gewöhn=
liche Verstand nichts weiß. Darum erschließt Mephisto seinem
Gefährten die grausame Offenbarung. Faust gehorcht dem
Rat. Die Liebe treibt ihn zur Verführung des Weibes und
zum Morde an Herzog Hubert. Aber seine Sehnsucht erfüllt
sich nirgends. Der Ruhelose bleibt ruhelos. Nicht Haß und
Liebe sind sein Problem. Sondern die Erhaltung und der
Triumph des Subjektes gegenüber der Welt und der Gott=
heit. Er will nicht in den Schatten der Gottheit, und er will
nicht in den Schoß der Natur. Hier wie dort müßte er seinem
eigenen Wesen untreu werden. So wäre die Seligkeit mit
dem Selbstverrat bezahlt.

> „Das leuchtet ein! es gilt daß ich die Seele
> Aus Christus und Natur heraus mir schäle.
> Ob ich mit ihm, mit ihr zusammenhange,
> Umkreist mich unentrinnbar eine Schlange.
> Ist Christus Gott und folg' ich seinem Schritt,
> So bin ich, sei es auch auf Himmelspfaden,

Der Schuh nur, den sein Fuß erfüllt und tritt,
Ein niederes Gefäß nur seiner Gnaden.
Ist's die Natur — bin ich ein Durchgang nur,
Den sie genommen fürs Gesamtgeschlecht,
Bin ohne Eigenzweck, Bestand und Recht,
Und bald bin ich verschwunden ohne Spur."

Die Ehre der Menschheit will er retten in ihrer unbe=
schränkten Autonomie. Er will kein Mensch sein von Gottes
Gnaden und kein Schößling der allumfassenden Natur. An
diesem Streben ist nichts Unmoralisches. Im Gegenteil: es
ist der Ausdruck des edelsten moralischen Wollens. Allerdings
gewinnt es bei Faust eine psychologische Nüance, die diesen
Wert außerordentlich beeinträchtigt, wenn nicht gar ihn um=
wirst.

„Bin ich unsterblich oder bin ich's nicht?
Bin ich's, so will ich einst aus meinem Ringe
Erobernd in die Welt die Arme breiten,
Und für mein Reich mit allen Mächten streiten,
Bis ich die Götterkron' aufs Haupt mir schwinge!
Und sterb' ich ganz — wohlan! so will ich's fassen,
Nicht so, als hätte mich die Kraft verlassen,
Nein! Selbst verzehr' ich mich in meinem Strahl,
Verbrenne selbst mich wie Sardanapal
Samt meiner Seele unermess'nen Schätzen,
Mich freuend, daß sie nimmer zu ersetzen!"

Das ist nicht mehr der Wille zum Wert, sondern
der Wille zur Macht. Die kosmische Sehnsucht
Faustens wird egoistische Habgier. Er wird ein Des=
pot des Willens wie der göttliche Despot, gegen den er sich er=
hebt. Es ist ein Kampf von Subjekt und Subjekt, zwischen
Macht und Macht. So würde selbst, wenn Faust triumphierte,
der Mensch nicht mit ihm ethisch erhoben und geläutert sein.

Noch einmal geht er einen anderen um Rat an, den Schiffermann Görg, mit dem er den verheerenden Sturm auf der See bestanden hat. Die Lebensanschauung Görgs hält sich von demjenigen frei, worin Faust den Knoten seines Geschickes erblickt, von den großen Problemen.

Faust: Sag an, glaubst du an einen Gott?

Görg: Du zeigtest dich im Sturme fest,
Drum sich's mit dir verkehren läßt,
Sonst schickt' ich dich jetzt heim mit Spott.
Ich glaube — Kameradenwort,
Bei gutem Wind wohl an den Port,
Ich glaube, daß ein Schiff versinkt,
Wenn es selber zuviel Gewässer trinkt,
Wie selber ich zu Boden sänke,
Wenn ich zuviel des Weines tränke;
Ich glaub' an diesen süßen Kuß,
Ich glaube, daß ich sterben muß.

Faust: An Gott vor allem glaubst du nicht?

Görg: Ich schaute nicht sein Angesicht,
Niemals mir seine Stimme klang;
Wenn er von mir was haben will,
So blieb er nicht so mausestill,
So gab er mir ein Zeichen lang.

Faust: Gab er dir nicht in Berg und Tal,
In blauer Luft, in Wetterstreichen,
Im großen Meer, im Sonnenstrahl,
Daß er da herrscht, ein starkes Zeichen.

Görg: Soll all das mir zum Zeichen frommen,
So muß er früher selber kommen,
Daß ich von ihm erst fassen lerne,
Was sagt: Berg, Tal, Luft, Meer und Sterne?
Das alles ist mir vor der Hand
Nur eben Stern, Luft, Meer und Land,

Was ich nicht fasse und verstehe,
Darf nicht dem Herzen in die Nähe.

Das ist ein Standpunkt, der die Symbole verschmäht. Für ihn existieren bloß Phänomene und kein Wert. Die Anhänger Görgs füllen mehr und mehr die Erde: im Zeitalter des Symbolismus sind der Kunst und der Ethik gleicher Weise die Symbole abhanden gekommen. Man will bloß wiedergeben, was man vorfindet, und die Wiedergabe soll allein dem Zweck der unreflektierten Aufnahme in den Geist dienen. Faust aber hält an seinen Werten und Symbolen fest, wenngleich auch er ihren Sinn mißdeutet und verkennt. Seinem Ideale bleibt er fern und fremd. „Könnt' ich vergessen, daß ich Kreatur." Aber er vergißt es nicht und greift zur verschmähten Narkose des Glaubens an das Verbundensein mit der Gottheit.

„So ist's! Ich bin mit Gott festinniglich
Verbunden und seit immerdar,
Mit ihm derselbe ganz und gar,
Und Faust ist nicht mein wahres Ich.
Der Faust, der sich mit Forschen trieb,
Und der dem Teufel sich verschrieb
Und sein und alles Menschenleben,
Des Guten und des Bösen Übung,
Dem Teufel selbst, dem jener sich ergeben,
Ist nur des Gottbewußtseins Trübung,
Ein Traum von Gott, ein wirrer Traum,
Des tiefen Meeres vergänglich bunter Schaum.
Und zeugt der Mensch, wie Faust ein Kind,
Ein Traum dem andern sich entspinnt;
In jedem Kind, in jedem Morgenrot
Sich Gottes Phantasie erfrischt."

Aber Mephistopheles antwortet ihm:

„Du töricht Kind, das ſich gerettet glaubt,
Weil's nun mit einmal ſein geängſtet Haupt
Dem Alten meint zu ſtecken in den Schoß,
Und ihm den Knäul zu ſchieben in die Bruſt
Den 's frech geſchürzt, zu löſen nicht gewußt.
Er wird nicht Mein und Dein mit dir verwiſchen,
Das tote Glück dir wieder aufzufriſchen.
Du warſt von der Verſöhnung mir ſo weit,
Als da du wollteſt mit der fieberheißen
Verzweiflungsglut vertilgen allen Streit,
Dich, Welt und Gott in Eins zuſammenſchmeißen.
Da biſt du in die Arme mir geſprungen,
Nun hab' ich dich und halte dich umſchlungen!"

Mephiſto ſpricht das Urteil; mit Recht: denn diesmal
iſt ſich Fauſt zum erſtenmal ſichtbar untreu geworden. Seine
Schuld ruht alſo auf zwei Schwerpunkten: auf jener Hab=
gier des Ich, in der er ringend und ſtreitend befangen
bleibt, und auf der Fahnenflucht zu einem Glauben,
der ihm ein verſöhnendes Quietiv gewähren ſoll. Der tra=
giſche Menſch will aber nicht von ſich loskommen, ſondern im
Zeichen des Leidens ſeiner ſelbſt froh werden. Jenes Glau=
bensidyll iſt Lüge und Illuſion, es gibt keine Erlöſung von
außen her. Dennoch gewahrt man auch hier trübende Ele=
mente. Lenau iſt nicht ſo ganz der tragiſche Denker als es
ſcheinen könnte. Er hat die Verſchuldung des Helden nicht bloß
in der Umkehr der Werte und in der Abkehr vom Wert=
willen geſucht, ſondern zum Teile auch dort, wo ſeine Größe
liegt, in der Stärke. Darin, daß der Menſch für ſich neben
dem Reiche der Natur ein Reich der Freiheit ſucht, wo er
nicht mehr Geſchöpf bleibt, ſondern Schöpfer wird, liegt ſein
unvergänglicher Heroismus und das Fundament des echten
Glaubens. Autonomie und Egoismus ſind keine Wechſel=
begriffe. Dies überſah Lenau, und ſo gab er den moraliſchen
Kern ſeiner Kunſt preis.

Das Problem Don Juans ist bereits im Faustproblem
enthalten. Denn die Liebe und ihre tiefsten Möglichkeiten
sind auch dort aufgerollt. Mit glücklichem Blicke hat Lenau
im Don Juan den Zug zum Universellen festgehalten. Don
Juan ist nicht die Tragödie des sinnlichen Menschen. Ihr Held
ist wie Faust übersinnlich: allein er stellt die Sinnlichkeit in den
Dienst seiner weltumfassenden Sehnsucht, um sie schließlich in
deren Glut zu Asche zu versengen. Er ist ein Teil des Faust,
und sein Schicksal wächst gleichsam aus dem des anderen hervor.
Selbstsucht auch hier: aber auch der Wille zum Größten und
der Kampf dieser Motive.

Am reinsten erscheint der Glaube in Savonarola. Freilich
bei ihm wie bei den anderen nicht frei von jenen theistischen Zu=
sätzen. Aber der Glaube ist hier ganz Symbol geworden
und dem Menschen zu eigen, so daß das erniedrigende Ab=
hängigkeitsverhältnis, das am tiefsten die moralische Würde
schädigt, in diesem Kunstwerk, vor einer freien Religion in den
Hintergrund tritt. Das Bewußtsein des sittlichen Wertes und
seiner Unzerstörbarkeit war in Lenau nie so stark wie dies=
mal. Darum hat er im Savonarola am weitesten seine Sehn=
sucht emporgehoben.

Die Religion der Zukunft.

Das Problem der Religion, das bei Lenau und in be=
stimmtem Sinn wohl auch außerhalb Lenaus, die andern in
sich faßt, wächst hier organisch aus den einzelnen Werken
zu seiner überragenden Stellung empor. Es ist, um es mit den=
selben Worten noch einmal zu sagen, das Problem des
höchsten Daseins, die Frage, ob der Mensch Anteil am
Göttlichen habe und worin der Anteil bestehe.

Ein verhängnisvoller Irrtum, den sich ein mit phrasen=
hafter Beredsamkeit alle Welträtsel wegdisputierender Li=
beralismus so häufig hat zuschulden kommen lassen, ist es,

daß die Frage dort beiseite geschaffen sei, wo man gegen ihre falsche Beantwortung mit Erfolg argumentiert habe. Das religiöse Problem ist das geblieben, was es in früheren Zeiten der Menschheit war, auch wenn längst die religiöse Dogmatik über den Haufen geworfen ist. Im Gegenteil, dann erst wird es frei und offenbar.

In unserer Zeit ist die Unzulänglichkeit des liberalen In= differentismus so recht sichtbar geworden. Vor wenigen De= zennien noch sprach man der Kirche alle Bedeutung ab und glaubte, daß der Triumph der Naturwissenschaften die spär= lichen Überreste des religiösen Glaubens wie welkes Herbst= laub über Nacht werde fortwirbeln lassen. Man hat sich arg getäuscht: die Büchner, Moleschott und Vogt sind heimge= gangen und ihre Lehre mit ihnen. Eine neue Generation ist aufgewachsen, die nicht mehr wie Basaroff in Turgenjeffs „Väter und Söhne" das Heil der Welt darin besiegelt wähnt, daß man Frösche seziert und gegen Philosophie und Kunst los= pöbelt. Die Reaktion ist mit erhöhter Heftigkeit eingetreten, wie jedesmal, wenn die Missionäre des Aufklärichts eine Zeit= lang an der Arbeit waren. Dergleichen kann in ungezählten Protestversammlungen nicht wieder gut gemacht werden.

Es ist wahr, daß hier, wie auch sonst in der Regel, die richtige Mitte verfehlt wurde. Anstatt der gewerbsmäßig be= triebenen Freigeisterei den Laufpaß zu geben und echte Geistes= freiheit, die sich auch an Abgründen und Untiefen nicht scheu vorbeidrückt, an ihre Stelle zu setzen, versank man in Mysti= zismus oder klammerte sich wieder an den Buchstabenglauben. Das ist allerdings bloß Narkose und kein wahres Heilmittel. Solche forcierte Frömmigkeit weist mit allzu großer Deutlich= keit darauf hin, daß das Gefäß des Glaubens inwendig hohl ist.

Die Religion ist aber in Wirklichkeit weder mit dem Kate= chismus der Darwinschen Heilslehre und der evolutionisti=

fchen Paraphrafen aus dem Reiche der Erkenntnis zu ver=
bannen, noch durch einen äußerlichen, liturgischen oder dog=
matischen Apparat aus dem Schlaf zu wecken. Für Sekten=
bildungen irgend welcher Form ist überhaupt heute kein Bo=
den mehr, sie mögen für die gröberen Instinkte der Masse be=
rechnet sein oder den sublimen Regungen einiger Auser=
wählten eine höhere Weihe geben wollen. Auch im ver=
flossenen Jahrhundert sind Männer aufgetreten, die man reli=
giöse Genies nennen kann, oder die es in einer andern Kultur=
epoche sicherlich geworden wären. Ich nenne Schleiermacher,
John Ruskin und Carlyle, womit das Register übrigens noch
keineswegs erschöpft ist. Gleichwohl blieb ihr Einfluß mehr
oder weniger auf das Gebiet beschränkt, dem ihre speziellere
Wirksamkeit vorwiegend angehörte. Der eine war ein Philo=
soph, der andere ein Ästhetiker der Religion, keiner von ihnen
ein Religionsstifter. Das rührt im Grunde daher, daß
sie zu viel Kulturbewußtsein in sich aufgenommen hatten.
Sie reflektierten auf ihre Probleme und schöpften sie nicht in
reiner Ursprünglichkeit aus sich selber. In ihnen war zu viel
Vergangenheit gebunden: und darum nicht jener Überschuß
geistiger Zeugungskraft, der allein eine neue Zukunft zu er=
wecken vermag. Der Religionsstifter wird in der Wüste ge=
boren, oder er muß dort wenigstens einmal geweilt haben.
Denn er muß sich aller kulturellen Voraussetzungen entäußert
haben, die die andern binden: und sich durch nichts mehr ge=
bunden sehen, als durch den Willen, sich und die Menschheit
der ewigen Seligkeit teilhaftig werden zu lassen.

Wo Interpretationskünste und allegorische Auslegung
ihr Unwesen treiben, da ist die religiöse Kraft im Schwinden.
Das zeigt im Altertum der Alexandrinismus, in dem die
hellenische Welt eine künstliche Scheinexistenz erlangte und
das Judentum sich zu einer ihm gänzlich fremden Philo=
sophie emporzudeuten suchte, das zeigt der ganze Wust an
talmudischer Gelehrsamkeit, der an die Erhaltung einer in

ſich abgedorrten Dogmatik verſchwendet wurde, das zeigt das
ängſtliche Herumtaſten im altbibliſchen Schrifttum, das noch
heute fragwürdigen Vermittlungsverſuchen zum Daſein helfen
ſoll. Eine Religion wird am allerwenigſten „geſchützt" oder
gar „gemacht". Auch die antiſemitiſche Agitation, die ihre
äußerſten Konſequenzen ziehend, dem Chriſtentum die Axt
an die Wurzel legen will, wie das Beiſpiel Dührings zeigt,
überſieht den ungeheuren Abſtand der konſtruierenden Re=
flexion von der freien Unmittelbarkeit des religiöſen Bewußt=
ſeins. Sie iſt, eben weil ſie ſo extrem antihiſtoriſch iſt,
auch wieder zu hiſtoriſch. Sie rechtet mit der Vergangenheit:
und deshalb kann ſie nicht von ihr loskommen.

Eine Religion wird nicht aus Programmen, wird nicht
in Programmen. Die Los=von=Rom=Rufe werden wirkungs=
los verhallen, und die Gegenagitation wird nicht von beſſerem
Erfolg begleitet ſein. Das alles iſt zu ſehr Augenblicksbe=
dürfnis, iſt zu ſehr von der Gegenwart in Anſpruch genommen,
als daß es auf die Zukunft wirken könnte. Es tritt in den
Dienſt beſtimmter politiſcher Tendenzen und verſinkt wieder,
wenn dieſe einmal abgeſtellt ſind.

Für jede Religion iſt aber zweierlei nötig: eine große
Idee und eine große Perſönlichkeit, die ſich beide nicht an
Raum und Zeit binden. Das eine darf indeſſen nicht neben
dem andern gegeben ſein, ſondern mit ihm zugleich, in ihm
verwirklicht. Oder vielmehr: die Religion hat ihren Urſprung
darin, daß Idee und Perſönlichkeit einmal rein und reſtlos
ineinander aufgehen. Das iſt das Urphänomen, aus dem ſie
ihre Nahrung zieht. Es iſt das eigentliche Wunder, an dem
ſich der Sinn des Gläubigen zu ſtaunender Begeiſterung ent=
facht. Denn die Realität der Idee iſt durch nichts beſſer
gewährleiſtet, als daß ſie lebendige Inkarnation erhält. Hier
iſt das Gleichgewicht ſo vollkommen gewahrt, daß es den
Anſchein gewinnt, als teile ſich der fleiſchgewordene Gedanke
ganz unmittelbar der Menſchheit mit.

Es gibt freilich auch ſonſt keine ſtarke Individualität, die
völlig ideenfremd wäre, ſo wenig ſie auch ſelber ſich in die
Sphäre der Abſtraktion zu erheben vermöchte. Staatsmänner,
Politiker, ſogar Eroberer, wenn man nicht etwa an die Send=
boten der Zerſtörung, die Attila und Tamerlan denkt, haben
ſich immer in den Dienſt höherer Ideen geſtellt. Aber hier
iſt ein Überſchuß an Perſönlichkeit, beſſer geſagt, an
Perſönlichem. Umgekehrt verhält es ſich bei den Den=
kern und im allgemeinen bei den Künſtlern. Da gravi=
tiert alles nach der Idee, durch die ſich das Individuum
ſelber gleichſam entlaſtet glaubt. Es lebt freilich in ihr und
für ſie: aber ſo, daß ſein eigenes Selbſt ihm dagegen in be=
ſtimmtem Sinn gleichgiltig wird. Daß es auch hier Unter=
ſchiede und gradweiſe Abſtufungen gibt, liegt auf der Hand.
Cromwell war einer der Wenigen, die ſich ganz Eins mit
ihrer Aufgabe wußten. Sein Glaube war zu gleicher Zeit
auch der Inhalt ſeines Schaffens. Julius Cäſar, der frohe
Weltmann, dem nichts ferner gelegen war, als Intereſſen der
Religion, blieb dem einen Kulturgedanken treu, den er von
Anfang an im Auge hatte — die geiſtige Zentraliſation des
römiſchen Reiches. Napoleon und Alexander der Große
ſind im Verhältniſſe zu jenen eher Zufallsmenſchen. Was ſie
Bleibendes geleiſtet, fiel als Nebenerfolg am Wege ihres
Wirkens ab. Napoleon mag ſich anfangs als Erben der
Revolution, als ihren Großſiegelbewahrer gefühlt haben, als
Reformator des alten Europa: ſpäter reagierte er mechaniſch
gegen die Weltmacht Englands, die er um jeden Preis ver=
nichten wollte, aus keinem klaren Zweckbewußtſein heraus,
ſondern einfach deshalb, weil ſie ihm im Wege lag. Hier
ſenkt ſich die Wagſchale auf Seite des Menſchen, mit ſeinen
eng bezirkten, perſönlichen Intereſſen. Die großen Denker
dagegen ſind immer in Gefahr, ſich ſo ganz an den Erkennt=
nistrieb hinzugeben, daß ſie darob überſehen, wie aus jeder
wahren philoſophiſchen Überzeugung zunächſt eine ſittliche Auf=

gabe für das erkennende Individuum erwächst. In dieser Ob=
jektivität liegt freilich Größe: aber sie läßt den Menschen zu
häufig von sich selber abstrahieren, an sich selber vergessen.
Die ideale Lebensführung wird damit sozusagen Privatsache,
und das Verhältnis, in das das Subjekt zu seinem eigenen
Ich treten soll, getrübt und gelockert.

Das religiöse Genie dagegen konzipiert nie einen Ge=
danken, der nicht zugleich eine weltbefreiende Tat wäre, es ist
in seiner Hingabe an die Idee zugleich ihr Organ für die
Menschheit. Es setzt den Gedanken gar nicht erst in Wirklich=
keit um: sondern beide sind ihm von Anfang identisch. Darin
vollendet sich eben die Eigenart dieses unvergleichlichen Phä=
nomens, daß alle individuellen Schicksale einen universellen
Charakter, einen Zug zum Kosmos erhalten. Und die sicherste
Bürgschaft für die tiefere Bedeutung dieses dem oberflächlichen
Rationalismus so ganz unfaßbaren und daher von ihm meist
zum Irrtum gestempelten Zusammenhanges erhellt am besten
daraus, daß sich die Überzeugung des Auserwählten mit
höchster Evidenz der Masse mitteilt. Der Gott am Kreuze ist
der Welt freilich ein Symbol der gequälten und leidenden
Menschheit geworden, aber in anderem Sinn als Nietzsche
glaubte. Die Einsamkeit Buddhas ist seinen Bekennern ein
Welt=Ereignis, eine Aufgabe, die, wie man beinahe zu sagen
berechtigt ist, dem Universum auferlegt war. Die Bedeutung
des Religionsstifters besteht also in erster Reihe darin, daß
in ihm und an ihm nichts bloß um seiner selbst
willen, aber alles als Symbol zu existieren
scheint.

Das, was die Menschheit eigentlich an ihn und seine
Verkündung bindet, ist daher nie deren unmittelbarer Inhalt
und Wortlaut, sondern die psychologische Voraussetzung der
Lehre. Sie wird intuitiv erfaßt und ist der Menge Motiv
ihres Bekenntnisses. Darum sind die nächsten Anhänger ver=
hältnismäßig gleichgültig den Worten des Meisters gegenüber.

Erst später, wenn der ursprüngliche Affekt gewichen ist und die
Reflexion nachhelfen soll, wird der Buchstabe zitiert, um
der Verstandeswillkür disziplinierend entgegenzutreten.

Aus dem Früheren geht aber auch hervor, daß von Re=
ligion bloß dort berechtigterweise die Rede sein kann, wo
ein Mensch sich zu ihr emporgerungen und emporgeläutert hat,
vom vollsten Bewußtsein durchdrungen, daß sein Schicksal das
der ganzen Menschheit in sich schließe. Der Weg nach Gol=
gatha ist keinem Religionsstifter erspart geblieben. Aber es
ist ihn auch keiner allein gegangen. Und jeder fühlte, daß es
der Weg aller andern sei. In dieser Erkenntnis, die sich im
Geiste sämtlicher Gläubigen reflektiert, liegt der Inhalt der
Religion beschlossen.

Eben deshalb kann M o s e s kein Religionsstifter genannt
werden. Was von jeher Israels größter Stolz ist: daß sein
Gesetzbuch als ein widerspruchsfreies, vollendetes Ganzes ihm
geschenkt worden, welches ihm den Weg in das gelobte Land
wies und nicht erst hier auf dem Boden einer reifen Kultur
ins Leben trat, daß Moses nichts war als ein Sprachrohr
Gottes, dessen ganze innere und äußere Wirksamkeit einzig
und allein darauf abzweckte, eine träge Masse dem von
Anfang an fixierten Ziel entgegen in Bewegung zu setzen,
spricht am deutlichsten gegen die Anmaßung der religiösen
Auserwähltheit. Ein System von in alter und neuer Zeit
vielleicht unübertroffenen Nützlichkeitsvorschriften entworfen,
den Grundstein zu einer Hierarchie legen, die für spätere ähn=
liche Gebilde vorbildlich geworden ist, eine Dogmatik aus=
bauen, die bis heute mit einer beinahe unerklärlichen Zähig=
keit festgehalten wurde, heißt nicht, Begründer eines neuen
Glaubens sein. Ob der Mosaismus, besonders der Jahvekult,
wirklich dem Geiste seines Stifters entsprang, oder wie schon
Schiller in der „Sendung Mosis" mit glücklicher Intuition
erfaßt hat, ein Erbteil uralter ägyptischer Priesterweisheit war,
ist hier gleichgiltig. Denn nicht auf den Ursprung und die

Urheberschaft, sondern auf den Inhalt kommt es hier zu=
nächst an. Dieser Inhalt aber hat nichts, nicht das Ent=
fernteste mit Religion zu schaffen, obwohl die Hierarchie
sämtlicher Konfessionen auf ihn, als seiner festesten Grund=
lage weiter gebaut hat. Die Berufung Mosis geschah hinter
dem Dornbusche, von ohngefähr, vielleicht, weil Ort und Zeit
der Begegnung günstig waren, nicht aber, weil Moses nach
dem Gott innerlich verlangte, der sich nachher am Sinai ge=
offenbart hat. Seine Berufung galt einer politischen Mission,
und der Politik dient der vor allem, der sich am gründlichsten
zu veräußerlichen vermag. Zum Führer der Masse gegen
äußere Feinde und zu äußeren Zielen wird nicht derjenige, der
am tiefsten in sich geschaut hat, sondern derjenige, der, wenn
er auch nicht im geringsten oberflächlich ist, von selber
zur Oberfläche wird, Alles nach der Oberfläche drängt. Er
geht im wörtlichen Sinn in der Masse auf, in der Wirksam=
keit für die Masse auf, nicht die Masse in ihm. Denn er ist
in Wahrheit ihr Organ, nicht sie das seinige.

Dies ist der eigentliche Unterschied zwischen dem Reli=
gionsstifter und dem Politiker: Der Politiker läßt das In=
dividuum an sich vergessen, läßt es seine ganze Innenexistenz
dem Zwecke des Augenblicks schenken, wogegen der Religions=
stifter eben das Individuum erweckt und es von der Menge
emanzipiert und an dieselbe vergessen macht. In diesem
Sinn ist jede wahre Religion in ihrem tiefsten Wesenskern
Individualismus. Und sie ist freilich revolutionär,
aber nicht, wie die beschränkten Anwälte der herrschend ge=
wordenen Geschichtsauffassung glauben, auf soziale und öko=
nomische Umwälzungen bedacht, sondern bloß soweit sie sich
an den einzelnen Menschen wendet und zu ihm redet: „Alles
das, was dir von Staat, Gemeinde und Familie als oberste
Satzung verbürgt ist, ist gleichgiltig, sofern du wahrhaft nach
innerer Befreiung begehrst und für dein Seelenheil ohne Wert
und Bedeutung; nicht in die Existenz anderer friedlich einzu=

wachsen, ist dein höchstes Gesetz und die Pflicht deines Geistes,
sondern dir deine eigene Existenz neu zu schaffen." Das ist
keine Kriegserklärung an die Mächte der Vergangenheit, sondern bloß die Erkenntnis ihrer moralischen Unzulänglichkeit.
Nicht anders ist der Ausspruch Christi zu verstehen: „Ihr
sollt nicht wähnen, daß ich gekommen sei, Frieden zu senden
auf die Erde. Ich bin nicht kommen, Frieden zu senden, sondern
das Schwert. Denn ich bin kommen, den Menschen zu erregen wider seinen Vater und die Tochter wider ihre Mutter
und die Schnur wider ihre Schwieger. Und des Menschen
Feinde werden seine eigenen Hausgenossen sein." Wenn ein
übereifriger Apostel der Menge Christus einmal den größten
Revolutionär genannt hat, so ist dies nicht allein eine Blas-
phemie, sondern in erster Reihe eine unverantwortliche Flachheit. Freilich müßte man endlich gelernt haben zu unterscheiden: eine Revolution, die das Individuum in seinen
geheimsten Tiefen ergreift, und eine Revolte, die sich
im Sturm der Massen bemächtigt. Aus diesem Grunde wird
es jeder Religion so überaus nachteilig, wenn sie in zu nahe
Berührung mit der Politik tritt. Im frühen Mittelalter, damals als sich Rom noch nicht mit dem weltlichen Schwert um-
gürtet hatte, ist der Glaube am mächtigsten gewesen. Die
Kreuzzüge bezeichnen bloß äußerlich den Höhepunkt der geist-
lichen Macht: in ihnen hat sich die bedeutsame Selbstaufhebung vollzogen. Das ist auch ohne weiteres einleuchtend:
je mehr die Religion in die Breite gehen muß, umsomehr
büßt sie an Tiefe ein; und je häufiger sie in den Dienst
des Augenblicks treten muß, umso rascher entwindet sich ihr
auch wieder der Augenblick.

Politik und Religion gehen also in ihren psychologischen
Wurzeln und in ihrer historischen Wirksamkeit weit auseinander. Und es geschieht nicht etwa allein im Interesse der
politischen Freiheit, wenn ihre wechselseitige Isolierung ge-
fordert wird. Der religiöse Geist verlangt sein eigenes Klima:

er verträgt nicht die Tiefenatmosphäre des politischen Ge=
triebes.

Freilich hängt für den Religionsstifter sowie auch für den
Politiker der äußere Erfolg davon ab, ob sie beim Volke
Glauben finden. Aber auch in dieser Beziehung weichen sie
von einander ab, ja hier ist die Differenz vielleicht am stärksten.
Der Politiker nämlich hofft auf Erfolg, er erwartet ihn von
seiner Einflußnahme auf die Massen; dem Religionsstifter da=
gegen ist der Erfolg gleichgültig, oder er bringt ihn eigentlich
mit sich. Jener rechnet auf den Glauben der Menge als Folge
seines Wirkens, diesem ist ihr Glaube oberste und vornehmste
Voraussetzung. Es ist ganz und gar nicht als dogmatisches
Postulat, als Glaubenszwang und als Akt der Willkür an=
zusehen, wenn das erste Wort, das der Religionsstifter an das
Volk richtet: „Ihr sollt mir glauben", lautet, denn eben jene
Ausgleichung von Individualität und Idee, die sich in ihm
vollzogen hat, gibt ihm das Recht, so zu sprechen. Was er
verlangt, ist nicht, daß man ihm, dem persönlichen Sendboten
der Wahrheit, sich geistig und psychisch hingebe, sondern daß
man an die Idee, und noch mehr, daß man an die Möglichkeit
ihres Einswerdens mit der Menschheit glaube. Daß sie sich
ihm zuerst in ihrer vollen Kraft offenbart, ist eben das, was
seine Ansprüche begründet. Würde der, dem diese Heilsbot=
schaft naht, bei ihr nicht Halt machen wollen, sondern ihren
Apostel nach dem Grunde seiner Sendung fragen, nach dem
Grunde jener hohen Begnadung, die ihm zuteil wurde, der
Apostel müßte, wie Lohengrin seinem Weib, sich ihm für
ewig entziehen. Denn der Glaube hat außerhalb seiner
selbst keinen Schwerpunkt: die Religion hat ihren Anfang
und ihr Ende in sich selber.

Dies also begründet den Unterschied von Religion und
Ethik: die Ethik schafft Werte, einerlei ob diese zur Wirklich=
keit werden können oder nicht, sie setzt der Menschheit höchste
Zwecke, ohne deren Erfüllbarkeit in Erwägung zu ziehen.

Sie kümmert bloß dasjenige, was sein soll; es ist ihr gleichgiltig, was ist und was wird. Die Religion dagegen ist der
Glaube nicht bloß an die Geltung und Erhaltung des Wertes,
sondern an seine Realität inmitten der feindseligen
Mächte des alltäglichen Seins. Sie verwirklicht ihr Ideal in
einer ihr fremdgewordenen Wirklichkeit. Deshalb aber ist
in jeder Religion ein ihr gegensätzlicher, aber unausschaltbarer
persönlicher Faktor vorhanden, ein Element von Anthropomorphismus, etwas, das mit dem Worte „Götzendienst"
viel zu heftig verurteilt wäre, gleichwohl aber davon nicht
vollkommen freigesprochen werden kann. Ebenso schwer, als
es ist, im Menschen, auch im erhabensten Menschen, das, was
seiner sinnlichen Existenz angehört, von demjenigen zu sondern,
was in ihm Gott angehört, was in ihm Idee, Kosmos, Ewigkeit ist, ebenso schwer kann man es vermeiden, daß in die
Verkündigung des göttlichen Wortes sich nicht irgendwo störend
der Mißklang des Allzumenschlichen mische.[1]) Die edelste
Aufgabe der Zukunftsreligion wäre es, das Gleichgewicht
zwischen Persönlichkeit und Idee so vollkommen zu wahren,
daß der Mensch nie mehr zu seinem Gott, und Gott niemals mehr zum Menschen den rechten Weg verfehlen könne.
Dann erst hätte man die Religion von allem Götzendienst,
von allem Afterdienst gründlich und für ewige Zeiten befreit.

In bestimmter Hinsicht ist also freilich die Religion an
den Religionsstifter, an den Menschen, gebunden. Aber sie
ist es bloß soweit, als eben dieser das Menschliche weit von
sich abstreift. Die Offenbarung wird Individuum, um durch
dieses alle Individuen der Offenbarung zu weihen. Sie
kehrt zu sich selber zurück, nachdem sie der Menschheit den
Sinn und Zweck ihres Weiterwollens geklärt hat.

---

[1]) Wenn aber eine Religion wie die jüdische besonders ängstlich
jeden götzendienerischen Anthropomorphismus abwehrt und sogar zu dem
Zweck die ästhetische Freiheit des Menschen zu beschränken sucht, so darf
man annehmen, daß in ihr mehr davon als in allen andern enthalten ist

So viel kommt also darauf an, daß der Religionsstifter bis in die tiefsten Gründe der Seele eins sei mit seiner Lehre, und so wenig auf die Worte und Grundsätze, in die er seine Lehre kleidet. Daraus läßt sich schon entnehmen, wie banal und sinnlos es ist, wenn man sich, sei es um der Wortgläubigkeit zu dienen, sei es, um flacher Freigeisterei zu huldigen, ängstlich am Buchstaben forttastet und ein logisches System der Glaubenssätze konstruieren möchte. Es kann nichts törichter sein, als den Wert der christlichen Religion darum in Frage zu stellen, weil das Buch des neuen Bundes in sich schwer vereinbare Widersprüche trägt, vielleicht sogar seiner ganzen Breite nach von solchen Widersprüchen durchsetzt ist. Wer Ja und Nein gegen einander abwägt, steht außerhalb und hat keinen Anteil an ihm. Die erlösende und befreiende Kraft einer Religion kann nicht an dem Grade der Übereinstimmung gemessen werden, die ihre einzelnen Glaubenssätze unter einander besitzen. Es kommt allein darauf an, daß sie aus dem stärksten und vollkommensten Glauben des Religionsstifters hervorgewachsen sind. Die Religion ist eben keine Offenbarung, die vom Himmel heruntersteigt, und auch keine Offenbarung, die aus dem Munde ihres Verkünders stammt, sondern eine Offenbarung, die sich in diesem selber vollzogen hat. Mag auch der Inhalt seiner Rede bisweilen Doppelsinn bergen und vieldeutig erscheinen: daß der Jünger seine Sendung glaubt und in allen Worten die göttliche Kraft, die ihn begeistert, wiederfindet, ist alles.

Darum hat sich das Christentum bisher am ehesten als die wahre Weltreligion erwiesen. Die Person seines Stifters fließt so ganz über in den Inhalt der Lehre, emaniert so ganz in diese, daß auch ihre feindlichen Gegensätze der ungetrübten Einheit jenes Eindruckes nichts anhaben konnten. Und was das Bedeutsamste ist: das geistige Band zwischen den Bekennern und dem Gründer des Glaubens ist hier das festeste. Die Erkenntnis, die das Johannes-Evangelium vorbereitet

und zu der alle tieferen Denker immer von neuem vorge-
drungen ſind, wie ſchon im Reformationszeitalter Sebaſtian
Franck, wie in unſerer Zeit Lagarde, die, daß die Erſcheinung
Chriſti keine einmalig hiſtoriſche iſt, ſondern eine ewige Mög-
lichkeit, ein Poſtulat für jeden Menſchen, iſt der eigentliche
Sinn der chriſtlichen Weltanſchauung, ſo daß deren religiöſer
Gehalt im Grunde in den beiden Ausſprüchen beſchloſſen iſt:
„Sehet, das Reich Gottes iſt inwendig in euch“, und „Alle
Tage eures Lebens will ich bei euch ſein bis an der Welt
Ende.“

Die neobuddhiſtiſchen Beſtrebungen, die heute in manchen
Kreiſen der Halbbildung Mode geworden ſind, überſehen, daß
es dem Buddhismus bei aller philoſophiſchen Tiefe an jener
Äquation von Perſönlichkeit und Idee mangelt, aus der die
unendliche Bedeutung des Chriſtentums erwächſt. In ihm iſt
noch immer zu wenig Glaube und zu viel Medizin. Was
Nietzſche an ihm rühmend betont, daß er wie der Epikureismus
aus ſeiner Schwäche kein Hehl mache, daß er „jenſeits von
Gut und Böſe ſtehe“, daß er „hygieniſch“ ſei, iſt eben zugleich
ſeine Beſchränkung und ſeine Grenze. Er iſt zu vorausſehend,
zu bewußt, man könnte beinahe ſagen, zu altklug. Er iſt im
Grunde gegen das Leiden gerichtet, und darum borniert, weil
ihm dasſelbe zur ſtärkſten Realität emporwächſt und ſeine
Werte nicht über Luſt und Leid erhaben ſind.

Damit iſt das Problem der Zukunftsreligion wieder auf
eine feſtere Grundlage geſtellt. Über ihren Inhalt habe ich
freilich noch wenig geſprochen. Aber es genügt uns vor-
derhand, die ſcheinbar paradoxe Einſicht, daß dieſer das
verhältnismäßig Gleichgültige an ihr iſt. Natürlich bloß der
Inhalt, ſoweit er ſich in einzelnen Dogmen zu entfalten imſtande iſt; was in ihm Idee iſt, ſtrömt gleichſam unmittelbar
von der Perſönlichkeit aus, ohne das Medium beſtimmter in
ein zuſammenhängendes Syſtem gebrachter Lehrſätze.

Die Frage: „Was wird die Religion der Zukunft ſein?“

zu beantworten, schon sie zu stellen, ist übereilt. Man müßte
sich erst über die andere: „Was wird die Religion der
Zukunft ni ch t sein?", ins reine gekommen sein.

Was diese Religion nicht sein wird, nicht sein kann, ist
vor allem jener vage Pantheismus, der immer in religiösen
und geistigen Niedergangsepochen als Universalheilmittel ge=
feiert wird. Der Pantheismus macht weder mit der Per=
sönlichkeit noch mit der Idee Ernst. Er will unpersönlich
sein und ist dabei zugleich völlig ideenarm. Daß alles gött=
lich sei, heißt entweder, daß man den Theismus in einen
wüsten Kräftefetischismus verwandelt, oder daß man den
schrankenlosesten Naturalismus proklamiert, und ihm als Fik=
tion widerrechtlich das Prädikat des „Göttlichen" umhängt.
Der Pantheismus ist eben immer ein notdürftiges Partei=
programm, nie aber eine universelle Weltanschauung. Wir
konnten uns überzeugen, daß die Persönlichkeit, weit
entfernt dem Wert einer Religion Eintrag zu tun, im Gegen=
teil ihre vornehmste Sanktion ist, da sie dasjenige umfaßt,
was das eigentlich Göttliche im Menschen ausmacht. Eine
Religion wie die jüdische freilich, in der so wenig von Per=
sönlichkeit und so viel Persönliches ist, hat den Pan=
theismus als Gegenmittel, als Reaktion vonnöten. Darum
darf es niemand Wunder nehmen, wenn die Juden heute dem
einstmals so gröblich geschmähten Spinozismus mit seiner
Entgöttlichung des Menschen und Vergöttlichung
der Natur in hellen Scharen zuströmen. Sie haben eben zu
viel gut zu machen. Aber sie übersehen, daß blinde Natur=
vergötzung ein schlechtes Präventivmittel gegen monotheistisches
Heidentum ist.

Hier ist die, wenn auch mit etwas unbehilflichen Argu=
menten arbeitende Polemik Lenaus im „Savonarola" ganz
am Platze. Sie soll das Unvermögen des Pantheismus her=
vorkehren, aus dem rein Natürlichen einen über alle Ver=
gänglichkeit erhabenen sittlichen Maßstab zu gewinnen.

„Naturvergöttrer! ihr Geäfften
Des Wahnes, wollt in Sumpf und Ried
Den Irrwisch an den Leuchter heften;
Er leuchtet nur, indem er flieht!

Allgöttler! Eures Gottes Glieder
Streift hier vom Baum der Wintersturm;
Dort schießt den Gott ein Jäger nieder;
Hier nagt er selber sich als Wurm.

Als Tabernakel, voll Rubinen
Und Perlen, mit dem Sakrament,
Mag euch des Tigers Rachen dienen,
Der brüllend durch die Wüste rennt."

Die Religion will eben sich wertend über die Natur
erheben, wenn sie auch nicht notwendig gegen die Natur sich
richten muß. Der Pantheismus ist aber eine rückhaltlose
Hingabe an den Naturalismus, ohne dabei innerlich von der
theistischen Dogmatik loskommen zu können. Eine wahre,
bleibende Bedeutung besitzt er dagegen als Zwischenstadium
und als ästhetischer Faktor: Jenes Ruhen aller Erscheinungen in einer höchsten Einheit, läßt den Menschen vom
Zwang des Dogmas genesen und bewahrt ihn zugleich vor
dem Abfall zum absoluten religiösen Indifferentismus. Und
der Künstler wird wohl immer alles nicht bloß sub specie
aeternitatis, sondern auch sub specie dei deuten. Aber das
ist eben Stimmungsakzent, Gefühlspathos, und keine begriff-
liche und verstandesmäßige Auffassung. So hat Goethe Spinoza empfunden; als ein Zurückgehen hinter das, was Tren-
nung, Verschiedenheit, Vielheit ist, als ein ahnungsvolles
Innewerden ihres transzendenten Verbundenseins. Und gleichzeitig als ein tiefes Ausruhen von sich selber, als ein Atem-
schöpfen im Schatten der göttlichen Substanz, an die das
Individuum alle seine usurpierten Werte zurückgibt. Jeder
geniale Mensch hat zuzeiten das Bedürfnis, seine Subjekti-

vität weit hinter sich zu werfen. Da wird ihm das Objekt, in
seiner beziehungsfreien Einsamkeit, zum Träger des Welt=
inhaltes, zum Inbegriff des Universums, dem gegenüber das
individuelle Einzelsein zur wesenlosen Zufallsexistenz her=
untersinkt. Es liegt im Pantheismus ein großes Genesungs=
mittel und eine große Verführung. Ein Mittel, sich von jener
bornierten „Ipsissimosität" zu befreien, wie Nietzsche den in
der Gegenwart so überentwickelten Hang zum Subjektivis=
mus nennt; aber auch ein Mittel, von sich selber loszukommen
und die schimpfliche Fahnenflucht zu ergreifen, die durch nichts
gesühnt werden kann als durch die Rückkehr zu seinem eigenen
Selbst. Goethe hat sie nicht gekannt, diese Fahnenflucht: er
hat durch den Spinozismus bloß das Allzumenschliche von
sich abzustoßen gesucht; aber mancher Monist von gestern
und heute, ist in Wahrheit Einer, der die Furcht vor dem
Gott in seinem Busen nicht verlernen konnte und darum unter
die Naturanbeter ging.

Soweit also der Pantheismus den Menschen nicht ent=
werten, ihn nicht sich selber abtrünnig machen, sondern ihn
mit dem Bewußtsein der Wertbetonung jeglichen
Seinselementes erfüllen will, der Heiligung und Hei=
ligkeit aller Dinge, ist er eine Weltanschauung, die wahr
und erhaben genannt werden kann. Und in diesem Sinn kann
man sagen, daß es keinen großen Menschen gibt, der nicht
Pantheist wäre. Denn das wesentlichste Kriterium der Größe
besteht darin, daß man eine Beziehung zum Universum hat
und daß man an den Wert des Universums glaubt. Der
Künstler aber vor allem hat ein Recht zum Pantheismus.

Unsere hier entwickelte Auffassung der Religion nähert
sich am meisten der Kantischen. Wie sie, erblickt sie deren
eigentliches Wesen eben in jener Erhebung des Menschen
zum Göttlichen, deren Möglichkeit ihm durch das Vorbild des
Religionsstifters, welcher eben nichts weiter als Vorbild sein
soll, gewährleistet wird. Die Einheit von Persönlichkeit und

Idee im Genie, vor allem im religiöſen Genie, iſt der Kan=
tiſchen Lehre entnommen oder weiſt wenigſtens auf dieſe zu=
rück. Dies Ganze der Religionen ſollte ja hier nicht zum Aus=
druck gebracht werden, ſondern bloß ein fundamentaler Faktor:
wie denn die vorigen Erörterungen ſich nicht ſo ſehr um das
inhaltliche Moment der Religion als um die Pſychologie des
Religionsſtifters bewegt haben.

Die Religion darf alſo den Begriff der Perſönlichkeit
nicht entwurzeln, wie der Pantheismus; ſie darf ihn nicht
ſinnlich vergröbern, überhaupt irgendwie, ſei es auch durch
negative Beſtimmungen, ins Sinnliche überſetzen, wie der
dogmatiſche Theismus; ſondern ſie ſoll ihn ethiſch verklären,
gleichſam als Grenzſcheide zweier Welten, wo das menſchliche
Wollen und das göttliche Sein einander berühren. Demnach
muß der Menſch, ſo paradox ſich das ausnehmen mag, zuerſt
an ſich ſelber denken, wenn er zu Gott empor will. Er darf
ſich nicht ſeiner entäußern, ſondern muß ſich tiefer und ernſter
nehmen als irgendwann zuvor. Er darf ſich aber auch nicht
erniedrigen, von ſeinem Wert abgeben, um Gott damit zu
begaben. Demut freilich iſt ein integrierendes Gefühls=
element jeder Religion; aber Demut iſt nicht Selbſterniedri=
gung, ſondern bloß ſelbſtloſe Hingabe an den Glauben.

Das überſah Lenau, indem er die pſychologiſche Grund=
lage der Religion in dem Gefühl der Abhängigkeit
ſuchte. Er appelliert an das beſonders in Stunden der ſee=
liſchen Verzagung ſo mächtige Bedürfnis, mit einem höheren
Weſen in Kontakt zu treten. Ein Freund hat ihn einmal ge=
fragt, wie es gekommen ſei, daß der ſkeptiſche Verfaſſer des
„Fauſt“ über Nacht zum gläubigen Apoſtel Savonarolas ge=
worden. Lenau erzählt ihm, zur Antwort, die folgende Be=
gebenheit, die nicht ſo ſehr um ihres biographiſchen als ihres
allgemein religionspſychologiſchen Intereſſes willen hier
wortgetreu wiedergegeben ſein mag: „Ich ritt einmal über
die Heide, ſie war ſchneebedeckt, aufflatternde Raben

waren die schwarzen Gedanken der Heide. Ich fühlte mich
mit meinem innern warmen Leben so allein in der weiten
kalten Welt. Es kam mir lächerlich vor, mit dem kleinen
Lebensfunken Trotz bieten zu wollen dem alles starr machenden
Lebensozeane. Endlich mußte er doch siegen. Ich fühlte mich
sehr einsam in der Welt, und tief traurig — und so war ich,
mich meinem Pferde überlassend, in einen Wald gekommen;
jenseits desselben in einem Dorfe war ich von Freunden erwartet. Plötzlich spielte ein Lichtschimmer über die schnee-
bedeckten Tannenzweige, und bald sah ich mir zur linken ein
Jägerhaus, durch die Fenster leuchtete es lustig heraus, mich
lockte ein seltsamer Zug, ich möchte es nicht Neugierde nennen,
das Tun in dem einsamen Jägerhause zu belauschen. Ich
stieg vom Pferde, band es an einen Baum, und schritt leise,
um die Bewohner nicht zu stören, zum Fenster. Darin brannte
ein lustiger Weihnachtsbaum, glückliche Kinder, halb fröhlich,
halb erschrocken, ließen sich von ihren freudig bewegten Eltern
Gaben hinabreichen, die an den Zweigen hingen. Ich konnte
die Worte nicht hören, die sie sprachen, aber ich konnte sehen,
daß Kinder und Eltern warm und selig bewegt sind, und ich
fühlte mit ihnen, und die Tränen hingen als Reifperlen an
meinen Wimpern. Ich kehrte zurück zu meinem Pferde, be-
stieg es und ritt weiter. Aber es war eine andere Stimmung
in mich gekommen. Ich fühlte, daß die Kluft zwischen dem
Leben des Menschen und der ihm kalt gegenüberstehenden
Natur eine unausfüllbare sei, und daß die Kreatur eines
Mittlers bedürfe, damit sie nicht verzweifle und untergehe.
Die Feier der Weihnacht in dem einsamen Jägerhause war ein
Leuchten der Erkenntnis für mich, ich fühlte mich nicht mehr einsam; eine heitere selige Stimmung goß sich, wie die Wellen
eines warmen Bades, um meine erstarrte Seele, und — so bin
ich Christ geworden!" Ob die Erzählung von Lenau erfunden
ist oder der Wirklichkeit entspricht, ihre Bedeutung wird niemand mißverstehen können. Die Indifferenz der objektiven

Natur ruft im Menschen das Verlangen nach einer sittlichen
Macht wach, die für die Erhaltung nicht des Starken, sondern des Wertvollen Sorge trage. Aber, so berechtigt
diese antinaturalistische Anschauung ist, Lenau will dennoch wieder auf einen Schwächezustand der menschlichen Seele das Reich
des Glaubens gründen. Der Mensch ist wehrlos: also muß er
sich einer überirdischen Schutzwehr versichern.

Das ist sein Irrtum und sein geistiges Verhängnis gewesen. Der subjektive Mangel kann sich nicht objektiv
schöpferisch bekunden und die Erkenntnis der eigenen Ohn-
macht sich nicht von selber in den Glauben an fremde Erhabenheit verwandeln. Das ist nicht die echte Religion, die,
um die Ehre des Schöpfers zu erhöhen, die Erniedrigung des
Bekenners verlangt, die über den Ruin der irdischen Welt
den Thron der Gottheit baut. Abhängig darf sich der Mensch
also bloß von sich selber fühlen, von demjenigen, was in ihm
Ethisches und Übersinnliches, nicht von einem theologischen
Außerhalb, an dem er innerlich keinen Anteil gewinnen möchte.

Autonomie der Persönlichkeit heißt das Wort, aus
dem wahre Religion als ihrer unerschöpflichen Quelle entspringt: Die Abhängigkeit setzt keine Werte, sondern sie
entwertet bloß, und am allerschwersten denjenigen, der sie
verewigen will.

Die Weltanschauung Lenaus ist, wie sie sich psychologisch
verallgemeinern ließ, auch historisch gleich bedeutsam. Lenau
scheint, dem Religionsproblem gegenüber, noch einmal den
Leidenspfad der Romantik zu wandeln. In ihm ist die
Kantische Lehre von der moralischen Autonomie bereits ver-
klungen. Umsomehr nähert er sich der Auffassung, die nach
Kant und gegen Kant besonders Schleiermacher vertreten hat. Denn dieser hat die Religion im Schutzbedürfnis
und im Gefühl der Abhängigkeit wurzeln lassen. Der kategorische Imperativ trage dem individuellen Momente zu
wenig Rechnung. Von einem allgemeinen Moralgesetz sei

nicht der Weg zur Menschenseele zu finden. Man müsse un=
mittelbar an ein psychisches Faktum anknüpfen. Dem ge=
meinen Verstande, als dessen Anwalt Schleiermacher des=
halb nicht im Entferntesten gelten soll, leuchtet dieses Argu=
ment ein. In Wirklichkeit aber spricht der kategorische Im=
perativ eben allein zu jenem überindividuellen, intelligiblen
Ich, zu dem das empirische sich emporläutern muß. Das ist
der wahre Individualismus, der gleichzeitig unpersönlich wird
und sich zum Universalismus entfaltet. Das Gefühl der Ab=
hängigkeit aber ist sein ältester und heftigster Gegner.

Heute freilich denkt man beim Individualismus nicht
an psychische Selbständigkeit und Freiheit, sondern an zügel=
lose Anarchie aller Instinkte. Der Nietzschespektakel hat die
Begriffsverwirrung ins Unbegrenzte gesteigert.

Was diesem Individualismus von heute mangelt, ist
Autonomie, an deren Stelle er Libertinage gesetzt, ist
Selbstherrlichkeit, der er eine schale Selbstgefälligkeit
substituiert hat. Aber wir reden ja nicht von unserer Zeit,
sondern von Lenau und von der Romantik. In ihr beginnt
indessen bereits jene Begriffstrübung, die dann ins Äußerste
fortging. Auch für sie war Freiheit des Individuums zu
sehr identisch mit Ungebundenheit und Willkür. Der ganz
im Kantischen Geiste gedachte Ausspruch Goethes:

„Von der Gewalt, die alle Wesen bindet,
Befreit der Mensch sich, der sich überwindet."

stand im Widerspruche mit ihren Anschauungen. Sie kamen,
wofür die Schlegelsche „Lucinde" so recht charakteristisch ist,
über eine Kultur des Individuums nicht hinaus und
übersahen so, daß alle Genialität und Kultur ihrem
eigentlichen Wesen nach überindividuell ist.

So sind uns zwei wertvolle Erkenntnisse aus den obigen
Erörterungen zugewachsen: einmal daß das Element der Per=
sönlichkeit aus der Religion nicht zu eliminieren ist, dann

daß das Gefühl der Abhängigkeit nicht zu ihrer psychologischen
Basis taugte.   Ihr vornehmstes Kennzeichen ist vielmehr
jene Ausgleichung von Individualität und Idee, die das
höchste Postulat der Ethik im Religionsstifter verwirklicht zeigt.

Wie die Religion der Zukunft sein wird, und auch die
Zukunft wird den Hetzrednern des Aufklärichts und den An=
wälten des Obskurantismus zum Trotze ihre Religion haben,
hängt, wenn nicht dem ganzen Umfang der Frage nach, so
aber zweifellos zum großen Teile davon ab, wie der Reli=
gionsstifter der Zukunft sein wird.   Denn wie es aus dem
Grunde keine Gesetze der historischen Entwicklung gibt, weil
die Erscheinung und der Charakter einer großen Persönlichkeit
nie vorhergesehen werden können, so ist auch jede Religion
eine Neuschöpfung, eine Urposition gleichsam, die auf ihren
Schöpfer hinweist.

Die Religion der Zukunft wird das Christentum nicht
verleugnen, um einen altgermanischen oder arischen Natur=
mythus an seine Stelle zu setzen, sei es auch in der losen Form
künstlerischer Symbolik.   Sie wird es nicht verleugnen, um den
so häufig bemühten Neobuddhismus ins Abendland zu ver=
pflanzen: denn der Buddhismus ist dem europäischen Be=
wußtsein immer fremd geblieben, nicht weil er pessimistisch
oder asketisch ist, sondern weil er zum Kulturproblem
kein Verhältnis besitzt.   Sie wird auch nicht aus einer christ=
lichen Sekte, wie die Reformation, hervorgehen; denn die
Zeit der Sektenbildungen ist vorüber.   Auch von Rom wird
das Heil der Menschheit nicht mehr ausgehen; der Traum
eines universalen Sozialismus, der vom päpstlichen Thron
aus sich über die Welt verbreitet, dieser Traum, aus dem
Zolas Pierre Froment sich so schnell ernüchtert sieht, kann
nie verwirklicht werden.   Rom ist zweimal nacheinander
Weltmacht gewesen: das dritte Reich wird seinen Mittel=
punkt anderswo suchen.

Wer geschichtsphilosophische Neigungen hat, der könnte

ohne eben Philosemit zu sein, in Versuchung geraten, sich die folgende Frage vorzulegen: „Sollte das Judentum abermals dazu erkoren sein, den Boden für eine neue Weltreligion abzugeben?" Wer die Frage verneint, für den hat das Judentum jede Existenzberechtigung längst eingebüßt. Denn alle Werte und Scheinwerte, die es ins Leben gerufen, hat das Christentum widerlegt oder verewigt: so daß der Mosaismus wie ein abgedorrter, kahler Baum in die Zukunft hineinragt, dessen Wurzeln sich immer tiefer in fremdes Erdreich einsenken. Aber auch wenn er die Frage bejaht, muß er sich davor in Acht nehmen, aus dem Ja falsche Konsequenzen zu ziehen. Nicht das kann damit gemeint sein, daß innerhalb des Judentums die Kraft des Glaubens am mächtigsten ist. Im Gegenteil; auf der ganzen Erde gibt es keine nationale Gemeinschaft, der der Glaube äußerlicher, psychisch indifferenter wäre. Der Jude erhält sich nicht um seiner **Religion willen**, sondern die Religion ist ihm ein Mittel der **Selbsterhaltung.** Ihm ist aber jedes andere Mittel ein willkommener Ersatz, wenn es diesem Zwecke noch besser dient. Nicht also aus dem Glauben, sondern aus dem Unglauben des Judentums könnte der neue Glaube geboren werden: als seine innere Selbstaufhebung, als Sühne der Unfrömmigkeit, die sich selber im Religionsstifter durchsichtig geworden ist, um in ihm zugleich überwunden zu werden. So erwüchse dem Ahasver also eine neue Aufgabe. Er könnte nicht bloß im Schatten des Kreuzes, wie Lenau will, entsühnt werden, sondern noch einmal das Kreuz auf sich nehmen. So könnte es ja vom Geiste der Geschichte gewollt sein, eine Interpretation, die auch Weininger in „Geschlecht und Charakter" vertritt. Es kann aber auch sein, daß diese Annahme eine transzendente Verführung ist und nichts weiter.

Zeigt die Psychologie des Religionsstifters also eine Durchdringung und Ineinssetzung von Persönlichkeit und

Idee, so erhellt hieraus, daß über die beiden Begriffe Klar=
heit herrschen soll, wenn man dem Zentrum des Religions=
problemes näher rücken will. Was über das Abhängigkeits=
gefühl gesagt wurde, erstreckt sich bloß auf den Begriff der
Persönlichkeit. Es zeigt sich, daß dieser in seinem Rechte nicht
verkürzt werden darf, damit der Gottesglaube zu Ehren
komme. Der Mensch ist religiös ebenso weit, als er Per=
sönlichkeit ist; jenseits davon ist kein Gottesdienst, sondern
höchstens Gottesknechtschaft. Und Inhalt der Religion ist ja
nicht die Erkenntnis, nicht einmal die geistige Anschauung
Gottes, sondern die innere Anteilnahme am Göttlichen; und
diese vermag sich, um es nochmals zu wiederholen, einzig darin
zu realisieren, daß er nicht bloß Individuum, Mitglied einer
kirchlichen Gemeinschaft, sondern Träger von Namen und
Ideen, Individualität, ist.

Der Begriff der Autonomie bedarf der Neubelebung.
Kant hat, als erster, ihn nicht bloß gefühlt, sondern logisch
geschaffen. Seine nächsten Nachfolger bereits sind ihm untreu
geworden. Man hält Fichte so oft für den eigentlichen Ver=
treter des Individualismus. Er war im Gegenteile der erste,
der durch seine maßlose Überspannung seine Aufhebung vor=
bereitete. Hat das Subjekt die Welt aus sich geschaffen, so
gibt es natürlich nichts, was ihm Schranken anlegen könnte.
Es gibt kein Außerhalb, nicht einmal in Gedanken. Das
Subjekt findet nichts, dem es dauernd entgegengesetzt werden
könnte; aber erst am Gegensatz erwacht die Erkennt=
nis, auch die Erkenntnis des ethischen Lebens=
zweckes. Also ist eine Autonomie, neben der im Grunde
genommen gar keine heteronomen Möglichkeiten existieren,
keine Autonomie mehr, und Fichtes Individualismus ist ein
Irrweg, auf dem das Subjekt seiner selber verlustig geht.

Hegel zog bloß die Konsequenzen. Ich und Nicht=Ich
verlieren sich bei ihm in der alles umspannenden Sphäre der
absoluten Logik. Außer dem Begriff gibt es kein Heil, und

es bleibt die Aufgabe der Menschheit, durch Thesen und Antithesen seinem Spiele zu folgen. Die Autonomie des sittlichen Willens restringiert sich auf den logischen und ontologischen Formalismus. Und Hegel regiert seine und die nächsten Generationen, die sich seinem ganz Europa beherrschenden Einflusse längst entrückt wähnten und häufig mit Spott auf die von den der Schule des Meisters näher stehenden Epigonen vorgesetzten Weistümer reagierten. Die Extreme gehen manchmal unvermittelt zu neuer Einheit zusammen. Die Gleichsetzung von Denken und Sein kann idealistisch und materialistisch aufgefaßt werden, ohne daß die eine Interpretation durch die andere notwendig korrigirt werden müßte. Die Geschichte der philosophischen Spekulation im Nachhegelschen Zeitalter bewies dies zur Genüge.

Feuerbach, der Siegfried des modernen Naturalismus, schien Hegel bekämpft und überwunden zu haben, setzte sich aber insgeheim in den Besitz seiner Schätze und interpretierte in verständlichem Jargon die esoterische Mystik des nach außen von ihm verleugneten Meisters. Er beseitigte die Tyrannei des absoluten Geistes, aber damit auch unberechtigt den subjektiven Geist und gab dem objektiven, dem der Gattung und des Geschlechtes, die Alleinherrschaft. Der Despotismus des Begriffes weicht dem Despotismus der Gesellschaft. Aber auch dieser neue Schimmer konkreter Realität ist trüglich; die Gesellschaft wird nicht als die Gesamtheit der Individuen aufgefaßt und aus ihnen abgeleitet, sondern der Haß gegen das Individuelle bekundet sich in der extrem einseitigen Bevorzugung genereller Durchschnittsphänomene. In die Lehre von der sozialen Autonomie flüchteten die Jünger Feuerbachs den mageren Rest des Kantischen Freiheitsglaubens.

Der Sozialismus, dessen Abkunft vom deutschen Idealismus, vor allem Fichte und Hegel, mit Recht von ihm selber zur Geltung gebracht wurde, führte den Faden fort und

12*

verspann ihn für seine Zwecke. Er versprach zunächst, wo es
noch nicht galt, Systeme ins Leben zu rufen, sondern eher den
Bedürfnissen des Augenblickes abzuhelfen, dem vierten Stande
das Heil der endgiltigen Befreiung. Dann sollte die ganze
Menschheit vom Zwange der sie bedrückenden sozialen und
ökonomischen Faktoren frei werden. Dadurch, daß die Gesellschaft gleichsam vorsehend in den Gang des Geschehens eingreifen mußte, sollte dem Individuum geholfen sein. Die gesteigerte Sozialität bereitet das Reich der Freiheit vor.

Es gibt allerdings trotz des im Grunde homogenen
geistigen Charakters der verschiedenen Richtungen man-
nigfache Nüancen und Übergänge. So trägt der Sozialismus eines Proudhon deutlich theistische Färbung. Der Sozialismus der Engländer, der um John
Ruskin sich bildenden Schule, ist mit religiösen Elementen
gesättigt, und sein Streben wendet sich vor allem dahin,
durch eine Verinnerlichung des Glaubens die soziale Genesung
herbeizuführen, er appelliert also an die Individuen und
geht hierin allen anderen Bewegungen voran. In schroffstem
Gegensatz dazu steht der Marxismus, der die verwandten und
entgegengesetzten Systeme vielfach verdrängt hat und erst in
neuerer Zeit einigermaßen aus dem Gleichgewichte kam. Die
Tyrannei der Ware wird seinen Vertretern gleichzeitig das
oberste Motiv der Befreiung und des Fortschritts. Der Mensch
kann wohl hier und da Hand anlegen, aber im allgemeinen hat
sich seine kulturelle Wirksamkeit darauf zu beschränken, die
Umlaufbewegungen der objektiven Faktoren des Wirtschafts-
lebens zu erforschen, um von der pünktlichen Vorhersage und
genauen Kenntnis der jeweiligen Phasenzustände gelegentlich
Profit zu ziehen.

Beinahe unmerklich ist so die eine Fragestellung in die
andere übergegangen. Autonomie ist die subjektive Grundlage der Religionen. Was aber ist ihr Gegenstand, eben
jene Idee, mit der die Persönlichkeit eins werden soll und auch

wirklich im Religionsstifter eins geworden ist? Darüber sind
wir ja lange hinaus, daß der Geist der Religionen einer
persönlichen, überhaupt einer überweltlichen Gottheit bedarf,
und nach ihr in Sinn und Willen trachtet. Es war freilich
der Stolz des Aufklärungszeitalters, Religion als listigen
Pfaffentrug zu verketzern, und ihren ganzen Vollgehalt in
ödester Wertheiligkeit und Dogmatik erschöpft zu sehen. Kant
hat ihr wieder ihren alten Wert restituiert. Und er hat ihr
einen neuen verliehen. Sie ist ihm nicht mehr Gotteslehre,
sondern Vorschule der Ethik, sofern sie eine symbolische Ver-
kleidung der moralischen Norm enthält. Das ist der entscheidende Schritt: die Tradition ist überwunden.

Comte ist der erste, der von einer „Religion der Menschheit" gesprochen hat. Und seither hat es nicht an Versuchen
gefehlt, das Objekt der Religion immer tiefer hinabzu-
rücken und den Kreis immer enger zu ziehen, innerhalb
dessen es seinen Schwerpunkt findet. Denn Ersatz mußte geboten werden, das hatte man eingesehen. Die Religion durfte
man nicht einfach für null und nichtig erklären.

Auch jetzt soll es sich uns weniger um die Frage handeln,
was die religiöse Idee ist, als darum, was sie nicht sein
kann. Ist ihr Bereich das Universum oder die Menschheit,
oder eine transzendente Sphäre des Göttlichen, die über beide,
über Objekt und Subjekt hinausragt? Da ist abermals der
Pantheismus im Vordergrunde. Es ist sicherlich ein rüh-
menswertes Beginnen, wenn ein sonst so extrem positivistischer
Denker, wie Dühring, der jeden Theismus aufs äußerste
perhorresziert und als semitisch, als im tiefsten Grunde un-
arisch empfindet, gleichwohl in unserem Zeitalter der
sozialen Ethik, gegen die Comtesche Menschheitsreligion
auftritt und einen psychologischen Pantheismus verficht, zu
dem das höchst gesteigerte Naturgefühl, der Universal-
affekt hinaufführt. Aber auch damit hat es sein Bewenden.
Der Gefühlsüberschwang ist keine bleibende Grundstimmung,

die sich der ganzen Psyche bemächtigt. Er setzt für sich selber
Werte voraus, allein er verwirklicht aus sich heraus keine
Werte.

Auf ganz anderer Basis erhebt sich die Religion der
Menschheit. Aber hier ist eine Zweideutigkeit, die zunächst ge=
klärt sein will. Was man unter Menschheit versteht, ist ent=
weder ein bloßer Gattungsbegriff oder eine Idee. Dort ist es
die Summe der Individuen, hier von den einzelnen In=
dividuen in keiner Art abhängig, sondern allein der Aus=
druck der moralischen Autonomie. Unsere Zeit, dem
Idealismus abhold, hat es längst verlernt, den Begriff der
Menschheit als Vernunftidee anzusehen, die lediglich in sich
die ethische Freiheit repräsentiert. Ihr ist die Menschheit
Masse, Ziffernsumme, Gattung, und nichts anderes. Der
Mensch kommt für sie nur soweit in Frage, als er seine ani=
malischen Funktionen erfüllt, für Selbsterhaltung und für
Fortpflanzung Sorge trägt. Das Aufgehen in der Sexualität,
in den Mysterien der Zeugung ist eben nicht bloß in der Li=
teratur, sondern auch in Wissenschaft und Philosophie heute
an der Tagesordnung. Ein Roman wie „Fécondité" konnte
nicht allein als senile Leistung des alternden Zolas an=
gesehen werden, sondern repräsentiert mit seiner beinahe idio=
tisch zu nennenden Apotheose des Kaninchenstalles so recht
den Geist eines Zeitalters, das sein ganzes Interesse dem
Fortpflanzungsgeschäft zuwendet. Was jetzt als evolutioni=
stische Ethik gefeiert wird, ist nicht weit davon verschieden. Daß
man auf Darwin warten mußte, um der Offenbarung teil=
haftig zu werden, wie herrlich weit man es gebracht habe,
und wie weit man es dank der technischen Fortschritte noch
bringen werde, daß man diese Offenbarung alsdann als
Heilslehre der Gegenwart und Zukunft proklamierte, spricht
allzu deutlich..

Wer ein wenig darüber nachdenken wollte, müßte frei=
lich die nicht so fern liegende Entdeckung machen, daß die

Differenzierung der Organe noch nicht den Menschen zum Guten umschafft, und daß das Mikroskop nicht die Rätsel des sittlichen Lebens zu enthüllen vermag. Wer von den Ergebnissen der Anatomie die sittliche Beschaffenheit des Menschen abhängig macht, steht in seiner Auffassung des Moralproblemes so tief unter dem Niveau des borniertesten Materialismus, daß eine erkenntniskritische Widerlegung seines Standpunktes nutzlos und unfruchtbar erscheinen muß. Er mag sich mit der Ausgestaltung seines Ideals so lange gedulden, bis die Zeit erfüllt ist und die Rückbildung zum Affenstadium, die die programmatisch nach dem Übermenschen strebenden Evolutionisten in Wirklichkeit so warm befürworten, endgültig erfolgt. Als G a t t u n g s g e s c h ö p f ist der Mensch ohne jede Würde und Hoheit. Ethisch wird er erst da, wo er s i c h v o n G e s c h l e c h t u n d G e s c h l e c h t l i c h k e i t b e f r e i t. Seine angebliche Abstammung vom Tiere ist keineswegs der Adelsbrief, auf den sich seine sittlichen Ansprüche gründen. Es ist arg genug, daß in unseren Tagen der Ruf nach moralischer Vervollkommnung aus den Tiefenregionen der berufsmäßigen Affenzüchter ertönt.

Die Menschheit als Gattung wird aus sich heraus nie „la religion de l'humanité" schaffen. Der neue Evangelist Zola hat ja, obschon ihm der Zeitgeschmack in so mancher Beziehung entgegenkommt, weder bei dem undankbaren weiblichen Geschlecht, dem zwar seine energische, beinahe rüpelhafte Abfertigung des Keuschheitspostulates nicht so übel behagen mag, noch bei den Herren der Schöpfung, die diesmal ihren Namen zu Ehren bringen sollen, sonderlich begeisterten Anklang gefunden. Ein Dichter, der das Rätsel gelöst zu haben wähnt, sobald er die S c h w a n g e r s c h a f t in P e r m a n e n z erklärt, ist nicht mehr ernst zu nehmen, wenn seine früheren Kunstleistungen auch zum Teile gar nicht hoch genug gewertet werden können. Auch all das, was N i e t z s c h e über die Zeugung des Übermenschen sagt, wäre besser weg-

geblieben und entspricht so wenig dem tieferen Sinn des Zara=
rathustra, daß es sogar eine verhängnisvolle Zweideutigkeit
in diesen hineinträgt. Die Gebärtüchtigkeit des Weibes ist
etwas, was Accoucheure und Geburtshelferinnen mehr zu
beschäftigen hat, als einen Weltenreformator. Wenn ein
Weiser sich einmal in die Geheimnisse der Zeugung vertieft,
um der Natur bessere Wege zu bahnen, so wird er höchstens
Homunkulus zeugen, nicht aber ein neues Titanengeschlecht,
wie es jenseits von Gut und Böse aufwachsen soll.

Die Gattung ist auch in dem Sinne kein wahres Funda=
ment einer Religion, als ob Mehrheit, als ob die Vielzahl
überhaupt logisch erforderlich wäre, um in dem Individuum
das religiöse Bewußtsein zu erwecken. Bloß durch das Me=
dium der mitmenschlichen Individualität sollte der Mensch
ein Verhältnis zum All gewinnen können? Wenn also dem
Einsiedler auf Sala=y=Gomez das rettende Schiff hinterm Ho=
rizonte verschwunden ist, so mußte er aufhören, an seinen
Gott zu glauben. Das ist unwahr und bloß aus dem Geiste
eines Zeitalters gesprochen, das eine soziale Moral zu pro=
pagieren wähnt, wenn es den Instinkten der Masse dient
und schmeichelt. Der Religionsstifter kommt aus der Wüste,
und seine gläubigsten Bekenner ziehen in die Wüste, um unter
dem Volk des religiösen Sinnes nicht verlustig zu gehen. Die
Menge schiebt sich zwischen das Individuum und seinen Gott:
um den freien Ausblick wieder zu gewinnen, muß man sich
ihrer Berührung entzogen haben.

Die Religion der Menschheit, als der menschlichen Gattung,
hat also hier ihren Ursprung gehabt. Sie ist ein Versuch, die
Unebenheiten zu aplanieren, die notwendig hervortreten, wenn
der eine sich zu der Gottheit emporschwingen möchte und der
andere in der Dunstsphäre des Alltags dahinvegetiert. Die
soziale Religion und Ethik nivellieren, indem sie dem Men=
schen unermüdlich predigen, er sei nichts als Ziffer, in seiner
Singularität also wertlos. Die Mittelmäßigkeit bedarf ihrer,

weil sie es jederzeit war, die sich zunftmäßig organisieren
mußte, um hinter „dem Nachbarn" sich in ihrer Blöße zu
verstecken. Die Masse ist das glänzendste, ist das nie ver=
sagende Mittel, sich des Bewußtseins seiner Verantwortlich=
keit zu entäußern. Je mehr daran teil haben, umso weniger
kommt auf einen. Jeder steht im Vordergrund: also tritt
nichts mehr in den Vordergrund. Das Schamgefühl freilich
ist absolut unteilbar. Aber für die Scham ist kein Raum mehr
in dieser Vergesellschaftung aller höheren Werte.

Die Religion der Menschheit, einer Idee der
Menschheit, ist dagegen das einzig große und erstrebens=
werte Ideal. In der Idee tritt alles Besondere zurück, alles
was der Erscheinung angehört. Sie behält lediglich das all=
gemeine Verhältnis von Mensch und Welt im Auge, worin
der Mensch sich der Welt gegenüber frei weiß. Denn das Uni=
versum als höchste umfassende Einheit alles Seienden gedacht,
ist nichts, was das Individuum vorfindet, und das passiv anzu=
erkennen er sich verpflichtet sieht, sondern eine autonome Schöp=
fung seiner Vernunft, eine Projektion seines Geistes auf das
Gebiet der Phänomene. Die Idee der Menschheit ist
demnach im Grunde identisch mit der Idee der
Freiheit: sie ist es aber einzig und allein, sofern
die Menschheit in unmittelbare Beziehung zum
Universum tritt.

Mit eins taucht so vor uns der ganze Zusammenhang
auf. Welt und Menschheit sind Begriffe, die sich gleichsam
wechselweise zur Voraussetzung haben, deren jeder sich erst
im andern verwirklicht sieht. Wahre Freiheit aber gewinnt
das einzelne Individuum allein dann, wenn es sich zur Idee
der Menschheit, also zur Idee des Universums hinaufläu=
tert. Hier also ergänzen die beiden psychologischen Unter=
suchungen, die wir anstellten, wirkungsvoll einander; deren
eine vom Problem der Persönlichkeit ausgehend, in Polemik
gegen das Abhängigkeitsdogma, das Postulat der ethischen

und religiösen Freiheit aufstellte, deren andere mit dem Pro=
blem der Menschheitsreligion ansetzend, in eben dieselbe For=
derung mündete. Und zu gleicher Zeit enthüllte sich uns die
gewichtige Erkenntnis, daß der Mensch nicht als soziales
Wesen, als Einer unter Vielen, religiös ist, sondern als Ein=
zelner, Einsamer, der in ein unmittelbares Verhältnis zum
Universum tritt. Der Religionsstifter ist also der
universellste und eben deshalb der einsamste und
eben deshalb der freieste Mensch.

Das Ideal des Religionsstifters ist vielleicht bisher noch
gar nicht verwirklicht worden. Es wäre das eines Menschen,
der niemals Anhänger wirbt, weil er deren nicht bedarf, um
seines Glaubens mächtig und sicher zu werden. Es wäre das
eines Menschen, der nicht in die Einsamkeit geht, um allein,
mit seinem Gotte allein zu sein, der es überall ist und bleibt, auch
in der Menge, die ihn lobpreist oder verspottet; der sich über=
haupt niemand mitteilt und nirgends das Wort Gottes ver=
kündigt; denn, wo er dies tun will, wirkt er schon durch per=
sönliche Mittel und legt das Schwergewicht sinnlicher Nei=
gungen zu seinen Gunsten in die Wagschale. Und gleichwohl
dürfte er nicht unerkannt durch die Welt gehen: man müßte
die Erfüllung und Verklärung seines Schicksals wenigstens
ahnen, und aus allem, was von ihm ausgeht, müßte sein
wahres Wesen hervorleuchten und die anderen zu sich empor=
läutern.

Das Ideal des Religionsstifters, in dem gar nichts mehr
wäre, als das Bewußtsein seiner Aufgabe, also nicht ein=
mal mehr als Bewußtsein seiner Aufgabe, der alles Per=
sönlichen entkleidet, ganz Persönlichkeit wäre, ist in dieser
Reinheit, wenn man nicht etwa an das mystische Vermögen
der Gedankenübertragung glauben will, vielleicht gar nicht
zu verwirklichen. Aber nichtsdestoweniger besteht es zu Recht,
wenn auch nicht als mögliches Ziel, so wenigstens als Maß
für alle wirklichen.

IV.

Das Problem der Erotik
Heinrich v. Kleist

———

1. Traum und Wirklichkeit.

Heinrich Kleist gehört zu den Vielgeliebten und Viel=
gehaßten; oder eigentlich eher zu denen, die man vergötterte
und von denen man schwieg. Dieses Schweigen war nicht so
sehr das kalte Schweigen der Indifferenz oder das schwüle,
kampfbereite Schweigen des Hasses: sondern ein Schweigen,
das naturgemäß dort entsteht, wo es an den Motiven zu ir=
gend einer freundlichen oder feindlichen Äußerung mangelt
und für jede Diskussion die Hauptsache fehlt, die Mittel ge=
meinsamer Verständigung.

Es kam die Zeit, deren Idiom desto reicher mit den Ele=
menten gesättigt war, aus denen Kleistens Kunst ihre Kraft
schöpfte. Die Gleichgiltigkeit wandelt sich in maßlose Be=
wunderung. Kleist wurde der Schutzheilige einer Generation,
die mit ihm zu denken und zu träumen verstand. Das j u n g e
Deutschland hatte sich wie um alle Romantik, nicht viel um
ihn bemüht. Aber auch diese extrem rationalistische Periode
ging vorüber. Das j ü n g s t e Deutschland beugte sich in De=
mut vor dem Dichter der Penthesilea. Sein Ruhm wird
derzeit kaum mehr angefochten werden vonseiten der schaf=
fenden Kunst, noch vonseiten der ästhetischen Kritik. Diese
seltsame Übereinstimmung, umso auffallender als Literatur
und Theorie zurzeit in ungezählte Parteilager und Fraktionen
gespalten ist, hat ihre guten Gründe. Sie liegen freilich weit
von der Oberfläche entfernt und bloß eine subtilere Analyse
vermag sie an den Tag zu bringen.

Deutschland ist vor mehr als einem Dezennium unter dem
Banner des konsequenten Naturalismus gestanden. Seine
Anwälte haben ihn bis zur Ausschließung anderer Kunst=
formen betont und mit allem tabula rasa zu machen ge=
sucht, was dieser Tendenz im Wege stand. Dann kam der
zeitgemäßere Symbolismus. Kaum hatte er die deutschen
Grenzen passiert, als er schon seinen Siegeslauf antrat und in
kurzem vollendete. Die stärksten Mächte des Naturalismus
kapitulierten, oder sie bequemten sich zu den weitest gehenden
Kompromissen.

Dieser Umschwung der Stimmung äußerte sich dennoch
weit weniger in dem, was unter dem Drucke der geistigen
Atmosphären selbständig produziert wurde, als in dem ver=
änderten Verhältnis zur Vergangenheit und ihren führenden
Größen. Der Naturalismus suchte sich mit ganzer Kraft an
der Gegenwart festzusetzen, der Symbolismus hat vor allem
Vergangenheit. In ihm erstand oder sollte die Romantik
von neuem erstehen.

Seltsam und charakteristisch ist es, daß Kleist oder deut=
licher gesprochen, das Verhältnis zu Kleist trotz dieses Wechsels
ästhetischer Prämissen beim alten blieb, daß es sich gleich=
sam den neuen Zuständen zu akkommodieren vermochte. Kleist
durfte als Naturalist gelten: Kleist und Hebbel hieß da die
vielsagende Zusammenstellung, die schon die Beziehung des
Romantikers zur realistischen Richtung unzweideutig mar=
kieren sollte. Kleist durfte ebenso als Symbolist gelten. Jene
Traumkunst mit ihrem vagen Durcheinanderschillern von
Schein und Sein, und dabei der klaren Charakteristik der
Traumzustände selber rechtfertigt diese seine doppelte Beur=
teilung vollkommen. Worin man den Grund hierfür zu suchen
habe, bleibt ein interessantes Problem. Vielleicht wird man
sich versucht fühlen, Kleist für den vollendeten Künstler zu
halten, der in Schemen die Schriftzüge des Lebens einzeich=
nete, der in Fragen Antwort gab, der Realität und Ideal,

Wirklichkeit und Symbol so ganz verband, daß die Grenzen zusammenflossen und das Hinüber und Herüber für den Blick des Beschauers gar nicht sichtbar war. Damit wäre auch der scheinbare Widerspruch, der sich in der Vereinigung idealistischer und realistischer Kunst aussprechen soll, zugunsten einer höheren Auffassung beseitigt, die jene von willkürlichem Doktrinarismus abgesteckten Grenzen entfernt, den Realismus nicht mehr in der Wiedergabe flacher Alltäglichkeiten und den Symbolismus nicht bloß in vagen Traumphantasien sucht, in losgelösten, aus dem einheitlichen Zusammenhang isolierten Stimmungsfragmenten. Freilich, der Idealismus lebt nicht von Träumen und der Realismus schöpft seine Anregungen nicht am Tagesmarkte. Beide greifen in der wahren Kunst so ganz ineinander, daß der eine auf Kosten des andern gar nicht zur Reife kommen kann. Es gibt keinerlei Ideale, die sich feig vom Leben zurückziehen und nach einem hermetischen Verschluß begehren, der sie vor den Einwirkungen der äußeren Wirklichkeit schützt. Der echte Idealismus muß sich zuvor der Realität versichert haben.

Hinwiederum sind nackte Realitäten indifferent und einförmig, sobald sie wahllos aus dem Erfahrungskontinuum herausgegriffen werden. Sie können Wert erlangen bloß durch den Hauch des Geistes. Realismus und Idealismus sind also Korrelate. Die Kunst verbindet beide und überwindet jedes. Man kann daher den Wert eines Künstlers danach bestimmen, wie weit er diese Synthese zu vollenden fähig ist.

Weder der moderne Naturalismus noch der Symbolismus sind aber, wie ich an anderer Stelle gezeigt, imstande gewesen, neben ihren unmittelbaren oder stilisierten Impressionen auch Ideen Leben zu schenken. Indem Kleist dem einen wie den anderen nahe stand, konnte er auch die Einseitigkeit teilen; und in Wahrheit, er schuf keine organische Verbindung von Wirklichkeit und Ideal, die beide Elemente kontinuierlich zusammenspielen ließ und sie gleichmäßig über

jeden Raumpunkt verteilte, sondern ein feindliches Ringen
derselben, da sie nach verschiedenen Richtungen auseinander-
treten und einander gleichsam meiden wollen. Ideal und
Wirklichkeit liegen bei Kleist fortwährend im Kampfe. Man
fühlt bald, daß die Phantasie außerhalb der Wirklichkeit
schafft, außerhalb derselben schaffen will. Das Seltsame dabei ist, daß die Wagschale sich trotzdem nicht dauernd auf
Seite des Phantastischen neigt. Die Wandlung bleibt nicht
aus. Sie geht sprunghaft, spontan vor sich. Wie die Phantasie die Wirklichkeit von sich abstößt, so überfällt die
Wirklichkeit die Phantasie. Die kontrastierenden Elemente
sammeln sich an beiden Polen, die Zone der Indifferenz
wird man vergebens suchen. Der Idealismus Kleistens ist
der Traum. Das Erwachen ist die Realität. Penthesilea erwacht vom Traum zum Tod, der Prinz von Homburg und das
Käthchen von Heilbronn erwachen vom Traum zum Leben.
Der Traum gebiert das Ideal und die Wirklichkeit verneint oder bejaht es. So empfängt die Marquise O. im
Schlaf von einem fremden Mann. So gebiert Alkmene dem
Zeus, während sie von Amphitryon umarmt worden zu sein
wähnt. Schlafwandler gehn durch die Welt mit wilden Wünschen. Das Erwachen ist oft rauh und kleinlich. Der Prinz
von Homburg, Kämpfer und Sieger, und dann mit eins dem
Tod verfallen, bettelt um Luft und Licht. Zeus träumt seine
Liebe zu Alkmene, denn ein Traum, eine Fiktion ist diese Vereinigung: er nimmt Amphitryons Maske und entäußert sich
seiner selbst, um Liebesseligkeit zu genießen. Penthesilea
träumt ihre Liebe zu Achilles, wachend mordet sie ihn und
von neuem träumt sie sich in den Liebestod und die ewige
Vereinigung. Es liegt ein tiefer Haß gegen die Realität in
diesem Haß der Realität gegen das Ideal des Traumes:
denn bloß der erblickt in der Wirklichkeit eine Gegnerin, der
ihr selber gram ist im Grunde seiner Seele. Zwischen Wachen
und Traum liegt die Liebe. Sie ist es, die bei Kleist die

Wirklichkeit nicht verträgt: und die sich gleichwohl inbrünstig nach Wirklichkeit sehnt. Hier verknüpfen und verweben sich die Fäden von These und Antithese, Traum, Wirklichkeit und Ideal.

2. Liebe.

Die Liebe ist daher das Urproblem Kleistens. Das Problem der Liebe ist aber das Problem der Zweieinigkeit; also ist es ein Mysterium, das sich der Alltag zu eigen gemacht hat. Über die heilige Dreieinigkeit rümpft heute jeder Rationalist höhnisch die Nase. Jene Zweieinigkeit aber, wie unheilig sie auch sein möchte, ist das Mysterium $\kappa \alpha \tau$' $\dot{\epsilon} \xi o \chi \acute{\eta} \nu$ geblieben, über das der Mensch, dieses Schoßkind der Illusion, nie hinüber kann.

Ist diese mystische Einigung aber nicht mehr als die sexuelle Anziehung, die im Geschlechtsakte gipfelt und auf nichts anderes angelegt scheint als auf die Erhaltung und Fortpflanzung der Gattung? Dann käme ihr keine höhere Dignität zu. Denn der animalische Sexualtrieb lädt nicht eben zu philosophischen Betrachtungen ein, so sehr ihn auch die Bölsche und Mantegazza zum eigentlichen Problem, gleichsam zum Ding an sich der Welt aufgebauscht haben. Wir sehen indessen davon ab, im Unterleib das Problem der Liebe zu lokalisieren.

Die Liebe ist nicht so eindeutig bestimmbar, wie unsere biederen Romanziers glauben, die sie in kleineren und größeren Elongationen um den Coitus umherpendeln, und schließlich in demselben ihren dauernden Gleichgewichtszustand finden lassen. Die Posen des Sadismus und Masochismus, die heute in Gründeutschland fabriksmäßig, zum billigsten Verkaufspreise hergestellt werden, mögen geschickten Parodisten für die Zukunft zum Vorwurf dienen. Das hungrige Zähnefletschen der Marie Madeleine wird freilich manchen hilflosen Passivisten in Versuchung führen. Sacher-Masochs Venus im Pelz hat auch ihre alten Reize noch lange nicht eingebüßt, besonders solange sie die Peitsche noch rührig handhabt. Daneben berührt es einen wahrhaft erquicklich, eine Klasse von Schriftstellern zu sehen, die keine Satyriasis und dergleichen simulieren, sondern den Gott Phallus frisch und fröhlich zu Ehren zu bringen suchen. Sie beuten nicht ihre Krankheiten, sondern ihren unverwüstlichen Gesundheitszustand aus. Das sind die Bierbaum, Schnitzler und ihre Brüder in Phallo, deren künstlerisches Schaffen sich auf die Führung eines Registers mit Randglossen über ihre sexuelle Wirksamkeit beschränkt und deren ethische Intentionen in der schweigenden Aufforderung an ihr Publikum, es ihnen gleichzumachen, gipfeln. Diese Gesellen sind es, die je nach Bedarf das Weib entweder zur Küchenmagd, zur drallbusigen „Waschmamsell" erniedrigt oder sie zur rätselsingenden Sphinx emporgehoben haben. Und was ist aus dem Mann unter ihren Händen geworden? Ein Zwitterding zwischen schwüler Sinnlichkeit und grober Genußsucht: ein trauriges Exemplar der bête humaine, das vor seiner Tierheit vergötternd auf den Knien liegt.

Die meisten der jüngstdeutschen Literaten sind begeisterte Verkünder des Coitus, der ihnen als der Inbegriff aller Erotik und als höchste Entfaltung des Menschheitsgefühles gilt. Ein begabter Schriftsteller wie Jacob Wassermann weiß sich gar nicht genug zu tun in der Anpreisung desselben. Dem Gottsucher Agathon Geyer kann er am Ende eines fruchtlosen Reformversuchen gewidmeten Lebens keine würdigere Aufgabe zuerteilen, als die hysterisch traumverlorene Renate Fuchs, deren einziges Verhängnis darin besteht, nirgends ihr sexuelles Komplement gefunden zu haben, zu schwängern. Und im „Moloch" rühmt er den herrlichen Anblick, den ein brünstiger Hengst, der schäumend eine Stute bespringt, bietet, ein Bild, nach seiner Anschauung geeignet, dem Helden des

Buches die Geheimnisse des höheren Daseins zu erschließen.
Ich habe absichtlich einen besseren Vertreter der modernen
Literatur genannt, oder wenigstens einen, der seinen ersten
Schriften nach dafür gehalten werden durfte. Eine Analogie
dazu bietet Richard Dehmel, der neue Magus im Norden, der
ein tüchtiger Lyriker sein könnte, wenn ihn ein perverser
Sexualismus nicht so gänzlich übermannt hätte. Der An=
blick eines Glühwurmpärchens löst in ihm die mächtigsten ero=
tischen Empfindungen aus. Die Männlichkeit weiß er nicht
besser psychologisch zu demonstrieren als in der folgenden
„Mannesbangen" überschriebenen, überaus schwulstigen Pa=
raphrase:

> „Du mußt nicht meinen,
> Ich hätte Furcht vor dir.
> Nur wenn du mit deinen
> Scheuen Augen Glück begehrst
> Und mir mit solchen
> Zuckenden Händen
> Wie mit Dolchen
> Durch die Haare fährst,
> Und mein Kopf liegt an deinen Lenden:
> Dann, du Sünderin,
> Beb' ich vor dir —"

Also eine masochistische Zwangsvorstellung, die nicht ein=
mal sich selber ernst nimmt. Sogar Christus ist diesem Venus=
priester ein großer Erotiker, den er um Maria Magda=
lenas Gunst betteln läßt.

Diese Beispiele ließen sich häufen: uns genügt eine kurze
Auswahl, und wir kehren nach einer unserem Thema übrigens
zuträglichen Abschweifung zu demselben zurück. Die mo=
dernen Künstler, so können wir resümieren, haben sich im selben
Maße, als sie der S e x u a l i t ä t ihr dithyrambisches Pathos
widmen, von der E r o t i k entfernt. Für sie ist das Weib, so
sehr sie diese offenkundige Tatsache auch hinter allerhand

mystischem Phrasenwerk verkleiden, nicht mehr als ein Wollust=
apparat, zu der sie nicht das geringste seelische Verhältnis
zu gewinnen imstande sind.

Ob der Coitus irgend etwas mit der Liebe zu schaffen
hat, will ich hier gar nicht zu entscheiden versuchen; daß aber
die Liebe mehr, wenigstens auch etwas anderes ist als die
Berührung und der Kitzel zweier Schleimhäute, soll bei
dieser Gelegenheit den Jüngern Bölsches wieder einmal recht
nachhaltig in Erinnerung gebracht werden.

Der psychologischen Analyse der Erotik fällt es nun zu=
nächst auf, daß es zwei einander konträr entgegengesetzte und
sich absolut ausschließende Grundformen der Erotik gibt. Die
eine erscheint vor allem, um an ein dem populären Bewußtsein
näher gelegenes Phänomen anzuknüpfen, dadurch charakteri=
siert, daß der Liebende auf Gegenliebe verzichtet, Gegenliebe
gar nicht will, sie sogar als desillusionierend im höchsten
Grade empfinden würde. Er entäußert sich seiner ganz, indem
er liebt, indem er sich sehnsuchtsvoll an das Idealbild der Ge=
liebten hingibt. Und er will nicht wieder zu sich zurückkehren,
sich durch nichts an sich, an seine bloße Existenz erinnert
fühlen. Er ist so völlig von dieser Liebe erfüllt, daß ihm
jeder Genuß, jede Ausbeutung derselben verabscheuenswert
vorkommt. Diese Erotik erreicht ihre höchste Steigerung im
Madonnenkultus. Ihr größter Verkünder heißt Dante.

Ihr psychologischer Gegenpol ist jene Erotik, die Gegen=
liebe begehrt, ja deren eigentlichen Inhalt dies Begehren bil=
det. Hier sucht der Liebende, den Gegenstand seiner Liebe
möglichst eng an seine Person zu fesseln, ihn möglichst von
sich in Abhängigkeit zu bringen. Die Geliebte soll so ganz von
seiner Individualität erfüllt sein, daß in ihr kein Raum für
irgend ein anderes Interesse bleibt, sie soll gleichsam eine
Funktion des Liebenden werden. Diese Liebe ist meisten=
teils sinnlicher Natur, sie widerstrebt den intimsten Berüh=
rungen, sogar dem Geschlechtsverkehr nicht, sie will das Eins=

werden beider Teile sowohl psychisch als physisch zum Aus=
druck bringen. Einer der stärksten Repräsentanten dieser Ero=
tik ist Heinrich von Kleist.

Penthesilea und der Graf von Strahl bezeugen es. Sein
persönliches Bekenntnis läßt keinen Zweifel übrig. Das
Werkzeug der Liebe ist der Zwang, ihr Sinn und Endzweck,
Fesselung und Knechtung des anderen Teiles.

Die Erotik Dantes scheint des Mannes Würde in Frage
zu stellen.*) Sie kniet in Demut vor dem Weibe: sich selber
meidet sie scheu, beinahe schuldbewußt. Der Eigenwert des
Liebenden wird somit problematisch, und man möchte glauben,
daß er in der absoluten Hingabe an sein Ideal in Nichts ver=
fliegt.

Dagegen tritt die Kleistsche Erotik mit einer ungestümen
und unerbittlichen Forderung auf. Sie enthüllt die geheimsten
Nacktheiten des Weibes und erhebt Anspruch auf sie. Der
Liebende will seine Individualität in dem Weibe durchsetzen,
will in ihr seinen Wert erhöht sehen.

Hier lügt der Schein doppelt. In Wirklichkeit nämlich
kehrt sich das Verhältnis um. Dante ist derjenige, der stärker
aus der Liebe hervorgeht, während Kleist unter der Wucht
seines Begehrens hilflos zusammenbricht. Jener erhebt das
Weib zur höchsten Höhe, dieser erniedrigt, enteignet es. Denn
Dante selbst ist es, der Beatrice zur Madonna umschuf, er
hat ihr von seinem Werte geschenkt, ohne daß ihm — und das
ehrt seinen Genius am meisten — diese Wertübertragung
selber zum Bewußtsein gekommen wäre. Seine eigene Flug=
kraft war in Wahrheit das ewig Weibliche, das ihn und den,
der dieses Wort später geprägt hat, hinanzog. Dagegen gibt
die Unterdrückung des Weibes seinem Überwinder bloß äußer=
lich alles, während sein wirklicher Wert eben dadurch zunichte

---

*) Dazu die ähnlichen Ausführungen in Weiningers „Geschlecht
und Charakter", besonders im Kapitel „Erotik und Ästhetik".

wird. Denn erstens bedarf er des Mitmenschen, um sichtbar zu werden. Wahrer Wert aber vermag sich selber zu tragen. Und zweitens ist er an den Verderb des Mitmenschen gebunden. Damit der Eroberer zu Werte komme, muß der Überwundene enteignet, entwertet werden. Das heißt, den Nerv des Wertgedankens zerstören.

Der Wille zur Macht über den andern ist nicht der Wille zum eigenen Werte. Die Verwechselung der hier unterschiedenen Phänomene kann das Verhängnis eines Menschen und einer Kultur werden. Unser Zeitalter bedarf dieser Lehre: denn es hat sie lange, allzu lange außer Acht gelassen.

Das Problem der Erotik hat also, sofern Erotik überhaupt einem Zwiespalte entspringt und diesen Zwiespalt versöhnen will, und bloß dort, wo dies geschieht oder geschehen soll, entringt sie sich der Dunst- und Brunstsphäre der Alltäglichkeit, die stärkste Beziehung zum Wertprobleme. Davon lassen sich die zeitgemäßen Vollmenschen, die vom Rausch des Dionysus nichts behielten, als das Unvermögen, auf eigenen Füßen zu stehen, allerdings wenig träumen.

Kleist ist der Wertfrevler im großen Stile. Daß er in der Liebe und um der Liebe willen kämpft, ist freilich ein Zug von Erhabenheit; bloß gemeine oder vollkommen undifferenzierte Naturen sehen in der Liebe ein Idyll und nicht ein Problem. Die anderen begreifen oder ahnen, daß sich zwischen Eros und Psyche eine Tragödie immer von neuem abspielt. Daß Kleist aber ernstlich an den Sieg in der Liebe durch Unterdrückung der Geliebten glaubte und diesen Sieg wollte und wünschte, darin eben liegt der Abgrund seiner Glaubenslosigkeit und die Fragwürdigkeit seiner Kunst: denn Kunst will überall und immer mehr sein als Virtuosität der Technik, der Menschendarstellung oder der Psychologie, und es gibt ein Virtuosentum auf allen Gebieten, ohne daß es sich zur Kunst läuterte, die nicht bloß des Auges bedarf und der Hand, sondern der keimtragenden Symbole, die von Innen nach Außen das Kunstwerk bauen, die seine Basis befestigen, während der Virtuose bloß die Fassaden zu zimmern imstande ist.

Kleist ist freilich, mit all seiner erotischen Herrschbegierde, kein Egoist im vulgären Sinne des Wortes. Im Gegenteil, er war es im Grunde genommen, zu wenig. Indem er leidenschaftlich nach jener großen Liebe verlangte, die namentlich dem Weibe höchste Realität werden soll, versäumte er es, das Ideal in sich selber zu vertiefen. Er war aber auch kein Altruist. Denn er suchte das Weib nicht, um in seine Tiefen blicken zu können, sondern um es sich dienstbar zu machen, um es zu binden. Das ist das tief Unmoralische in seiner Erotik. Würde er tiefer in sich selbst gesehen haben, er hätte sich nicht an der Geliebten vergriffen. Er stand sich selber ferne: Das brachte mit sich, daß er jene an sich fesseln wollte. Er war zu wenig Individualist, das war sein Verhängnis und seine Schuld. Denn der echte Individualismus ist nicht die Negation, sondern die Grundlage des Altruismus.

Kleist war ein Mann, der unter sich selber abgründlich tief gelitten haben muß. Diesen Haß zu tilgen, rang er nach einer großen Liebe. Er wollte, daß jemand an ihn glaube und sich ihm ganz ergebe. Die dunkle Hoffnung mochte ihn erfüllt haben, daß dieser Glaube ihn befreien und entsühnen könne. Etwas davon ist auch in den meisten seiner Helden: Liebe als momentane Lösung einer ungeheuren Spannung, als Traum eines Gottes, der im Olymp verschmachtet.

Es ist ein seltsames Verhängnis, vielleicht eine uns noch zum Teile verborgene Notwendigkeit, daß diejenigen, welche Weib und Liebe am ernstesten nehmen, zumeist um beide betrogen werden. In Don Juan liegt bei aller erotischen Glut eine überlegene Ironie den Frauen gegenüber, die stärkste Waffe des Mannes, die nie versagt. Kleisten war sie nicht verliehen, und er ist auch nicht zum Sieger bestimmt

geweſen. Und je mehr ihm dabei das reale, konkrete Weib
bedeutete, deſto unvermeidlicher war ſein Untergang.

Alle dieſe Züge treten, in der logiſchen Beziehung, in der
ſie hier entwickelt wurden, auch wirklich in der Kunſt Kleiſtens
hervor. Daß ſeine Erotik nichts Danteskes an ſich hat, daß
ihm das Ideal der Beatrice hinter allen Horizonten lag, iſt
der erſte und der bleibende, beſtimmende Eindruck. Er verlangt nach der unmittelbaren Nähe, nach dem Beſitz des
Weibes. Seine Liebe iſt durchaus begehrend und hat in
ihrer Sinnlichkeit oft etwas Abſtoßendes, Herausforderndes.
Jupiters höchſte Seligkeit iſt es, Alkmenes Lager eine lange
Nacht geteilt zu haben. Die Amazonen wollen ſich den grie-
chiſchen Männern zu flüchtigem Liebesgenuß geſellen, um
ihr Geſchlecht fortzupflanzen. Grob und ſogar ſchamlos erſcheint hier der Gattungszweck hervorgekehrt. Des Grafen
von Strahl Liebesleidenſchaft mündet in die Worte:

„Hätt' ich zehn Leben, nach der Hochzeitsnacht,
Opfr' ich ſie jauchzend jedem von euch hier!“

Völlig ins Widerliche wächſt dieſe Sinnlichkeit in der
„Marquiſe von O.“, wo der Held der Novelle ſich der ſchla-
fenden Geliebten bemächtigt. Ein ſo brutales Zugreifen ver-
ſtößt ſelbſt gegen die Inſtinkte normaler Geſchlechtlichkeit.

Aber nicht der ſexuelle Charakter iſt es, der allein das
Eigentümliche ſeiner Erotik ausmacht, ſondern der Zerſtö-
rungstrieb, der ſich in dieſer Leidenſchaft bekundet. Kleiſt
hat damit ein Geheimnis von wunderbarer Tiefe ausge-
ſprochen. Vollendeter Beſitz iſt eben bloß dann möglich, wenn
der Gegenſtand unſerer Liebe in uns, in unſerer eigenen Exiſtenz gleichſam gebunden erſcheint. Die bloße logiſche Möglichkeit, daß es für die Geliebte noch etwas anderes geben
könne als er ſelber, trübt das Bewußtſein des Liebenden.
Penthefilea erſchlägt den Achilles, um mit ihm zu ewiger
Einheit zuſammenzuwachſen. Sie macht Ernſt aus dem, was

sonst sich der Erotik in tändelndem Scherze beizumischen pflegt. Soll es umsonst heißen, es könne einer den andern aus Liebe mit Haut und Haaren aufessen? Sie nimmt die Liebe einmal beim Worte. Und darum vernichtet sie den Geliebten.

„Wie manche, die am Hals des Freundes hängt,
Sagt wohl das Wort: sie lieb' ihn, o so sehr,
Daß sie vor Liebe gleich ihn essen könnte;
Und hinterher, das Wort beprüft, die Närrin!
Gesättigt sein zu Ekel ist sie schon.
Nun du Geliebter, so verfuhr ich nicht.
Sieh her: als ich an deinem Halse hing,
Hab' ichs wahrhaftig Wort für Wort getan;
Ich war nicht so verrückt, als es wohl schien."

In Penthesilea erscheint dies Verlangen auf den Höhe= punkt getrieben. Aber überall bei Kleist ist ein starker Ansatz dazu, namentlich im „Käthchen von Heilbronn". Hier ist der Dichter selber beinahe noch mehr der unmittelbar Beteiligte. Was hätten die Ausbrüche der Wildheit, die Episode mit der Peitsche gegenüber der hündischen Unterwürfigkeit des Heilbronner Mädchens für einen Zweck, wenn es Kleisten nicht daran gelegen wäre, sich einmal an einem Ideale weib= licher Passivität, das ihm die Wirklichkeit zu versagen schien, gründlich zu sättigen? Hier kommt das Unterste seines We= sens an die Oberfläche: ein verschwiegener Wunsch, dem sogar die angeborene Scham weichen muß.

Ich habe weiter behauptet, daß diese Form der Erotik dem geheimen Bewußtsein eigener Schwäche entsprang, daß sie ein Mittel war, der drückenden Haft solch vernichtender Selbsterkenntnis zu entrinnen. Weil Kleist sich haßte, dürstete er nach der Liebe des Weibes. Seine Einsamkeit warf ihn zu Boden, denn er empfand sie als schwerste Gefahr.

Aber ist es nicht bloß eine gewagte Mutmaßung, daß

Kleist von Selbsthaß gequält war und sich ängstlich floh?
Ich glaube, seine Kunst bekräftigt diese Mutmaßung. Man
muß sie vielleicht nicht einmal aus den einzelnen Stücken her-
auslesen. Ein Drama, zum mindesten, vermag für sich allein
die ganze Beweislast zu tragen. Das ist der Amphitryon.
Man denke diesen Gedanken einmal zu Ende. Jupiter, von
Liebessehnsucht nach dem Weibe Amphitryons ergriffen, naht
sich dieser in Gestalt des Gatten. Er nimmt die Liebkosungen
entgegen, die diesem gelten. Und mit wie traurigen Sophis-
men sucht er sich in dem Wahne, daß Alkmenes Leidenschaft
ihm gelte, zu bestärken!

> Jupiter: Und dennoch könnt'st du leicht den Gott im
> Arme halten,
> Im Wahn, es sei Amphitryon,
> Warum soll dein Gefühl dich überraschen?
> Wenn ich, der Gott, dich hier umschlungen hielte,
> Und jetzo dein Amphitryon sich zeigte,
> Wie würd' dein Herz sich wohl erklären?

Versteht man überhaupt den Sinn dieses seltsamen
Liebesabenteuers? Kleist würde kein besseres Thema gefunden haben können, um die furchtbare Fragwürdigkeit seiner
Erotik ins hellste Licht zu setzen. Das Verlangen nach dem
Besitz des geliebten Weibes geht hier so weit, daß der Liebende in der Erkenntnis, daß ihm Gegenliebe versagt sei,
sein eigenes Selbst verleugnet, um ein Idol zu retten, und
es sich zur Wirklichkeit umzulügen.

Jupiter negiert sich selber, weit mehr noch, er kriecht
in die körperliche Hülle eines anderen, um die diesem ge-
zollte Leidenschaft zu genießen. Kann es einen höheren Grad
der Untreue gegen sich selber, der inneren Verlogenheit geben?
Ist das nicht der schneidendste Ausdruck für die letzte, äußerste,
furchtbarste Möglichkeit? Freilich ist etwas davon in jeder
Erotik enthalten. Der Mann, der seinen eigenen Wert fest-

hält, fühlt wohl, daß es niemals er ist, wie er sich selber un=
mittelbar gegeben ist, dem sich das Weib hingibt, sondern
ein anderer, den ihm die Phantasie der Geliebten unter=
schiebt. Darin liegt eben die Tragik jeder konkreten Liebe,
und zuletzt scheitert diese an dem Unvermögen der Geschlechter,
einander zu verstehen. Jeder Mann empfindet im tiefsten
Grunde die Erotik deshalb als Lüge und ahnt, daß er sich
mit Schuld belädt, wo er sich ihr überläßt. Der Jupiter im
Amphitryon ist bloß ein Superlativ, aber ein solcher, der krasser
gar nicht gedacht werden könnte. Das tiefste Geheimnis und
die tiefste Scham der Erotik sind hier entschleiert. Und das
Schicksal Kleistens ist uns kein Rätsel mehr.

3. Selbstmord und Liebestod.

Dieses Schicksal hat aber auch sonst seine innere Kon=
sequenz. Und vielleicht ist die Größe und gleichzeitig die
Kleinheit Kleistens eben darin zu suchen, daß er sich niemals
verleugnete, daß er seine Schwäche festhielt und an ihr zu
Grunde ging.

Man muß dazu das Ende, man muß den Selbstmord
des Mannes verstehen: denn hier hat er seinem Dasein das
letzte Siegel aufgedrückt. War es Fatalismus, Weltmüdig=
keit, Furcht vor dem Leiden, was ihn Hand an sich selber an=
legen hieß? Nichts von all dem. Es war auch kein Richt=
spruch, kein Vollzug der Strafe, die er sich selber diktiert hätte.
Es war nicht der Traum um ein Glück, um das er sich be=
trogen sah. Er sah überhaupt nicht nach rückwärts, zur Ver=
gangenheit zurück, als er die große Wanderschaft antrat, denn
sein Selbstmord war ein freudiger Akt der Bejahung.

Der Menschheit erschließt sich die tiefe Erkenntnis solchen
Todes so schwer, weil sie darin bloß die krampfhaft verzwei=
felte Abwehr einer schweren Zukunft, das ungestüme Nein=

sagen zu dem eigenen Selbst erblickt. Für sie ist jeder Selbst=
mörder ein Mensch, der seine Individualität auslöscht und
ins Nichts flüchtet. Einer, der nach dem Mittel sucht, mög=
lichst viel, ja alles zu vergessen.

Das ist psychologisch falsch. Ob es einen Selbstmörder
nach diesem Schnitt gebe, oder was dasselbe sagt, ob ein
Selbstmord vorkomme, dessen einziges und ausschließliches
Motiv Überdruß, der Wille zum absoluten Nichts ist, soll
hier dahingestellt bleiben. Daß aber die Verallgemeinerung
dieser Denkbarkeit zur Regel unhaltbar sei, läßt sich unschwer
an Kleist erhärten. Kleistens Selbstmord ist ohne seine Erotik
nicht zu begreifen, soviel lehren auch die äußeren Umstände,
unter denen er sich vollzog. Es hat sich ja vor dem gezeigt, daß
die Liebe in seinen Schöpfungen einen durchaus tragischen
Charakter besitzt, daß sie nimmt, nicht schenkt, daß sie tötet,
nicht Leben spendet. Einen tiefen Zusammenhang, der uns
schon bei Lenau begegnete, hat er damit erfaßt. Nicht das
Kind wie den Propheten der Fécondité, noch die unbewegt
ruhende Schönheit des Weibes wie den glatten Ästheten, ist
ihm die Lösung des erotischen Problemes: sondern die Sehn=
sucht nach dem Nichts=Sein, nach dem Ende. Eben weil die
Liebe unbegrenzt ist, gibt es für sie keine irdische Befriedigung.
Homunkulus, von Galatheens Schönheit gerührt, sprengt sein
Gehäuse und vergeht an ihrem Anblicke. Das ist das Schick=
sal des Liebenden überhaupt. Die Wirklichkeit steht immer
unterhalb seiner Leidenschaft. Darum verneint er jene.

Abgründlich und geheimnisreich ist jenes Band zwischen
Tod und Leben, das sich in der Erotik webt. Ein jeder trägt
es im Innern, und dennoch bleibt es einem jeden fremd und
unbegreiflich. Am wunderbarsten hat es Richard Wag=
n e r erfaßt. Er hat das herrliche Wort „Liebestod" geprägt,
das ihm allein Unsterblichkeit sichert. „Tristan und Isolde"
ist nicht bloß ein Hochlied der Liebe, sondern der tiefste Blick
in das Menschenleben. Die Sehnsucht nach dem Weibe steigert

sich zur Sehnsucht nach dem Allsein, in dem das Erdendasein verlöscht.

Auch Kleist ist also als Priester der Liebe ein Priester des Todes. Er ist es freilich nicht in demselben Sinn wie Wagner: soviel zeigte unsere Analyse. Er denkt nie an Gott und Weltall, wenn er von Liebe spricht. Jene Emanation, jene Hingabe der Ichheit an das Universum hat er nicht begehrt. Seine Leidenschaft bleibt in Raum und Zeit festgebannt, sie ringt sich niemals vom Weibe los, sie hält zähe fest an diesem, sie ist persönlich, selbstisch, immanent. Sie will besitzen und erobern; und der Eroberer wird nie frei von sich selber, je mehr sich seine Beute ins Ungemessene häuft, desto schwerer legt sich die Fessel seiner Subjektivität um ihn.

Das ist der Sinn von Kleistens Erotik. Wo er sie einmal ernst nahm, ernst auf sich nahm, wo er sie selber lebte, war sein Schicksal besiegelt. Er bestimmte sich zum Untergange.

Seine Leidenschaft war trübe, aber tief; in ihr wälzte sich viel seelischer Unrat: aber ihre Quellen wurden vom Meere der Unendlichkeit gespeist. Und darin vor allem liegt Größe, daß er sie niemals verleugnete, am wenigsten im Tode. In ihm hat er erst seine wahre Bestimmung erkannt und bejaht.

Der Selbstmord ist also die Konsequenz und die strengste Konsequenz seines Lebens. Deshalb hat er ihn auch selber so wenig als Nihilismus empfunden. Wäre er also sogar Nihilist gewesen — und die weitere Untersuchung hat zu zeigen, ob und inwieweit er das war, — so ist er es keineswegs erst im Tode geworden. Im Gegenteile, hierin bejahte sich seine wahre Persönlichkeit.

Ein großer Zug ist auch darin gelegen, daß keine Spur von Pathos oder Verbitterung aus einer Abschiedsstimmung spricht. Ruhig, heiter, beinahe segnend, ist er aus dem Leben gegangen, wie einer, dem in tiefer Einsamkeit eine innere Stimme sich offenbart und einen neuen Pfad weist.

Totbringend ist seine Erotik gewesen, aber der Tod war nicht das Ende, sondern der Höhepunkt dieser Erotik. Nicht als ob er vielleicht ihr eigentliches Wesen erkannt und sich schaudernd darüber vom Licht abgewandt hätte. Er starb, um einmal Liebesseligkeit zu kosten, er starb, um einmal das Schicksal eines Weibes ganz an das seinige geknüpft zu sehen. Er hat nie so fest an den Wert der Liebe geglaubt als in der letzten Stunde des Lebens.

So muß sein Selbstmord verstanden werden: als Erfüllung eines Traumes, als stärkste Expansion der Erotik.

Aber hier enthüllt sich auch die Kehrseite. Ich habe gezeigt, daß seine Erotik einer psychischen Haltlosigkeit, einem brennenden Wunsche, von sich loszukommen, entsprang. Kleist hat sich selbst verleugnet, er hat seine Einsamkeit nicht zu ertragen vermocht. Dessen ist sein Tod stärkste Bürgschaft. Er konnte den Weg nicht allein antreten. Die Tragik seines Geschicks war Furcht vor der Einsamkeit. Um die Stimme des Selbsthasses zu übertäuben, verlangte er danach, geliebt zu sein. Die Bestimmung seines Lebens nahm er mit in den Tod hinüber. So blieb er sich treu in der Untreue gegen das eigene Selbst. Die Formel seines Glückes hieß: Liebe als Narkotikum gegen die Einsamkeit.

4. Einsamkeit.

Damit mündet meine Analyse recht eigentlich im Zentrum aller Romantik, im Problem der Einsamkeit als Problem des Individualismus. Was in den früheren Kapiteln bloß keimhaft ins Licht trat, soll hier in breitester Entfaltung noch einmal möglichst konzentriert zur Darstellung gelangen. Und auch da wird uns Kleist wieder zum Wegweiser dienen.

Wie sich der Mann zum Weibe verhält, so verhält er sich in bestimmtem Sinn auch zum Universum. Diese Beziehung allein offenbart uns die tiefere Bedeutung von sexualpathologischen Phänomenen wie Sadismus und Masochismus, die freilich besser Aktivismus und Passivismus genannt würden.

Was Kleist dem Weibe gegenüber fühlte, habe ich ge= zeigt: ähnliches fühlte er dem Weltall gegenüber. Er war ein Feind der Realität, er haßte die Wirklichkeit, weil er in ihr ein Attentat auf seine Traumideale sah. Aber er saugte sich auch wieder mit all' seinen Organen an der Wirklichkeit fest. Das ist ein seltsamer Widerspruch, der nicht bloß aus seiner Kunst, sondern auch aus seiner Weltanschauung zu begreifen ist.

Um aber bis zu ihm vordringen zu können, ist es un= erläßlich, die Psychologie des Einsamen noch intensiver zu vertiefen. Kleistens Liebe war Hunger nach Macht und Be= sitz: sie war eine Reaktion gegen die Einsamkeit. Sie be= zeichnete den antipolaren Gegensatz zu Danteschem Madonnen= kultus. Der Erotiker Kleist ist nicht dem Gottsucher, sondern dem Eroberer verwandt. Er will nicht erlösen, sondern binden.

Ein seltsamer, scheinbar paradoxer Gedanke wandelt mich hier an. Man kennt Kleistens Verhältnis zu Napoleon. Er hat sich ernstlich mit dem Gedanken getragen, den Franzosen= kaiser zu ermorden, um Deutschland zu retten. Wie aber, wenn er in ihm bloß sich selber, eine Möglichkeit in sich selber, die er Realität werden fühlte, gehaßt hätte? Wie, wenn er sich selber hätte befreien wollen und die Eitelkeit allein seinem Wunsche eine höhere Weihe erteilte, ihm den Willen einer Nation suggerierte? Der Eroberer ist ein einheitlicher und unteilbarer Typus, ob er Massen in Bewegung setzt oder sich an ein einzelnes Individuum wendet. Und vielleicht sein denk= bar stärkster Ausdruck heißt Napoleon Bonaparte.

Geht man nämlich daran, ein Phänomen wie Napoleon überhaupt ernstlich zu analysieren, ohne sich damit zu be= gnügen, das Wesen seiner Persönlichkeit in ihren W i r = k u n g e n auf die Mitwelt und Nachwelt erschöpft zu sehen, so kann man ihn am richtigsten als den stärksten Vertreter der

antiindividualistischen Weltanschauung betrachten, dem Macht
und Wert identisch sind und eben deshalb die Persönlichkeit
bloß als ein Zentrum unbewußter, dunkler Kräfte gilt. Wenn
er nach Ägypten, nach Moskau zog, so war das ein unauf-
hörlich krampfhaftes Zurückweichen vor sich selber. Der rast-
lose Zug des Eroberers, das unbezähmbare Verlangen nach
Menschenbeute setzt den ungeheuren Druck einer sich selbst ent-
fremdeten Individualität voraus, die sich nach Außen ex-
pandieren mußte, wofern sie nicht ihr eigenes Gehäuse sprengen
wollte. Aber nicht bloß dem Eroberer verwandt, wo er ihn
am tiefsten verpönte: Kleist war noch mehr, oder noch weniger. In seiner Erotik lag nicht allein Furcht vor der Einsamkeit, sondern zutiefst wurzelte in ihr ein unbezwinglicher
Racheinstinkt. Es war neben dem Wunsch, sich im Mitmenschen bejaht zu sehen, von der Geliebten, von der unbegrenzten
Hingabe der Geliebten seinen Wert zu empfangen, auch der
bewußte Wille zur Zerstörung des anderen Teiles, der Wille,
sich an ihm für eigene Schwächen frei zu halten. Eifersucht ist
Rache: und jede Erotik, die befriedigt sein will, und der
gleichwohl die schale Kost der Alltagsleidenschaft nicht genügt,
sättigt sich darum schließlich an dem Affekte der Rache.

Kleist aber war der Dichter der Rache. Sie beherrschte
ihn innerhalb der Erotik und außerhalb der Erotik. Denn der
Affekt der Rache ist am heftigsten dann, wenn er nicht erst
durch das Verhalten des Andern ausgelöst werden muß,
sondern der Sprengstoff im Rächer selber dauernd angehäuft
ist. „Die Familie Schroffenstein" ist die Tragödie der Rache.
Penthesilea rächt ihr Geschlecht an Achilles, ihre Liebe wirft
sie hin, um ihn zu besiegen. Eine Figur, wie Kunigunde von
Thurneck hat bloß durch denselben Instinkt ihren matten
Schimmer von Natürlichkeit behalten. In der „Hermann-
schlacht" offenbart sich die ganze Tiefe des Affektes: Dieses
Hasses ist bloß ein Mensch fähig, der von ihm in allen drei
Dimensionen seines seelischen Lebens erfüllt ist. Die kind-

liche Naivität Hermanns und Thusnelbens verknüpft mit
jener beispiellosen Grausamkeit, die ihr Opfer lächelnd und
heiter zerfleischt, Szenen wie die Verurteilung des Septi-
mius, die Behandlung des Varus und die Ermordung des
Ventidius im Bärenkäfig, zeigen diese Züge mit sprechender
Deutlichkeit. Und endlich das Käthchen von Heilbronn: Das
war Kleistens heimliche Sehnsucht; der erotische Zwang, die
hündische Anhänglichkeit, die sich selber preisgibt, der Verzicht auf alles, was nicht s e i n Wille ist.

Damit aber erschließt sich das Wesen Kleistens in einem
neuen und noch düstererem Lichte. Der Wille zur Macht über
den andern ist, auf so schwindlige Höhe getrieben, das endgiltige Bankerott eigenen Wertes. Es ist Flucht vor dem
eigenen Selbst, umgesetzt in Rache. In diesem Umsatz liegt
aber eine weit furchtbarere Möglichkeit, als die des Eroberers:
der Verbrecher. Der Verbrecher nämlich flieht sich selber,
denn er haßt sich im tiefsten Grund seiner Seele. Allein er
sucht sich vom Zwange des Selbsthasses zu befreien, indem
er in einer fremden Persönlichkeit die eigene zerstört; er ringt,
sich damit vom Problem seiner eigenen Ichheit zu befreien,
indem er es auf den Mitmenschen abwälzt. Das gemeinsame
Maß für den Eroberer und den Verbrecher, gleichzeitig dasjenige, was sich in den tiefsten Falten der Kleistschen Seele
verbirgt, heißt U n v e r m ö g e n   z u r   E i n s a m k e i t.

Ich habe davon gesprochen, daß sich Kleistens Verhältnis zur Erotik, zum Weibe, in seinem Verhältnis zum Universum wiederholt. Nunmehr als Abschluß meiner psycho-
gischen Analyse der Einsamkeit, zugleich als tiefste Vertiefung
des Problems, werfe ich einen Blick auf das W e l t b e w u ß t-
s e i n eines Mannes, der — ein Erbe des Kainitischen Fluches
— unstet war und flüchtig — vor sich selbst.

Die Kantische Erkenntnistheorie trieb Kleisten zur Verzweiflung. Er konnte darüber nicht hinwegkommen, daß Kant
den Kern der Erscheinungen, das Ding an sich, dem mensch-

lichen Geiste verschloß. Was ist die Wurzel dieses Entsetzens?
Ich sage: wiederum nichts anderes als die Furcht vor der
Einsamkeit.

Was nämlich den Menschen von jeher am meisten vom
Idealismus abgehalten hat, ist lange nicht so sehr die konkrete
Befürchtung, es könne damit die phänomenale Welt an Wirk=
lichkeit, das heißt aber eine Einbuße an Dignität erleiden, als
die ungeheure Steigerung, die der Begriff des Subjektes er=
hält. Freilich ist der Mensch subjektiv über die Maßen, aber
er gesteht es sich niemals ein, gibt sich niemals darüber Rechen=
schaft. Er ist sogar das Gegenteil davon, was der Idealis=
mus will. Seine Subjektivität besagt, daß er im Subjekt
befangen ist, während der Idealismus dasselbe aktiv und un=
abhängig setzt.

Man perhorresziert den Idealismus im selben Maße,
als man nicht die Kraft und den Mut zu dem eigenen Selbst,
den Glauben daran besitzt. Daß nämlich die Objekte den
Charakter stolzer Selbstherrlichkeit verlieren und dem Sub=
jekt einverleibt, ihm immanent werden sollen, scheint das
nicht einen Imperativ des folgenden Inhaltes in sich zu
schließen: „Du hast die Verantwortung über eine ganze Welt
auf dich genommen; sieh also zu, ihrer wert zu werden!"
Ob sich auch dieser Imperativ gleichmäßig über alle Ver=
nunftwesen verteile, er schließt auch dem Einzelmenschen so
tief die Mysterien seines Innern auf, daß er sich schaudernd
abwendet und wieder in den Schoß des Realismus flüchtet.
Haß gegen den Idealismus ist Furcht vor der
Einsamkeit. Der Mensch will nicht, daß das Subjekt
sich mächtig über das ganze Universum expandiere, ihm graut
vor dieser einsamen Größe und er wünscht in der soliden Ge=
genständlichkeit der Phänomene ein Gegengewicht gegen den
Druck des eigenen Subjektes zu gewinnen. Darum zittert er
am meisten vor dem Abgrund des Solipsismus: nicht aus

Liebe zum Nächsten, aus Gemeinschaftsinstinkt, aus sozialem Gefühl, wie er sich so gern vortäuschen möchte. Das Elementare dabei ist die Furcht vor der grenzenlosen Möglichkeit, allein, einsam im unendlichen Raum zu sein.

Deshalb legt der Mensch ein so großes Gewicht darauf, daß vor allem der Mitmensch sei, unabhängig von seiner eigenen Existenz, dann aber, daß die Objekte eine wahre, gegenständliche Existenz führen außerhalb des sie umspannenden Bewußtseins. Der Realismus auch des gewöhnlichen Mannes ist wohl weit weniger naiv, als es den Anschein haben möchte; ist er auch nicht bereits durch Reflexion durchgegangen, so entspringt er immerhin dem triebhaften Sich-Losringen von dem eigenen Selbst. Draußen ist der fixe Pol, die Stütze, wenn drinnen auch alle Elemente gegen einander stehen. Das Subjekt verkleinert sich gewaltsam selbst und möchte, wo möglich, zum Punkte zusammenschrumpfen. Mit einem Raffinement sondergleichen legt er Hand an sich selber. Der sprechendste Ausdruck für diese Selbstflucht ist der Materialismus: kein bloßer metaphysischer Mißgriff, keine einseitige Überschätzung bestimmter Gruppen von Phänomenen, sondern der perfideste und tückischste Angriff auf den Wert des menschlichen Subjekts. Bloß die dumpfe, vernunftlose Stofflichkeit ist Herrin aller Dinge im Reich der Natur und im Reiche des Geistes; und auf des Menschen Seele fällt nichts als ein mitleidsvolles Lächeln ab. Das ist das Erlösungsbedürfnis des Menschen, der sich im höchsten Maße untreu geworden ist; die Selbstbefreiung des Sklaven.

Ein guter Teil davon war auch in Kleist. Das zeigt sein Verhältnis zu Weib und Welt. Dort Despot aus Furcht vor der Einsamkeit; hier Knecht aus Furcht vor der Einsamkeit: und damit abermals ein lebendiges Argument dafür, daß beides im letzten Grunde identisch und eins ist. Es war also dasselbe Motiv, das ihn auf einer Seite nach Leibeigenen

der Liebe dürsten ließ und welches andererseits in ihm den
Glauben groß züchtete, daß die Außenwelt den Menschen wie
mit einem unverrückbaren Wall unabhängiger und absoluter
Existenzen umgürte. Erst log er sich zum Werte empor: Kleist
der Erotiker. Dann verurteilte er sich offen zur Wert=
losigkeit: Kleist der Denker. So ist er der nimmermüde
Fahnenflüchtling der Einsamkeit. So ist er der Wertfrevler
im großen Stile.

Aber um einmal losgelöst von persönlicher Unterlage,
von all den seltsamen und sehnsüchtigen Nachtwandlern, den
Grabbe, Lenau, Kleist, unser eigentlichstes P r o b l e m, das
des I n d i v i d u a l i s m u s, das wir hier eben in das P r o =
b l e m   d e r   E i n s a m k e i t einmünden sahen, so weit als uns
möglich zu vertiefen, muß ich noch einmal an den Begriff
des Idealismus rühren, der diesen Untersuchungen einen
würdigen Abschluß geben soll. Scheint es nicht Vernunfthoch=
mut, scheint es nicht ein Exzeß der Eitelkeit, dem Subjekt so
unermeßlichen Wert zuzusprechen und vom Objekt als einem
Nebenprodukt, als einem für dasselbe beinahe Gleichgiltigen
zu sprechen? Und habe ich nicht selber alles, was eitler
Selbstverherrlichung entsprang, was das Willkürlichste, Per=
sönlichste an die Oberfläche gelangen läßt, alles Virtuosen=
tum des Geistes bedingungslos und als dem Geist des echten
Individualismus abträglich verurteilt? Sicherlich, und der
Idealismus darf auch nie und nimmer in diesem Sinne ge=
deutet werden. Ich nenne hier in tiefer Ehrfurcht den erha=
benen Namen Kantens. Er ist der Schöpfer der idealistischen
Weltanschauung, aus der der einzig mögliche, ethische In=
dividualismus, der nicht Selbstvergötzung noch Persönlich=
keitskult ist, entspringt. Absolut sind allerdings nicht die
Objekte. Aber absolut ist auch nicht das Subjekt in seiner
kleinlichen Selbstsucht, in seiner empirischen Begrenztheit.
Sondern allein der Wert ist absolut, und der Mensch bloß als
Träger höchsten religiösen und moralischen Wertes. Sub=

jekt, Persönlichkeit, Genie sein, heißt also nicht Freibeuterei
treiben, es heißt, eine Verpflichtung auf sich nehmen und in
sich selber ein Forum sittlicher Verantwortung tragen. Es
heißt aber auch, allein, einzig, ungeteilt diese Aufgabe voll=
bringen. Der Mensch, dem das Pathos der Einsamkeit offen=
bar geworden, ist zugleich derjenige, dem die Idee des höchsten
Wertes zueigen wurde.

Solange so tiefe Erkenntnis nicht im Geiste der Mensch=
heit Eingang findet, gibt es keine Einheit von Ideal und
Wirklichkeit. Und es wird so lange der Idealist in das Reich
der Träume flüchten, der Realist aber das Ideal verspotten.
Einstweilen erneuert sich Stunde für Stunde das tragische
Schicksal der Romantik; die an der Realität zerbrach, weil sie
den wahren Wert nicht im menschlichen Subjekt zu finden
vermochte.

Erst damit stehe ich am Abschluß meiner Arbeit, und ich
darf sagen, daß meine Aufgabe vollendet ist. Diese hat näm=
lich in erster Linie darin bestanden, nach konkreten Merk=
malen den Begriff der Persönlichkeit zu entwickeln und so das
Problem des Individualismus zu ergründen. Immer klarer
hat sich der Begriff des e i n s a m e n M e n s c h e n , als des=
jenigen, der der universellste und gleichzeitig die größte Last
der Verantwortung auf sich genommen hat, aus diesen Ana=
lysen emporgerungen. Dem Einsamen ist der Wert Wirklichkeit
geworden.

Er hat den Mut zu sich selber, er lügt nicht mehr, er
erniedrigt sich nicht mehr zum Sklaven, um von sich los zu
kommen. In diesem Sinn hat er den Staat überwunden
und darf sich sagen: In freier Verantwortlichkeit gehöre ich
mir selber. In ihm ist alles Wert, alles Persönlichkeit und
darum verlangt er nicht, in Kirche und Staat, nach einer
äußeren Objektivation solchen Wertes mehr. Unsere Zeit weiß
noch nichts von so hehrem Selbstbewußtsein. Sie vergöttert den

Staat, sie will regiert, tyrannisiert, von außen gemeistert sein,
auch wo sie den Sozialismus und das Ende der Klassenherr=
schaft proklamiert. Der Anarchismus ist kein wahrer Be=
freier: er ist ein Rebell, der mit seinen Ketten klirrt. Der
einsame Mensch ist kein Gegner, sondern ein gläubiger Be=
kenner des Gesetzes, aber jenes Gesetzes, das von Innen
kommt und nach Innen geht.

Er ist auch frei in künstlerischem Schaffen. Er erliegt
nicht mehr der Wucht der Phänomene, er fühlt sich ihnen über=
legen und gegen ihren Ansturm gefeit. Ihre Fülle berauscht
ihn nicht mehr, er weiß, daß er selber unendlich mehr be=
deutet. Er ist sich selber offenbar geworden. Deshalb ist
er der tragische Mensch. Er hat sein Subjekt als ein Gegen=
über der Objekte, als ein mit ihnen in ewigem Zwiespalt
begriffenes entdeckt. Und so ziehen innere und äußere Phä=
nomene nicht mehr in epischer Anschaulichkeit an ihm vorüber,
ohne daß er sie in eine Beziehung zu sich selber brächte. Er
fühlt sich als ihren bewußten Mittelpunkt, er läßt das Senk=
blei in eigene Tiefen tauchen. Naturalismus und Impressio=
nismus sind ihm überwundene Halbheiten, eben weil er den
Sinn des Subjektes und damit den tragischen Charakter des
Universums erfaßt hat. Das Subjekt nämlich in seiner stolzen
Einsamkeit weiß sich den Phänomenen gegenüber frei. Da es
aber dennoch dieses Bewußtsein der Freiheit sinnlich nie
realisieren kann, sondern in Phänomenen befangen bleibt, wird
es tragisch.

Der einsame Mensch ist auch Herr im Reiche des Glau=
bens. Hier zählt man unter denen, die den Namen Gottes zum
Bösen oder Guten im Munde führen, die meisten Knechte
und die wenigsten Freien. Nicht bloß dem Römer, dem
Menschen überhaupt ist Religion zunächst Gebundenheit. Groß
ist die verführende Kraft des Dogmas, in ihm begibt sich das
Individuum aller Verantwortlichkeit. Aber auch daneben

gibt es zahlreiche Abwege, die zu gleichem Ziele leiten. Der Pantheismus läßt Welt, Gott und Ich in Eins verschmelzen und nährt so im Subjekt die Illusion, gottgleich zu sein, ohne es erst zu werden. Er löscht die Grenzen, die Differenzen: er nimmt dem Menschen seine Einsamkeit. Ähnlich, wenngleich auf anderem Wege der Theist, der sich gewaltsam in Ab= hängigkeit von dem Schöpfer aller Dinge setzt. Dieser läßt die Distanz so unermeßlich werden, er zeichnet die Grenzen so stark, daß von einem Einswerden mit dem göttlichen Prin= zip nicht mehr die Rede sein kann. Somit begibt auch er sich seines Wertes und seiner Einsamkeit. Wahrer Glaube ist Schöpfung des religiösen Ideales aus sich selber heraus und Verwirklichung desselben in sich selber.

Der einsame Mensch ist ebenso Herr in der Erotik, Herr über die Erotik. Hier nämlich verhält es sich analog wie in Staat und Kirche. Nicht bloß verklärt er, sondern er über= windet. Von der groben Sexualität der Massen abgesehen, die rein und ohne Rest im Zwecke der Fortpflanzung auf= geht, wies sich als tiefste Stufe der Erotik, die erobernde, herrschsüchtige Liebe. In unermeßlicher Höhe drüber erhob sich Dantescher Madonnenkult, die Vergöttlichung des Weibes, in dem der Mann die verstreuten und gebrochenen Lichtstrahlen der eigenen Göttlichkeit wieder sucht. Aber auch das ist noch Illusion. Es ist ein Loskommen von sich selbst, eine Ent= äußerung von seinem Wollen und Sollen. Der Liebe ist die größte und sehnsüchtigste Möglichkeit gegeben, seiner Einsam= keit zu entgehen. Gegen diese Erkenntnis setzt sich die jüngste Generation am heftigsten zur Wehr: an den alleinigen, höchsten Wert der Erotik zu glauben, ist ihr ein unveräußerliches Seelenbedürfnis. Die Überzeugung, daß Moral und Kunst sich gleicher Weise auf der Sexualität aufbauen, tritt in den verschiedensten Formen auf, bald als nüchterner Evolutionis= mus, bald als dionysische Weltauffassung. Alles wird dem Genius der Gattung preisgegeben: daher auch der Zug zur

Masse, daher der eminent sozialethische Charakter unseres
Zeitalters. Es ist, in wenig Worte gefaßt, wieder Unver=
mögen zur Einsamkeit, das sich hier schöpferisch bekundet.

Ist so das Problem des Individualismus der Grund=
inhalt meiner Schrift, die die Ergebnisse meines zum Teile
analogen Zwecken gewidmeten Nietzschebuches weiterführt, in=
dem sie die Persönlichkeit dort als den historischen, hier als
den einsamen Menschen definiert, so treten erst in zweiter Reihe
die einzelnen Probleme, in die sich jenes gliedert, das des
Staates, der Kunst, der Religion und der Erotik als Selbst=
zweck hervor. Und auch da glaube ich einiges dazu beigetragen
zu haben, was ja höchstes Ziel jeder Kulturphilosophie bleibt:
die Wirrnisse der Gegenwart an der Vergangenheit zu begreifen
und zu klären. Ich müßte den Inhalt der einzelnen Kapitel
vollinhaltlich reproduzieren, um diesen Anspruch zu begründen.
Staat, Kunst, Religion und Erotik enthüllten sich als Projek=
tionen des Individuums aber zugleich als Motive seiner Selbst=
befreiung, der Befreiung vom geheimen Schmerze seiner Ein=
samkeit. Denn an sich selber leidet der Mensch, der der sozialen
Ausgleichung bedarf, und in der objektiven Staatsmacht nach
einem künstlichen Gleichgewichtszustand ringt. An sich selber
leidet der Mensch, der von der Kunst ein Sichvergessen in
der Fülle der Phänomene erhofft. An sich selber leidet
der Mensch, der im Gefühl der Abhängigkeit von der
Gottheit Frieden finden zu können wähnt und am tiefsten
derjenige, der liebt oder geliebt sein will. Damit glaube ich
den Schlüssel zu den einzelnen Problemen gewonnen zu haben,
die heute die Menschheit so tief bewegen. Und es war nun=
mehr möglich teils von einer Läuterung, teils von einer Über=
windung des Staates, der Kunst, der Religion und der Erotik
zu sprechen.

Ebenso glaube ich in der Analyse der Persönlichkeiten,
die uns der Reihe nach beschäftigten, das Gleichgewicht zwi=
schen Individuum und Problem glücklich erhalten zu haben,

indem ich beide einander möglichst zu akkomodieren suchte, das heißt, indem ich den tieferen Geist zur Lösung der tieferen Frage heranzog.

Gentz ist der am wenigsten problematische. An ihm durfte darum die Analyse eines psychologisch verhältnismäßig einfachen Problemes, wie des Staates, ansetzen. Seine Seele ist ein klar durchsichtiges Medium. Persönliches und Sachliches läßt sich hier ohne Mühe auseinanderhalten.

Auch Grabbe ist wenig Problem. Er ist eher intensiv als tief, er ist affektvoll aber nicht kompliziert. Er ist mit einem Worte kein Tragiker. Aber in ihm lebte eine starke Sehnsucht nach Persönlichkeit. Und so sehr es ihm auch versagt blieb, sie künstlerisch zu verwirklichen, so nahm er immerhin inneren Anteil an ihr.

Weit tiefer gründet sich Lenaus Schaffen. Er diente einer Idee, zu der er die Realität emporheben wollte. Diese Idee, die des höchsten Seins, steht in naher Beziehung zum Problem des Individualismus. Lenau litt unter seiner eigenen Individualität, darum ist er ein tragischer Künstler; seine Menschen leiden wie er, es sind keine vertrauensvollen Weltstürmer wie die Grabbeschen Helden, sondern Menschen, die mit krankem Gemüt durch die Welt gehen und sich nach tiefer Heilung sehnen. Er suchte aber der Tragödie zu entrinnen, anstatt sie zu Ende zu leben: die Fahnenflucht zur Religion war ein großer Akt der Verleugnung, und es war die edelste Konsequenz seines Schicksals, wenn er daran Schiffbruch erlitt. Jedes Ideal ist eine Lüge, sobald es bloß dem Menschen Schutz bieten soll, und einer psychischen Bedürftigkeit Heilung schaffen, also Lücken ausfüllen soll. In dem Verzichte auf alle Illusionen, so groß auch ihr Erhaltungswert sein mag, liegt der Idealismus einer Weltanschauung, denn die Zerstörung der Illusionen enthält bereits einen Appell an das Ideal der Wahrheit. Le-

nau nahm zum Theismus seine Zuflucht, er suchte sich gegen
seine Schwächen zu retten, verewigte sie aber damit. Was
er Gott schenken wollte, darum hatte er sich selber verkürzen
müssen. Er vergaß aber, daß er es Gott geschenkt hatte und
hielt nun seinen eigenen Wert für ein Geschenk aus Gottes
Hand. Er zerstörte seine Freiheit und begab sich in Abhängig=
keit, er zerstörte sie, weil er zu wenig stark war, sie zu glauben
und zu schützen. Das Mittel sich zu erheben war für ihn ein
Mittel, von sich loszukommen. Also war es eine bewußte Ab=
kehr vom wahren Prinzip der moralischen Wertungen und
eine Verleugnung des Individualismus, der diese Werte
schafft.

Das tragische Moment der seelischen Entzweiung ist bei
dem Tragiker Kleist noch stärker ausgeprägt als bei dem
Lyriker Lenau. Es ist hier schwerer zu bestimmen, denn es
liegt verborgener und nimmt kompliziertere Formen an.
Das Gefühl des eigenen psychischen Mangels ist bei Kleist
potenziert zum heftigsten Selbsthaß, um so heftiger war in
ihm der Drang, sich seiner zu entäußern. Er äußerte sich aber
nicht wie so häufig im Affekt des Mitleids: denn das Mit=
leid liebt, indem es leidet; Kleist aber wollte dem Leid
in der Liebe entgehen. Er wollte sich selber in den anderen
zum Glauben an sich zwingen. Zur Lüge des Wertes gesellte
er den Raub des Wertes. Er bewegte sich zwischen zwei mo=
ralischen Abgründen: er verheimlichte sich seine Schwäche und
den gerechten Haß dieser Schwäche, und er wollte andern, in=
dem er sie zwang, die Verantwortung aufladen. Die Tragik
des Individualismus führte ihn also zur Illusion in der
Erotik. Er ist der Künstler derjenigen, die sich nicht suchen
und finden, sondern vergessen wollen, die ihre echte Sehn=
sucht hinter sich werfen und vorwärts bloß nach Bildern der
Traumwelt greifen.

So vertiefte sich das Problem des Individualismus zu=
sehends in den Menschen und Gedanken, die nach der Reihe

entwickelt wurden. In bestimmter Hinsicht führte Kleist wieder
auf erhöhter Basis zu Genz hinüber, da das Problem der
Sexualität das der Sozialität und des Staates vorbereitete,
vertiefte und ihm überhaupt eine philosophische Unterlage
gab. Es bietet eben jede einzelne Studie zugleich den Leit=
faden zum Verständnis der anderen. Die Probleme des
Staates, der Kunst, der Religion und der Erotik klären sich
wechselseitig, zumal sie ihre gemeinsame Basis im Grund=
problem des Individualismus haben. Dieses ist vor allem
unentbehrlich für die kritische Darstellung der Romantik.
Darum mußte man jedes der zur Behandlung gekommenen
Probleme auf dasselbe reduzieren, ihm die bestimmenden
ästhetischen und ethischen Wertungen entnehmen. Die Ro=
mantik enthüllt sich einer eindringenden Analyse eben als
ein grandioser Versuch, neue We r t e zu schaffen. Das Wert=
problem rückt von selber aber in die Nähe des Individualis=
mus; ist der menschliche Wert selber wahr und in sich be=
gründet und darum mehr als ein Konglomerat von Teil=
erfahrungen, die wohl das Erkennen relativ bereichern können
aber keinerlei wertspendende Kraft besitzen, so muß er dem
Individuum als solchem zukommen und nicht erst durch das
Medium der Sozialität aus dem Nichts zum Leben erweckt
werden. Man muß den Willen und den Mut zur Einsamkeit
besitzen, wenn man Anspruch erhebt auf individuellen Wert.
Die Religion gibt dem Menschen keinen Wert, sondern er
schenkt ihn der Religion. Die Liebe adelt nicht den Menschen,
sondern der Mensch die Liebe. Im Subjekt mündet also die
Wertbetrachtung und vom Subjekt muß sie ihren Ausgang
nehmen. Daher rührt auch der subjektivistische Charakter der
Romantik, die diese Wahrheit ernst nahm und nicht hinter
den täuschenden Phrasen der sozialen Ethik verhüllte.

Damit glaube ich aber den höchsten Zweck meines Buches
gefördert: das K u l t u r b e w u ß t s e i n der Gegenwart ge=
weckt zu haben. Ist sie einmal über ihre Probleme im klaren,

über die täuschenden Modephrasen Herr geworden, dann er=
wächst ihr auch die Kraft, das Ideal aus dem Nichts zur Wirk=
lichkeit umzuschaffen. Sein Name ist Individualismus.
Lange freilich war die Geschichte unserer Zeit die Krankheitsge=
schichte dieses Ideales. Aber wo einmal die klärende Ver=
nunft den Widerstand der Masse überwindet, da ist die
Krisis überstanden. Denn es gibt keine Erkenntnis, die nicht
zugleich Genesung wäre.

Namenregister.

Sachregister.

W.

Z.

7676. Deutsche Buch- und Kunstdruckerei, G. m. b. H., Zossen—Berlin.